乡村振兴·农村干部赋能丛书

U0724580

乡村治理工作实务

XIANGCUNZHILI
GONGZUOSHIWU

罗　玲　刘瑞凌 ◉ 主编

济南出版社

前言

乡村是中国共产党执政大厦的地基，治理有效是乡村振兴的重要保障。党的二十大报告提出，"健全共建共治共享的社会治理制度，提升社会治理效能""建设宜居宜业和美乡村"。村干部是乡村治理的"排头兵"，是党和政府联系农民群众的桥梁纽带。习近平总书记强调，"农村要发展好，很重要的一点就是要有好班子和好带头人"；"要推动乡村组织振兴，打造千千万万个坚强的农村基层党组织，培养千千万万名优秀的农村基层党组织书记"。

根据《中国共产党党内统计公报》，截至 2023 年底全国建立党组织的行政村有488 959个。乡村振兴的全面推进，为广大村干部施展才能、大显身手提供了良好机遇。同时，在乡村社会急剧转型、村民需求日趋多样化的背景下，村干部只有具备过硬的政治素养和工作本领，才能有效提升乡村治理水平，维护好农村社会和谐稳定。

我们在总结自己多年来开展农村干部学历教育相关课程教学经验的基础上，在党的二十大报告精神和习近平新时代中国特色社会主义思想指导下，根据《中国共产党农村基层组织工作条例》《中华人民共和国村民委员会组织法》《中华人民共和国乡村振兴促进法》等有关法律法规和中央有关方针、政策，结合全国各地乡村治理工作的实践，编写了本书。本书紧紧围绕村干部岗位所需要的基层治理能力、素质和知识，按照乡村治理体系框架划分模块，根据工作内容确定项目，按照工作过程确定任务，以党组织领导下的自治、法治、德治相融合为主线，将领导科学、农村政策法规、基层治理、管理学、心理学等有关内容融为一体，致力于提高广大村干部的政治素质、法律意识、政策水平、工作方法和领导艺术等，明确村干部的角色和职责，提高领导水平和治理能力，为推动乡村治理改进和转型培养合格"领头雁"。

为达到深入浅出、简洁明快、通俗实用的效果，本书设计了案例、法律/政策导航、拓展学习、阅读与思考等不同板块，多方位解析乡村治理工作重点、热点和难点问题，注重开阔视野、拓展思路、启迪思维和提高能力，具有较强的针对性、可读性和实用性，是村干部开展乡村治理、提高岗位工作能力的好帮手，适用于农村干部教育培训、村级后备人才培养和广大关心关注乡村振兴的各界人士学习使用。

本书由罗玲、刘瑞凌担任主编，黄盼盼、曾小敏、李蒙、吕敏任副主编，周薇薇、徐琳琳、刘涵、刘弦、任逸飞、姜东娇、郭长江任编委。

本书在编写过程中得到中共济宁市委组织部的指导和帮助，在此表示衷心感谢！由于时间仓促，编者水平有限，书中还存在疏漏和不尽合理之处，欢迎广大读者批评指正。我们将不断修订完善并及时更新内容，为推进乡村振兴尽绵薄之力！

编　者

2024 年 9 月

目　录

绪论　乡村治理模式的历史变迁

学习目标

1. 理解乡村治理的重要意义；
2. 了解中国不同历史时期的乡村治理方式；
3. 掌握新时代乡村治理体系的内容和要求；
4. 激发学习兴趣，深化职业认知，厚植热爱家乡、投身乡村治理的使命感、责任感。

任务描述

据县志记载，向阳村已经有 1 000 多年的历史。为保护和传承优秀传统文化、涵养文明乡风、留住乡愁记忆、推动乡村振兴"凝心聚魂"，村里决定建设一处村史馆，使其成为群众文化活动的新阵地。

在整理村史的过程中，村"两委"成员通过查阅史料和民间走访，了解到村庄古代和近代发生的一些重要事件、出现的乡约规范和先贤人物等。在中华民族发展的历史长河中，古代的乡村基层是如何治理的？中华人民共和国成立以后又经历了怎样的演变？他们边梳理、边学习，从中受到不少启发。

项目一　了解古代中国的乡村治理

历史是一面镜子，鉴古知今，学史明智。

——2019 年 1 月 3 日，习近平致中国社会科学院中国历史研究院成立的贺信

一、什么是乡村治理

英文的"治理"源于拉丁文和古希腊语中的"掌舵"一词，原意是控制、引导和

操纵。关于治理的内涵，有多种不同的表述。治理理论的主要创始人之一美国政治学家罗西瑙将治理定义为一系列活动领域里的管理机制，它们虽未得到正式授权，却能有效发挥作用。我国学者徐勇认为，治理是对公共事务的处理，以支配、影响和调控社会；而要达到治理的目的，必须要借助于公共权力的合理配置和有效运作。

将治理理论应用于乡村现实问题，以维护村民公共利益、维持乡村和谐稳定，是乡村治理理论的基本内容。我国学者贺雪峰认为，乡村治理是指如何对中国的乡村进行管理，或中国的乡村如何做到自主管理，从而实现乡村社会的有序发展。乡村治理是国家治理的基石，是乡村振兴的重要内容。

拓展学习

从"社会管理"到"社会治理"

以习近平同志为核心的党中央深入研究社会管理面临的新形势、新任务、新特点，着力推进社会管理理念创新、实践创新、制度创新，十八届三中全会明确提出"社会治理"这一重大命题。从"社会管理"到"社会治理"，一字之差，却是党的执政理念和政策思路在社会领域的一次全面提升，体现的是系统治理、依法治理、源头治理、综合施策，反映的是党对社会运行规律和治理规律认识的深化。适应"社会治理"这一变革，要实现三个转变：在行动理念上，要实现从管理到服务的转变；在行动主体上，要从过去政府一元化管理体制向党委和政府主导下的多元社会主体共同参与、良性互动转变；在行动取向上，要从管控规制向以法治保障转变。

二、中国古代乡村治理方式的演变

"治一国，必自治一乡始；治一乡，必自五家为比、十家为联始。"实现对乡村的有效治理一直是中国古代大一统国家治理的重要内容。追溯古代的乡村治理方式，可以说"里治"是贯穿其中的主线。

研究者认为，"里"是集地域划分和家户组织于一体的基层单位，与当今的"社区"范畴相对应；"里治"即乡里制度，萌发于黄帝时期，定型于春秋战国时期，宋代发展为保甲制，一直延续至中华人民共和国成立之前，迄今一些地名中仍保留"里"字。"里"的管理者被称为"里长"或"里正"。根据对里长任命方式和管控程度的不同，可将"里治"分为里长官任制、里长职役制和里治官僚化三个阶段。

唐代之前为里长官任制阶段。据史书记载，黄帝时期就开始"画野分邑"，对基层实施编组，每72户为一里。《周礼》规定，每5家为一个比，25家为一个闾。春秋战国时期，县下有乡，乡下有里，五家为保，十家为连，"择其贤民，使其里正"。"三老制"也萌于此时，官方任命"乡老"掌基层教化。秦代郡县下设置乡、亭、里，乡和里为行政机构，亭专管治安；汉代"编户齐民"制度将全部国民编入国家户籍，按

"什伍制"编制，"什主十家，伍主五家，以相检察"，并细化了"三老"的选任要求。唐代的基层组织已有城乡之分，"百户为里，五里为乡，两京及州县之郭内分为坊，郊外为村"，即城邑以坊为单位、农村以村为单位，乡、里、村各设乡长、里正、村正，每乡还设置一名耆老，"里"以下的乡村社会由当地宗族自行管理。从先秦到隋唐，里长的选任主要是乡里举荐和百姓选举，并经过县级委任或备案，乡官主要由官派产生，辅以民间推选，并享有俸禄品秩。

拓展学习

"村"的制度化由来

在古代，"村"作为一级基层组织经历了漫长的演变过程。《说文解字》对"村"字的原形"邨"有着这样的记载："邨：地名。从邑，屯声。""村"概念大约出现于东汉中后期，但当时只是作为一种自然聚落的名称，并无任何行政含义。直到唐代开始全面推行"村"的制度，户令明确规定"村"为野外聚落之统称，并依据村的大小对村正的设置进行统一规范，使"村"正式取得了法律的承认与保护，成为一级基层组织，也成为唐朝政治制度中的重要一环。"村"作为政府的基层组织也一直延续到今天。

宋至明清为里长职役制阶段。北宋初期仍实行乡里制，里长等选任由重视德才的举荐制向以财力为主要标准的轮差制转变，宋代"以人丁物力定差，第一等户充里正，第二等户充户长"，里长成为具有强制性徭役的职役。中央集权的君主专制不断加强，王安石变法时期在县级以下实行保甲制度，规定每十家编为一小保、五十家为一大保、五百家为一都保，选拔相应的管理者，建立分管部门和颁布相关法令来保障其实施，成为一个严密的带有军事色彩的乡村户籍管理制度。北宋中叶，乡约正式产生，经朱熹、王阳明等人的大力倡推，对后代的乡村自治产生重要影响。明初实行的是里甲制，"以一百十户为一里，推丁粮多者十户为长，余百户为十甲，甲凡十人"，设里长、甲首；明中后期由于社会治安较差，里甲之外设专职治安的保甲组织，同时乡约取得巨大的发展，保甲和乡约合二为一。清代继续推行保甲制，"十户为牌，十牌为甲，十甲为保"，保甲长以"识字及有身家之人"充当，他们大多由官府指定，州县衙门发给"执照"才可以履职，完全成为职役，负责管理地方治安、税务、户籍等事宜，是代表国家权力的官僚队伍成员，说明了清政府对乡村的监管和控制更加深入。

阅读与思考

《宋人平话》中记载了一则"邻居抓邻居"的故事：某日作者在一山坡上遇见二人，手提哨棒，跑得气喘吁吁，问之，则曰：在追拿犯罪逃走的邻居。为什么他们这么尽力地抓捕自己的邻居呢？宋代保甲法规定：乡村住户，十家一保，五保为一大保，十大保为一都保。以住户中最有才干、最富有和最有威望者担任保长、大保长、都保长。凡家有两丁以上的，出一人为保丁，农闲时集合军训；每一大保夜间要有五人轮流治安巡查；同保犯有强盗、杀人、强奸、掠人、传习"妖教"等行为，知而不告的实行伍保法连坐制。

思考：你认为保甲制有何优、缺点？

清末以后进入里治官僚化尝试阶段。随着近代商业化和城市化的发展，加上各种社会问题加剧，清末颁布了《城镇乡地方自治章程》，宣告"搞地方自治"，尝试设定正式组织、委派官员直接管理基层社会，但"议事会"和"董事会"等形式都不曾大规模推广，空有自治之名，没有自治之实。袁世凯也试图把基层社会的非正式组织官僚化和正规化，以此来巩固县级政权，实质依旧是"帝国体制"。

三、中国古代乡村治理的特点

第一，保持权力控制。受到地域环境、政治、经济能力等因素的限制，古代的中央政权无法将权力延伸至每一个乡村，有"皇权不下县"的说法，但历代统治者都力图通过多种方式，比如制度化与非制度化相结合，皇权与基层自治权双轨运行，因应时势不断进行动态调整，把国家权力下移到乡村，保持对乡村社会的有效控制，以较低的成本维持社会运转。

第二，重视道德教化。历朝均奉行"德主刑辅"的治国思想，将教化民风、化民成俗作为国家治理的重要环节，通过多种途径和方式，向基层民众传输主流意识形态；宣传儒家纲常名教等，树立道德模范，形成乡村道德评价机制；蕴蓄民风民俗，通过道德教化维持乡村秩序，巩固统治基础。

第三，宗法色彩较浓。唐宋以后，农村宗族制度得到中央权力的认可，成为乡村自治的合法组织形态。家族宗族的族长往往充任乡长、里正、保长、甲长，实际承担基层治理职能，民间宗族力量与政权力量相互支持、互相补充，共生共存、此消彼长，对基层稳定和乡村自治起到正面作用，但族权与政权熔为一炉也有明显的弊端与不足。

第四，乡绅担当重责。乡村士绅（乡绅）是随着隋代科举制创立逐步形成的特殊社会群体，在古代乡村治理中扮演着重要角色。乡绅具有双重身份，既是乡村社会的代言人，又是国家权力在乡村的代理人；既防御国家权力过度剥削乡村社会，也防止底层民众以起义的激烈方式反抗国家权力，成为官民之间的纽带、国家与乡村沟通的桥梁。"官绅共治"的乡村治理格局体现了传统中国社会治理结构的独特属性。

拓展学习

作为古代乡村管理者的乡绅

梁漱溟说："士人不事生产，却于社会有其绝大功用；便是他代表理性，主持教化，维持秩序；夫然后，若农、若工、若商始得安其居。"乡绅一般由没有考上科举或考上了科举没有官职的士人、家产殷实的地主或商人、退休官员或长期赋闲在家的官员、宗族元老等在地方上有一定权威和影响的人组成。他们有多重角色和身份：代表国家管理乡村的代理人，乡村社会的领导者，乡村利益的保护人，等等，在平衡国家权力、稳定基层社会、维护乡村秩序、凝聚乡村力量等方面发挥了重要作用。

有一定的文化和学识。乡绅大多是经过察举、考试等方式选拔出来的才学之士，费孝通称之为"一群特殊的会读书的人物"，是乡村社会中的知识分子阶层、乡村社会文化的主导者。他们往往有丰富的阅历和开阔的视野，注重普及知识、传承儒家文化，承担教化于民的责任，开展乡村文化教育事业，创办义学、书院等文化机构，制定和解释乡村社会规范等，掌握乡村社会管理的话语权。

有较高的德行和声望。清代以前，乡绅大多来自众人推选，没有较高的德行和修养，难以获推。《汉书》记载秦汉时期"三老"的任职条件是"举民年五十以上，有修行，能帅众为善，置以为三老，乡一人"。北宋《吕氏乡约》记载每约有"约正一人或二人，众推正直不阿者为之"。明初实行的"老人制"选拔"民间有年五十以上者，或天性公直，或善治家事，或轻财仗义，或为乡人所敬服，或有寸长片善之可取"者充任。清沈葆桢在《居官圭臬》中提道："大凡一方有一个乡绅，便为那一方的表范。乡绅家好刻薄，那一方都学得刻薄；乡绅家好势利，那一方都学得势利了。若还有一个乡绅俭朴淳笃、谦虚好礼、尊贤下士、凡事让人，那一方中，哪个不敬重他、仰慕他。"正直公道、家兴人和、敬人为善、仗义轻财、德高望重者，才能成为"齐民之首"。

有担当意识和乡土情怀。钱穆在《国史大纲》中提出，宋代有一种"自觉的精神"在"士大夫社会中逐渐萌苗"，"那辈读书人渐渐自己从内心深处涌现出一种感觉，觉到他们应该起来担负着天下的重任"。《清朝文献通考》记载："缙绅者，小民之望也。果能身先倡率，则民间之趋事赴功者必多。凡属本籍之人，不论文武官员，或见任或家居，均当踊跃从事，争先垦种。"山东师范大学教授徐继存认为，"尽管乡绅贤愚优劣，固有不齐，但由于乡绅深受儒家文化浸润，他们大都认为自己理所当然地负有造福家乡的使命，具有完善、维持地方和宗族组织的责任"。

有一定经济地位。费孝通说，乡绅是"一件标识有闲的长袍，象征着荣誉和特权，是一个绅士最后才能放弃的东西。它比一个人的生命更有价值"。乡绅拥有较丰厚的政治和文化资源，因此在土地、房产等财富上也占有优势，经济上大多自足、殷实，所以能够"有闲"，有时间、有精力、有能力承担乡村公共事务，追求名声、荣誉和受尊重等精神价值，并不太计较经济回报。

良好的人脉和适宜乡村的治理方式。乡绅大多在官场有一定的人脉，熟悉朝廷的法令、政策，甚至可以与地方官员和中央官员直接联系；同时他们与当地人多是同宗族，对民众生活有深刻了解，有长期交往形成的情感基础，多采用"礼治""说服""规劝"等"接地气"的软性治理方式，能有效地解决民事纠纷，维持着乡间社会的礼仪和秩序。

思考：古代乡绅与当代村干部在素质要求上有何异同？

1840年鸦片战争爆发后，中国开始沦为半殖民地半封建社会。清末至20世纪前半叶，乡绅阶层在农村社会的影响力逐渐下降。1905年科举制度废止、1919年五四运动发生等，使得传统乡绅产生的路径中断，大批乡绅、农村知识分子和农村精英相继离开乡村迁居城市。乡村出现人才空虚、教育衰败和管理失序现象，一批土豪、恶霸、劣绅等乡村边缘势力借助武力和财力，占据了农村权力地位。后"土豪劣绅"成为农民运动的主要打击对象。

20世纪30年代，以梁漱溟、晏阳初等为代表的一些知识界人士兴起了乡村建设运动，从救济农村、改造农村的愿望出发，旨在"创造新文化"乃至拯救国家。据统计，当时全国从事乡村建设工作的团体和机构有600多个，先后设立的各种实验区有1 000多处。这些团体和机构尽管性质不一、面貌不同，但基本都涵盖政治改革、文化教育、科技改良和推广、卫生保健、组织合作社、移风易俗、自卫保安等内容，即"政、教、富、卫"四个方面。乡村建设运动产生了较大社会影响，其乡村治理理念对今天仍具借鉴意义。

历史不能割裂。中国古代乡村治理体系和治理机制，为我们提供了丰富而宝贵的经验教训，有助于我们站在历史高度去理解新时代乡村治理体系构建的深层背景，借鉴历史传统中的积极因素，扬弃人治色彩浓厚而法治分量不足等消极因素，服务当代实践。

▌拓展学习▐

材料一：山东省《鱼台县志》记载，乾隆年间本地有一位有德行的乡绅，名字叫贾琚。贾琚家里并不是特别富有，但做人大度，乐善好施。这一带濒临微山湖，过去水利治理得不好，时有洪涝之灾，粮食歉收。普通百姓家里没有余粮，到了秋天，很多人家就关门锁户，举家出去逃荒，到过年时再回来。

这一走一回的过程，让贾琚很忙。他先是打听周边邻里谁家要走，要去送一送。再用长袍挟带上一盘豆饼，趁着夜色登门。豆饼那时候是最适合长途出行的干粮，如果路上讨不到吃的，从豆饼上掰下一块，用开水一泡，就可以充饥。到过年逃荒大军陆续返乡的时候，贾琚再对周围乡邻一户户探望。谁家过年困难，贾琚就叮嘱人到他家取粮，记账，等收成好了再还。贾琚从不要账，全凭借债人自己的记性。

那时，到了年关，多发偷窃事件。乡间其他富裕人家，就在这时候加强戒备，家丁巡查，放狗护院。他则相反，叮嘱家人，晚间早早睡觉，若有声响，不要点灯、大呼小叫。饥荒之年，不到万不得已，良善人家是不会出来做小偷的。

据说他家还真遭过偷窃。某晚，贾琚看到，星光下，有人翻墙入室，偷了粮食，背在肩上，想再逾墙而出，可能是因为身体负重，人攀着在墙上，翻不过去，进退两难。最后贾琚看不下去了，到墙下，托着那人一只脚，用力一送。偷窃的人在墙外伏地磕了三个响头，泣声道别。

县志里还记载："乾隆丙午岁，荐饥。每晨以钱悬于门，全活者数百家。"就是乾隆丙午这一年，当地一再发生饥荒，贾琚把方孔的铜钱穿起来，每天早上挂在门外，让饥民取用，因此救活了数百户人口。

县志中关于贾琚的文章最后说："及卒，有自远方来吊者，不知姓名，尽哀而去。"到贾琚死的时候，有从外地赶来吊唁的人，非亲非故，也不知道姓名。这些人在贾琚灵柩前痛哭一场，离开的时候仍显得非常悲痛。

材料二：唐代里正、村正成为主要的乡官，唐政府在强化里正、村正政治地位的同时，也给予里正免除赋役、村正免除杂徭的优厚待遇，里正、村正得以全面介入乡村社会。乡官制度的崩溃，使两税之法的应用受到极大挑战，唐政府彻底放弃了全面控制乡村社会的努力，转而寻求更为务实、更为有效的乡村治理方式。在富户阶层崛起的背景下，国家顺势培育富户阶层，将其纳入国家的行政体系之下，并赋予行政使命和经济义务，也实现了乡官制到职役制的历史转变。

项目二 探析中国共产党百年乡村治理

把群众力量组织起来，这是一种方针。

——1943 年 11 月 29 日，毛泽东在延安发表《组织起来》的讲话

一、中国共产党领导乡村治理的早期探索（1921—1949 年）

新民主主义革命时期，农村经济凋敝，传统乡村治理难以为继。如何重构乡村治理秩序，为革命积蓄力量，中国共产党从成立起就进行了不断的探索和实践。

20 世纪 20 年代，党领导的农民运动蓬勃发展。1926 年 11 月毛泽东担任中央农民运动委员会书记，1927 年毛泽东率先开辟井冈山革命根据地，随后农村革命根据地如雨后春笋般纷纷建立。在根据地，党带领群众深入开展土地革命，综合运用"分田分地"等政策手段，满足了农民的土地诉求，有效调动了农民的革命积极性；同时，建立基层政权，加强基层党组织建设，发展农民协会，发动群众打倒土豪劣绅，开展武装斗争，把最广大的农民组织起来，开始了党领导乡村治理的初步探索。

抗日战争时期，党积极推进乡村基层政权建设，通过"三三制"吸纳社会各阶级参与政府组织以适应全民族抗战的需要。同时，成立农抗会、妇抗会、青救会等各类群众组织，拓宽了党在乡村的社会基础。

解放战争时期，各解放区通过兴修水利等办法迅速恢复农业生产。同时，重点加强基层政权和群团组织建设，使人民解放军有了稳固的后方。解放区的土地改革运动效果卓著，这也在很大程度上提高了农民的政治觉悟，为解放战争提供了强大的人力物力保障。

二、中华人民共和国成立后至改革开放前期中国共产党领导乡村治理的探索与实践（1949—1982 年）

中华人民共和国成立后，通过土地改革和合作化运动，逐步构建起农村基层政权组织，党的影响力开始逐步深入农村基层社会。到 1954 年，我国农村基层政权组织存在区村两级政府体制和区乡建制两种情况。1954 年颁布的《中华人民共和国宪法》规定，我国农村基层政权为"乡、民族乡、镇"，明确了乡镇政权的法律地位。

同时，乡村还存在着合作社、青年团、妇女会等其他治理组织。这种乡政并立模式是中华人民共和国成立之初乡村治理的过渡模式，适应了当时乡村社会发展的需要，但由基层政府直接管理农民，管理成本无疑太高。1956 年社会主义改造完成后，国家确立了优先发展重工业的方针，计划经济体制基本形成，乡村管理体制也相应进行了调整。

1958 年 8 月中共中央公布《关于在农村建立人民公社问题的决议》，全国农村普遍建立了人民公社。1959 年后，乡、镇建制逐渐被初级社和高级社所取代，形成了以"一大二公"为典型特征的人民公社体制。人民公社大多实行公社、生产大队、生产队三级管理体制，兼有国家行政管理和社会生产管理的双重职能，"政社合一"、高度集权，建立起国家对乡村社会强有力的管控，农民群众的思想被高度统合到社会主义意识形态中，农村资源得到有效整合，农村的生产经营完成了从个体到集体的转变。

人民公社制度是中国特定历史条件下的产物，有其自身的特定逻辑与特定功能，在当时促进了国家政权建设和社会制度重组，并为实现"赶超型"国家发展战略和工业化建设提供了资源支持。但其"一大二公"、平均主义等制度设计，由于与经济基础不匹配，严重挫伤了农民的生产积极性和主动性，束缚了生产力的发展，导致集体经营效益低下、国家与农民关系紧张、逐渐形成城乡二元格局等弊端。1978 年后农村经济社会的发展，尤其是家庭联产承包责任制的试点与实行，最终人民公社模式于 1983 年基本解体。

三、改革开放至中共十八大之前"乡政村治"时期（1982—2012 年）

中国的改革开放事业是从农村改革开始的。1978 年底，安徽凤阳小岗村 18 位农民自发签订包干保证书，拉开了农村经济体制改革的序幕。1982 年，中央第一个关于农村工作的一号文件出台，肯定了包产到户、包干到户等做法，以家庭联产承包为主的责任制和统分结合的双层经营体制逐步在法律上得到确立。

随着农村经济体制改革的启动，部分农村出现公共事务和公益事业没人管理的状况。1980 年 2 月广西宜山合寨大队农民群众自发选举产生了村民委员会，负责本村治安等。1982 年修订的《中华人民共和国宪法》确立了村民自治的基本原则，规定村民委员会是中国农村的基层群众自治组织，正式认可了村民委员会的合法地位。1988 年 6 月，《中华人民共和国村民委员会组织法（试行）》颁布实施。1998 年 11 月，全国人大常委会正式颁布了《中华人民共和国村民委员会组织法》（以下简称《村民委员会组织法》），村民自治进入快车道。

为了适应农村经济体制改革和村民自治发展，1983 年 10 月中共中央、国务院发布《关于实行政社分开建立乡政府的通知》，恢复乡镇建制，建立乡镇政府与村民委员会、村民小组，即县以下分区、乡、村、组四级。乡镇政府与村民委员会的关系不再是领导与被领导关系，而是指导与被指导关系，政府不干预村庄生产和生活领域，形成"乡政村治"的乡村治理模式。1990年莱西会议确立了以党支部为领导核心的村级组织建设工作格局。1994年民政部《全国农村村民自治示范活动指导纲要（试行）》将村民自治定义为"四个民主"，即民主选举、民主决策、民主管理与民主监督。

拓展学习

"乡政村治"

我国学者张厚安等人用"乡政村治"来概括这一时期形成的农村基层政治模式。"乡政"指的是乡镇一级政权，是国家依法设在农村最基层一级的政权组织，以国家强制力为后盾，具有高度的行政性和一定的集权性，体现的是国家的行政权；"村治"指的是村民委员会，是农村基层的群众性自治组织，以村规民约、村民意愿为后盾，具有高度的自治性和民主性，体现的是村民的自治权。

"乡政村治"是国家适应家庭联产承包责任制的需要，顺应农民群众的要求，对乡村治理的"放权"，它有效地调动了农民的积极性，促进了农民增收、农业发展和农村社会稳定。但它难以解决分散的小农与国家、与市场对接的问题，也在一定程度上影响了党的领导作用的充分发挥，部分农村基层党组织有弱化虚化倾向，导致一系列"三农"问题出现。随着社会发展，尤其是2006年全面取消农业税之后，城乡关系格局发生了重大变化，国家开始大规模向农村输入资源，各类支农惠农项目纷纷下乡，"乡政村治"治理模式需调整优化以适应新的时代要求。

四、中共十八大以来"三治结合"乡村治理新体系构建时期（2012年至今）

党的十八大以来，乡村治理进入新阶段，呈现新特点，面临新挑战。尤其是2017年党的十九大做出"实施乡村振兴战略"的重大部署，指明了一条中国特色社会主义现代化乡村治理之路，乡村治理新体系的架构也更加具体明晰。

梳理党的十八大以来的中央一号文件和乡村振兴重要政策、法律法规，可以看出近年来党的乡村治理思想丰富和发展的轨迹。

2013年中央一号文件提出，要完善乡村治理机制，切实加强以党组织为核心的农村基层组织建设，并分别从强化农村基层党组织建设、加强农村基层民主管理、维护农民群众合法权益、保障农村社会公共安全等方面提出了新要求。

2017年中央一号文件指出，我国农业农村进入新的历史阶段，要完善村党组织领导的村民自治有效实现形式，健全务实管用的村务监督机制，开展以村民小组、自然村为基本单元的村民自治试点工作。

党的十九大报告明确全面深化改革总目标是完善和发展中国特色社会主义制度、推进国家治理体系和治理能力现代化。报告中指出：实施乡村振兴战略，加强农村基层基础工作，健全自治、法治、德治相结合的乡村治理体系。

2019 年 6 月，中共中央办公厅、国务院办公厅印发《关于加强和改进乡村治理的指导意见》，强调要坚持和加强党对乡村治理的集中统一领导，到 2020 年，现代乡村治理的制度框架和政策体系基本形成，到 2035 年，党组织领导的自治、法治、德治相结合的乡村治理体系更加完善。

2022 年中央一号文件提出"突出实效改进乡村治理"，"健全党组织领导的自治、法治、德治相结合的乡村治理体系，推行网格化管理、数字化赋能、精细化服务"。

2023 年中央一号文件就"健全党组织领导的乡村治理体系"，提出强化农村基层党组织政治功能和组织功能、提升乡村治理效能、加强农村精神文明建设等要求。

2024 年中央一号文件提出"提升乡村治理水平"，推进抓党建促乡村振兴，繁荣发展乡村文化，持续推进农村移风易俗，建设平安乡村。

▌法律/政策导航▐

建立健全党委领导、政府负责、民主协商、社会协同、公众参与、法治保障、科技支撑的现代乡村社会治理体制和自治、法治、德治相结合的乡村社会治理体系，建设充满活力、和谐有序的善治乡村。

——《中华人民共和国乡村振兴促进法》（以下简称《乡村振兴促进法》）

现代乡村社会治理体制的核心要素，一是突出党委领导作用；二是强调多元协同共治（政府负责、民主协商、社会协同、公众参与）；三是强化条件保障（法治保障、科技支撑）。

乡村治理体系的核心，即自治、法治、德治相结合。"三治"即农村社会三种治理资源，各具优势、彼此嵌套，具有复合性和系统性。《乡村振兴战略规划（2018—2022年）》将"三治"的关系表述为：坚持自治为基、法治为本、德治为先，健全和创新村党组织领导的充满活力的村民自治机制，强化法律权威地位，以德治滋养法治、涵养自治，让德治贯穿乡村治理全过程。

乡村治理的目标，是打造充满活力、和谐有序的善治乡村。

拓展学习

善治乡村

善治即良好的治理。善治理论与实践在20世纪90年代蓬勃兴起，中国学者俞可平认为，"善治既是对中国传统的善政善治概念的借用，更是对当代西方good governance的借用，力图将中西含义结合起来"；"这一概念对传统的超越在于，它不局限于好政府，而着眼于整个社会的好治理，是公共利益的最大化，而不是政府利益或某个集团利益的最大化"。

习近平总书记强调，"必须创新乡村治理体系，走乡村善治之路"。健全自治、法治、德治相结合的乡村治理体系，是实现乡村善治的有效途径。要以党的领导统揽全局，创新村民自治的有效实现形式，推动社会治理和服务重心向基层下移。要丰富基层民主协商的实现形式，发挥村民监督的作用，让农民自己"说事、议事、主事"，做到村里的事村民商量着办。要培育有地方特色和时代精神的新乡贤文化，发挥其在乡村治理中的积极作用。法治是乡村治理的前提和保障，要把政府各项涉农工作纳入法治化轨道，加强农村法治宣传教育，完善农村法治服务，引导干部群众尊法、学法、守法、用法，依法表达诉求、解决纠纷、维护权益。

中国共产党百年乡村治理的探索与实践，是中国革命和社会主义建设事业探索与发展的缩影，也是中国共产党执政逐渐趋于成熟的见证，丰富了中国特色社会主义治理理论和治理体系。不同时期的乡村治理模式，必然受到当时特定的宏观治理环境和时代需要的制约，其核心都是调整国家与农民的关系。其中有深刻的教训也有宝贵的经验，最根本的经验有两条：一是要始终坚持党对"三农"工作的全面领导；二是要始终坚持农民主体地位，重视维护农民根本利益，尊重农民的选择，充分调动农民的积极性和创造性。

案例0-2-1

合寨是广西一个较偏远的山村，因为第一个村民自治组织在这里产生，所以这里被称为"中国村民自治第一村"。

1979年，合寨将田地分到农户后，农民的生产积极性被调动起来了。但原来的生产队也成了空架子，村里出现"六多一少"：赌博多、盗窃多、乱砍滥伐多、唱痞山歌多、放浪牛浪马多、搞封建迷信活动多，管事的人少。村民们认为，村里要有一个执法管事的组织才行。

1980年1月，合寨大队的一个自然村——果地屯，在支书蒙宝亮等人的主持下，全体村民用无记名投票方式，选举产生了村里的带头人，并制定了村规民约。2月5日，相邻的果作屯自然村也召开村民大会，投票直选村民委员会并通过了村规民约。

这一年，合寨 12 个屯都成立了村民委员会。

从 1982 年起，合寨村成立了村民议事会，由村民代表推选曾担任乡村干部的有威望的老人、参政议政能力强的党员以及部分现任村干部组成，参与村级重要工作和重大事项的研究决策，每个季度召开一次。

合寨村的村务公开专栏叫作"明白墙"，有密密麻麻几个墙面，内容包括财务公开、村民自治事务公开、村民意见征询与反馈情况公开等。村民委员会允许村民按程序查看村里的账目，要求村干部如实回答村民提出的问题，并将群众关心的热点、难点、敏感性问题及村里重大建设项目定时向村民公开。

合寨首创的村民委员会制度被写进宪法和《村民委员会组织法》，推向全国。

如今，合寨民风淳朴，邻里和谐，村民安居乐业，成为全国文明村、全国民主法治示范村等。合寨村民正努力发展产业、提升人居环境，在乡村振兴道路上砥砺前行。

模块一　做好任前准备

学习目标

1. 了解村里主要有哪些组织；
2. 初步认识村级工作事务的内容；
3. 了解村干部开展工作的原则和方法；
4. 掌握村干部的任职要求和应具备的素质能力；
5. 了解村干部能力提升路径；
6. 在实践中身体力行，有志于成为一个好的乡村振兴领头人。

任务描述

　　晓明是向阳村村民，今年32岁，高中毕业后入伍，在部队光荣加入中国共产党。从部队转业后，他回到家乡附近的城市，先打工后创业，凭着诚信、智慧和勤劳，创办了自己的电商公司。向阳村大部分年轻人都通过考学或打工离开了村庄，村庄发展缓慢。年底要进行村"两委"换届选举了，村里的老书记期待晓明能回村参与选举，带领村庄发展，实现村民的共同富裕。晓明的妻子说现在村干部不好当，工作特别忙，待遇也不高，不支持他回村。

　　晓明想知道，村里有哪些工作，自己是否喜欢、是否适合、是否能胜任。

项目一　村级岗位和职业认知

　　好干部要做到信念坚定、为民服务、勤政务实、敢于担当、清正廉洁。

——2013年6月28日，习近平在全国组织工作会议上的讲话

任务一　了解村级组织设置

村级组织包括村党组织、村民自治组织、村集体经济组织、村务监督组织和其他村级经济社会组织，是党和政府联系村民群众的桥梁纽带，也是全面实施乡村振兴战略的重要力量。一般把村党组织和村民委员会合称为村"两委"，"村干部"是对村"两委"成员的俗称。

习近平总书记指出，乡村是我们党执政大厦的地基，乡村干部是地基中的钢筋，位子不高但责任很大。要推动乡村组织振兴，打造千千万万个坚强的农村基层党组织，培养千千万万名优秀的农村基层党组织书记。

一、村党组织

《中国共产党农村基层组织工作条例》规定：以村为基本单元设置党组织。

法律/政策导航

有正式党员 3 人以上的村，应当成立党支部；不足 3 人的，可以与邻近村联合成立党支部。党员人数超过 50 人的村，或者党员人数虽不足 50 人、确因工作需要的村，可以成立党的总支部。党员人数 100 人以上的村，根据工作需要，经县级地方党委批准，可以成立党的基层委员会，下设若干党支部；村党的委员会受乡镇党委领导。

——《中国共产党农村基层组织工作条例》

村党的支部委员会一般设委员 3 至 5 名，其中书记 1 名，必要时可以设副书记 1 名；正式党员不足 7 人的支部，不设支部委员会。

村党的总支部委员会一般设委员 5 至 7 名，其中书记 1 名、副书记 1 名、纪检委员 1 名。

村党的委员会一般设委员 5 至 7 名，最多不超过 9 名，其中书记 1 名、副书记 1 至 2 名、纪委书记 1 名。

二、村民委员会

村民委员会是村民自我管理、自我教育、自我服务的基层群众性自治组织。《村民委员会组织法》规定，村民委员会由主任、副主任和委员共 3 至 7 人组成。村民委员会成员中，应当有妇女成员，多民族村民居住的村应当有人数较少的民族的成员。

村民委员会可以根据村民居住状况、集体土地所有权关系等分设若干村民小组；根据需要设人民调解、治安保卫等委员会。村民委员会成员可以兼任下属委员会的成员。人口少的村的村民委员会可以不设下属委员会，由村民委员会成员分工负责相关职能工作。

三、村务监督委员会

村务监督委员会是村民对村务进行民主监督的机构。村务监督委员会成员由村民会议或村民代表会议在村民中推选产生，任期与村民委员会的任期相同。村务监督委员会成员要有较好的思想政治素质，遵纪守法、公道正派、坚持原则、敢于担当、群众公认，具有一定政策水平和依法办事能力，热心为村民服务，其中应有具备财会、管理知识的人员。村民委员会成员及其近亲属、村会计（村报账员）、村文书、村集体经济组织负责人不得担任村务监督委员会成员。

四、村级集体经济组织

根据《中华人民共和国农村集体经济组织法（草案）》，农村集体经济组织是指以土地集体所有为基础，依法代表成员集体行使所有权，实行家庭承包经营为基础、统分结合双层经营体制的地区性经济组织，包括乡镇级集体经济组织、村级集体经济组织、组级集体经济组织，不包括农村供销合作社、农村信用合作社、农民专业合作社等合作经济组织。

农村集体经济组织是发展壮大村集体经济、巩固社会主义公有制、促进共同富裕的重要主体，是健全乡村治理体系、实现乡村善治的重要力量，是提升党组织凝聚力、巩固党在农村执政根基的重要保障。村党组织可以提名推荐村集体经济组织理事会成员，村党组织负责人可以通过法定程序担任村集体经济组织理事长。

法律/政策导航

《中华人民共和国民法典》（以下简称《民法典》）第九十六条规定：本节规定的机关法人、农村集体经济组织法人、城镇农村的合作经济组织法人、基层群众性自治组织法人，为特别法人。

五、其他村级经济社会组织

包括村级共青团、妇联、民兵组织等农村基层群团组织，家庭农场、农民合作社、农业企业等农村新经济组织，以及红白理事会、文化促进会等农村新社会组织等。进入新时代，村级组织不断发展，数量不断增加，形态更为多元，在乡村治理中发挥了重要作用。

法律/政策导航

村党组织书记应当通过法定程序担任村民委员会主任和村级集体经济组织、合作经济组织负责人，村"两委"班子成员应当交叉任职。村务监督委员会主任一般由党员担任，可以由非村民委员会成员的村党组织班子成员兼任。村民委员会成员、村民代表中党员应当占一定比例。

——《中国共产党农村基层组织工作条例》

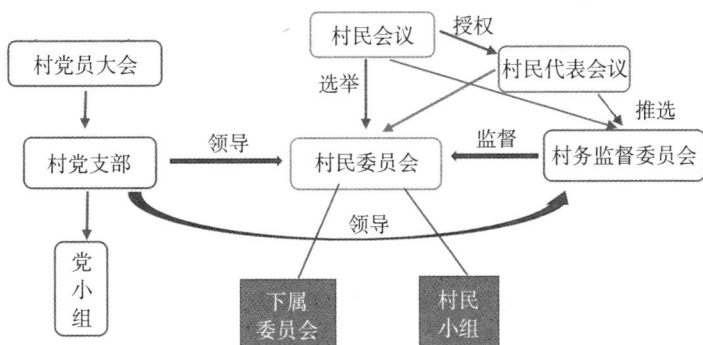

村级组织结构图

任务二　初步认知村级工作事务

一、村级组织主要工作事务

根据《中国共产党农村基层组织工作条例》《村民委员会组织法》《乡村振兴促进法》等党内法规、国家法律法规以及有关章程的规定，村级组织工作事务包括：

宣传贯彻执行党的理论和路线方针政策，党中央、国务院以及地方党委和政府决策部署；加强村党组织及其领导的村级组织自身建设，组织群众、宣传群众、凝聚群众、服务群众；实行村民自治，发展壮大农村集体经济，维护村民群众合法权益，开展村级社会治理，提供村级综合服务等。

二、规范和减轻村级组织工作事务负担

为明晰村级组织承担的工作事务，更好地为村级组织减负，切实提高乡村治理服务水平，2022年8月中共中央办公厅、国务院办公厅印发《关于规范村级组织工作事务、机制牌子和证明事项的意见》，要求县级党委和政府"依法依规明确党政群机构要求村级组织协助或者委托村级组织开展工作事务的制度依据、职责范围、运行流程。未经县级党委和政府统一部署，党政群机构不得将自身权责事项派交村级组织承担。不得将村级组织作为行政执法、拆迁拆违、招商引资、安全生产等事务的责任主体"。

意见还对改进村级组织出具证明工作提出明确要求：凡缺乏法律法规或国务院决定等依据的证明事项，党政群机构一律不得要求村级组织出具。属于职责范围内的事项，村级组织原则上应依法及时据实出具证明；省级层面未统一规范，但涉及村民群众工作、学习、生活等仍需出具证明的，村级组织可本着便利村民群众办事创业的原

则，对能够核实的事项据实出具相关证明。出具证明涉及重大问题或者存在法律风险的，村级组织要认真调查核实情况，广泛组织村民群众议事协商，必要时召开村民会议、村民代表会议讨论决定。

法律/政策导航

不应由基层群众性自治组织出具证明事项清单

民政部等六部门联合出台了《不应由基层群众性自治组织出具证明事项清单（第一批）》，明确20项证明不应由基层群众性自治组织出具：亲属关系证明、居民身份信息证明、户口登记项目内容变更申请证明、居民养犬证明、无犯罪记录证明、社区戒毒社区康复人员情况证明、人员失踪证明、婚姻状况证明、出生证明、健在证明、死亡证明、疾病状况证明、残疾状况证明、婚育状况证明、居民就业状况证明、居民个人档案证明、居民财产证明、遗产继承权证明、市场主体住所证明、证件遗失证明。

三、农村工作原则

《中国共产党农村工作条例》提出党的农村工作必须遵循以下主要原则：

第一，坚持党对农村工作的全面领导，确保党在农村工作中总揽全局、协调各方，保证农村改革发展沿着正确的方向前进；

第二，坚持以人民为中心，尊重农民主体地位和首创精神，切实保障农民物质利益和民主权利，把农民拥护不拥护、支持不支持作为制定党的农村政策的依据；

第三，坚持巩固和完善农村基本经营制度，夯实党的农村政策基石；

第四，坚持走中国特色社会主义乡村振兴道路，推进乡村产业振兴、人才振兴、文化振兴、生态振兴、组织振兴；

第五，坚持教育引导农民听党话、感党恩、跟党走，把农民群众紧紧团结在党的周围，筑牢党在农村的执政基础；

第六，坚持一切从实际出发，分类指导、循序渐进，不搞强迫命令、不刮风、不一刀切。

四、村干部常用工作方法

（一）带头表率，示范引领

上有所率，下有所进；上有所行，下有所仿。坚持干部带头、做好表率、引导他人自觉跟进，"带着群众干""做给群众看"，是做好农村工作有效的方法之一。思想因循守旧、怕冒风险和有从众心理的群众不在少数，他们更相信眼见为实。村干部要事事以身作则，做到"平常时候看得出来、关键时刻站得出来、危难关头豁得出来"，展现榜样力量；处处率先垂范，在引进新技术、新品种或倡导新模式、新风尚的时候，先做典型示范，以点带面进行引导。

案例 1-1-1

风险带头担，困难走在前

山东省潍坊市三元朱村党支部书记王乐义干了 40 多年的村党支部书记，被誉为"冬暖式蔬菜大棚之父""菜王"。在 1989 年准备建第一批实体大棚的时候，因为投资大、心里没底，群众都不敢冒险。王乐义号召全村 17 名党员干部先打头一炮，他说："农村共产党员最大的责任就是带领群众共同致富！搞大棚虽然风险很大，但咱们都面对党旗宣过誓，这个风险咱不担谁担？""村干部不是当出来的，是干出来的。有利益，干部别和党员争，党员不和群众抢；有困难，党员干部走到前头。"首批 17 个示范大棚取得成功后，第二年全村一下子上了 180 多个大棚。

（二）心系群众，用心服务

乡村治理从根本上来说，就是服务于农民群众生产生活的。乡村振兴是一个系统工程，农民群众需要生产、生活、资金、技术、信息等方方面面的服务。习近平总书记精辟地指出："马克思主义权力观概括起来是两句话：权为民所赋，权为民所用。"村干部要当好群众办事的服务员，始终把群众放在心上，想群众之所想、急群众之所急、解群众之所困，全心全意为群众做好贴心服务，提升群众获得感、幸福感、安全感，获得群众的信任、拥护和支持。

案例 1-1-2

"民情通"书记杭兰英

1986 年，当时 37 岁的杭兰英高票当选浙江省绍兴市祝温村党支部书记。"赤脚医生"出身的她信奉用脚板为老百姓服务，全村 650 户人家，她一户户上门。她有一个"民情记事本"，谁家配偶去世了家庭困难，谁家老人瘫痪了需要照顾，谁家遇到难题了需要解决，写在本子上一目了然。这成为她治村的一大"法宝"。对民情了然于心，才能把群众安危冷暖时刻牵系于心，才能真正地服务群众。抱着"村民的事比天大"的信念，这些年来，每当村民遇到急事难事，无论深更半夜还是刮风下雨，她都必到现场，第一时间伸出援手，全心全力帮助村民排忧解难，被大家敬称为"兰英伯伯"。

（三）协商议事，沟通说服

协商，是指双方通过交换意见，协议商量解决问题。《中共中央国务院关于加强基层治理体系和治理能力现代化建设的意见》提出"聚焦群众关心的民生实事和重要事项，定期开展民主协商"。村干部要根据实际情况选择和创新协商议事形式，搭建协商议事平台，健全协商议事流程，拓宽群众参与渠道。在协商过程中还要注意遵循尊重、相容、理解等沟通原则，达到调动各方积极性、凝聚人心的目的。

拓展学习

党的领导人对于"协商"的表述

毛泽东说过，"国家各方面的关系都要协商"，"我们政府的性格，你们也都摸熟了，是跟人民商量办事的"，"可以叫它是个商量政府"。

周恩来说过："新民主主义的议事精神不在于最后的表决，主要是在于事前的协商和反复的讨论。"

习近平说："在中国社会主义制度下，有事好商量，众人的事情由众人商量，找到全社会意愿和要求的最大公约数，是人民民主的真谛。""在人民内部各方面广泛商量的过程，就是发扬民主、集思广益的过程，就是统一思想、凝聚共识的过程，就是科学决策、民主决策的过程，就是实现人民当家作主的过程。"

（四）群众主体，有效激励

乡村振兴的主体是广大农民群众，只有将群众发动起来，让群众充分知情、积极参与、实施监督和感到满意，乡村治理才能持久有效。村干部需要采用有效的激励方式，引导群众积极投身乡村振兴和村庄建设。激励手段总的来说包括物质激励和精神激励两类，要精心设计、综合运用两种方式，满足群众的不同需求，充分调动积极性，引导群众参与到乡村振兴各项工作中来。

案例 1-1-3

小积分带动乡村文明大提升

山东省济宁市郗庄村开展"信用＋"志愿服务活动，引导村民参与乡风文明建设。村民每参加两小时志愿服务可以积0.5分，凭这些积分可以在村里的超市兑换价值5元的物品。58岁的村民李某主动参与志愿服务，一开始还感觉不好意思，但很快她就干上了瘾，总积分在全村名列第二。每次用积分为孙子、孙女换到零食等物品时，孩子总是兴奋地说："奶奶又领奖品啦！"李某积极参与志愿服务的行为带动了孙辈在学校热心助人，而这又激励她不断投入到新的志愿服务中。村里原来有活是"干部干、群众看"，现在村干部"说话有人听、办事有人跟"，人人争当志愿者，村民成为文明建设的"主力军"，节约了管理成本，提升了治理效能。

在农村工作中，还有许多富有实效的工作方法，如群众路线、抓两头带中间、牵"牛鼻子"带全局等方法。工作方法因地、因人、因事、因时而异，要适应基层治理现代化的新思想、新理念、新要求，不断学习、探索、实践、创新，提高乡村治理工作水平。

阅读与思考

毛泽东关于工作方法的论述

毛泽东对我们党的领导经验和工作方法有过许多生动论述。1934 年，他在谈到工作方法时说："我们不但要提出任务，而且要解决完成任务的方法问题。我们的任务是过河，但是没有桥或没有船就不能过。不解决桥或船的问题，过河就是一句空话。不解决方法问题，任务也只是瞎说一顿。"

在 1949 年 3 月 13 日发表的《党委会的工作方法》中，他指出，党委的同志必须学好"弹钢琴"，"弹钢琴要十个指头都动作，不能有的动，有的不动。但是，十个指头同时都按下去，那也不成调子。要产生好的音乐，十个指头的动作要有节奏，要互相配合。党委要抓紧中心工作，又要围绕中心工作而同时开展其他方面的工作"。1948 年 4 月 1 日，他在《在晋绥干部会议上的讲话》中指出，"按照实际情况决定工作方针，这是一切共产党员所必须牢牢记住的最基本的工作方法。我们所犯错误，研究其发生的原因，都是由于我们离开了当时当地的实际情况，主观地决定自己的工作方针"。

思考：牵牛要牵"牛鼻子"、十个指头"弹钢琴"，紧密联系实际，统筹兼顾，全面安排，这些领导艺术和工作方法对本村工作是否有指导作用？举例说明。

拓展学习

河南省开展的一项调研显示，农村党支部书记主要干五件事：一是抓班子带队伍；二是落实上级部署安排的中心任务；三是发展产业建设美好家园；四是办好群众实事；五是搞好乡村治理。关于村党支部书记"能干什么"，调研结论是：一是盘活现有资源；二是争取上级支持；三是用好发展机遇；四是激活村民主体；五是树立自身威望。

项目二 村干部应具备的素质与能力

领导的能力是应该要学习的，而且是可以被习得的。

——彼得·德鲁克（美）

任务一 认知岗位能力

村域不大，舞台很大。"上面千条线，下面一根针"，农业农村政策、各部门各方面的工作，大都要落实到村。全面推进乡村振兴战略，迫切需要一支高素质、专业化、复合型的农村基层干部队伍。

一、领导与管理

领导与管理这两个词，在内涵上有很多相似、交叉之处，也存在本质的区别。对二者进行区分，有助于村干部明确角色定位，在不同的工作情境中，以更到位的工作理念和更适宜的工作方法，提高工作效能。

案例 1-2-1

"PPT 书记"朱仁斌

浙江省安吉县递铺街道鲁家村，2011 年还是全县卫生考核的倒数第一，是远近闻名的落后村、空心村。朱仁斌原本在外做建材等生意，收入可观，被乡贤们看作"有文化的人"。2011 年换届选举，在街道党委、政府动员以及鲁家村乡贤的推举下，喜欢农村的朱仁斌弃商回乡当选新一届村党支部书记。他说："我有干劲，有人脉。老家不能一直落后下去，有多大能耐，我都使出来！"上任伊始，他抓的第一件事，就是筹集资金请专业设计团队科学制订了"村庄、产业、旅游"三大规划。为争取政府支持和各类资金投入，他把规划图做成 PPT，到处汇报、游说，一度被称为"PPT 书记"。在他的带领下，鲁家村走出"四无村庄"（没有名人故居、没有古村落、没有风景名胜、没有主要产业）的乡村振兴"样板路"，入选中国美丽休闲乡村、国家森林乡村、全国乡村旅游重点村、浙江省 3A 级景区村庄等。

思考：案例中朱仁斌所做的工作属于领导范畴还是管理范畴？

（一）领导

关于"领导"的定义方式很多：作为动词，领导指"率领并引导朝一定方向前进"；作为名词，领导指领导者。彼得·德鲁克认为，"领导者的唯一定义是后面有追随者"，领导者必须拥有影响追随者的能力，并通过影响下属和追随者来实现组织目标。还有一个重要而定义不一的词"领导力"，一般认为，领导力是广义的领导行为，是领导者素质的核心，是能激励人心、让人心甘情愿完成目标的能力。领导力与职位无关，每个人都可以有领导力，从这个角度来说，每个人都可以是领导者。

【拓展学习】

关于"领导力"的几个定义

领导力的核心是动员群众解决难题。

——刘澜

领导力就是动员群众成就大事。

——约翰·科特（美）

领导力是动员别人想要为共享的理想而奋斗的艺术。

——吉姆·库泽斯（美）

领导力是领导者们让平凡的人做出非凡之事。

——德弗里斯（荷兰）

领导力是通过他人来成就如果没有你的话本来不会发生的事物。

——诺尔·蒂奇（美）

领导力是某个人愿意承担责任，而且运用这种责任来产生积极影响。

——巴达拉克（美）

（二）管理

《现代汉语词典》对"管理"释义为：负责某项工作使顺利进行；保管和料理；照管并约束。管理学上一般认为，管理就是在一定组织中的管理者，通过实施计划、组织、人事、领导、控制等职能来协调他人的活动，使他人同管理者一起实现既定目标的活动过程。弗雷德里克·温斯洛·泰勒对"管理"的解释是：确切地知道你要别人干什么，并使他用最好的方法去干。德鲁克认为，"管理就是界定企业的使命，并激励和组织人力资源去实现这个使命。界定使命是企业家的任务，而激励与组织人力资源是领导力的范畴，二者的结合就是管理"。

（三）领导与管理的区别

领导与管理有许多相似之处，有互补性、相容性和交叉性。二者都需要对事情做出决定，建立一个人际关系网络，并尽力保证任务和目标得以完成。在传统的管理理论中,"管理"包括"领导",领导是管理的四大基本活动(计划、组织、领导、控制)之一。管理学家亨利·明茨伯格指出管理者有 10 种角色,其中之一就是"领导者"角色。

阅读与思考

亨利·明茨伯格认为,现在公司的"领导力"不是太少而是太多,以至于没人去做真正的管理了,"我们被过分领导,而被管理不足"。而美国通用电气公司前 CEO 杰克·韦尔奇则认为,"别只是管理,要学会领导",管得越少成效越好。他形象地指出:"把梯子正确地靠在墙上是管理的职责,领导的作用在于保证梯子靠在正确的墙上。"

思考:你认为目前本村的村务管理是什么状况?

亚伯拉罕·扎莱兹尼克指出,管理者和领导者是两类不同的人,在动机、思维方式和做事方式上存在着差异,领导者以一种个人的、积极的态度去对待工作,勇于创新,管理者则以一种非个人化的态度面对目标,循规蹈矩。约翰·科特说:"管理者试图控制事物,甚至控制人,但领导人却努力解放人与能量。""领导"与"管理"之间的区别可大致概括如下:

领导	管理
做正确的事,关注意义,强调战略方向	把事情做正确,关注过程,强调战术方法
制定目标,注重未来、宏观及结果	制订计划,注重现在、微观及效率
关注人,激励他人把工作做得更好	关注事,运用制度约束确保他人完成工作
应对不确定性,勇于冒险、鼓励变革	应对复杂性,力求稳定、建立秩序
适应变化,确保组织成长	接受现状,确保组织有序

一般认为,领导者应有眼界高远、胆略过人、独立自主等特质,管理者则需具备坚持不懈、扎实细致、高效执行等特质。在实际工作中,领导与管理常常是相互融合、无法分割的,任何组织、团体都是既有领导又有管理。村级组织也一样,在不同层面上,村干部既是领导者又是管理者,"一肩挑"的村党组织书记既要能抓班子带队伍、画蓝图谋发展,也要能坚决贯彻执行上级任务、落实党员大会和村民大会决议等不走样。村干部要充分认识岗位任务的多面性,既"低头拉车"又"抬头看路",做领导和管理动态平衡的"领导型管理者"。

二、领导者素质

领导者素质,是指在先天禀赋的生理和心理基础上,经过后天的学习和实践锻炼而形成的在领导工作中经常起作用的那些基础条件和内在要素的总和。领导者素质除了具有一般人素质的稳定性、潜在性、基础性等特点之外,还具有以下特点。

（一）时代性

不同社会、不同历史时期，对领导者的素质要求是不同的。以对村干部的素质要求为例，在社会主义革命和建设时期对发动群众、带头苦干等方面的素质要求高，而进入新时代则突出政治过硬、本领过硬、作风过硬、引领共同富裕等素质要求。顺应时代要求，才能担负时代使命。

案例1-2-2

从"铁姑娘"到"董事长"

山西省晋中市大寨村是20世纪六七十年代的先进典型，1964年"自力更生、艰苦奋斗"的大寨精神和"农业学大寨"的口号响遍全国。郭凤莲16岁就任大寨村"铁姑娘队"队长，1973—1980年任大寨党支部书记，曾受到毛泽东、周恩来等老一辈革命家接见和热情赞扬，成为家喻户晓的传奇式人物。

十一届三中全会之后，大寨经济停滞不前甚至出现倒退。1991年，45岁的郭凤莲再次回到大寨被任命为党支部书记。她顺应改革，解放思想，带领大寨人走出去学习先进经验和管理模式，从借钱办羊毛衫厂开启创业模式，一手创办了大寨集团，带领村民走上富裕路。

中共十八大以来，郭凤莲继续带领村民听党话、跟党走，贯彻新发展理念，走绿色发展之路，先后关掉了煤矿、水泥厂等企业，还田于林、发展生态旅游等，把大寨建成了全国闻名的幸福村、绿色村、美丽宜居村，走出了一条党建推动、产业助力、共同富裕的发展之路，带领大寨村始终走在时代前列。

（二）层次性

随着社会分工越来越细，不同层次、不同领域、不同部门领导者的职责分工也更加细化。村党组织书记是"领头雁"，对村党组织书记的素质要求与其他村"两委"成员的要求是不一样的。毛泽东说过，"党委书记要善于当'班长'"，团结带领"一班人"，充分发挥他们的作用。

拓展学习

诸葛亮论不同层次将领的才能

诸葛亮在《将器》一文中指出："将之器，其用大小不同。若乃察其奸，伺其祸，为众所服，此十夫之将。夙兴夜寐，言词密察，此百夫之将。直而有虑，勇而能斗，此千夫之将。外貌桓桓，中情烈烈，知人勤劳，悉人饥寒，此万夫之将。进贤进能，日慎一日，诚信宽大，闲于理乱，此十万人之将。仁爱洽于下，信义服邻国，上知天文，中察人事，下识地理，四海之内，视如室家，此天下之将。"

（三）动态性

素质具有一定的稳定性，同时也会随着环境变化以及他人影响而产生相应的变化，这些变化有的是正向的，有的是反向的。有些村干部原本能得到大多数群众的认可，在群众中有较高威望，上任之初有雄心壮志和满腔热情，但因抵制不住某些诱惑，不能严格自律，长久下去就会退步乃至腐变。所以习近平总书记说："要教育引导各级党组织和广大党员、干部经常进行思想政治体检，不断叩问初心、守护初心，不断坚守使命、担当使命，始终做到初心如磐、使命在肩。"

【阅读与思考】

质量互变规律之哲思

唯物辩证法认为，量变是质变的必要准备，量变引起质变，质变是量变的必然结果，质变又引起新的量变，循环往复以至无穷，构成了事物无限发展的过程。黑格尔说过，一种量的变化之发生，最初好像是完全无关轻重似的，但后面却蕴藏着别的事物。列宁说："只要再多走一小步，仿佛只是向同一方向迈出的一小步，真理便会变成谬误。"要保持事物性质的稳定，就必须把量变控制在一定限度之内，做事情要注意分寸，坚持适度原则；要获得质的飞跃，就要重视量的积累。

思考：质量互变规律，对于干部成长有何启示？

（四）实践性

没有人天生就是领导，"干部干部，干是当头的"，高素质的干部是在实践中锻炼成长起来的。有些村干部因致富能力强或品德良好而被党员群众推选出来，但在带领村庄发展方面并没有经验。"刀要在石上磨，人要在事上练"，秉承为群众服务的初心，敢于直面问题、迎难而上，在不同岗位上实践历练，在摸爬滚打中增长才干，就能逐步成长为优秀的乡村带头人。

【拓展学习】

人须在事上磨

《传习录》中记载了明代大儒王阳明与弟子的这样一段对话。弟子问："静时亦觉意思好，才遇事便不同，如何？"（译文：静守时我觉得自己的想法很好，但一遇到事情就不能按那种想法去做了，这是什么缘故？）先生曰："是徒知静养，而不用克己功夫也。如此，临事便要倾倒。人须在事上磨，方立得住，方能'静亦定，动亦定'。"（译文：这是由于只知道在静守中修养，却没有在克己上下功夫，这样遇到事情就会不稳。人必须在事情上磨炼自己，才能踏实立足，才能做到"静亦定，动亦定"。）历事才能练心，在事上磨炼，内心才会拥有强大力量，个人才能真正成长。

（五）综合性

领导者所扮演的角色是多元化的，对领导者的素质要求也是由多种素质组合而成的，具有很强的综合性特点。农村工作事务繁杂、群众需求多样，村干部职数又比较少，这就要求新时代的村干部要当多面手，既能对村庄发展"把脉"，又能对发展中的各类问题"诊治"，既是"政策通"，又是经济能人、矛盾调解员、微机操作员等，成为"全科医生"式村干部。

拓展学习

《孙子兵法》对将领素质的要求

《孙子兵法》认为，将才须具备五德："将者，智、信、仁、勇、严也。"《十一家注孙子》解释说："智者，先见而不惑，能谋虑，通权变也；信者，号令一也；仁者，惠抚恻隐，得人心也；勇者，徇义不惧，能果毅也；严者，以威严肃众心也。五者相须，阙一不可。故曹公曰将宜五德备也。"五德体现了自古以来对领导者素质的要求就是综合性的。

三、新时代对干部能力的新要求

中共十九大报告指出，新时代各级干部要增强"八项本领"，即学习本领、政治领导本领、改革创新本领、科学发展本领、依法执政本领、群众工作本领、狠抓落实本领、驾驭风险本领；要培养造就一支懂农业、爱农村、爱农民的"三农"工作队伍。

2020年10月10日，习近平总书记在中央党校（国家行政学院）中青年干部培训班开班式上提出，干部特别是年轻干部要提高政治能力、调查研究能力、科学决策能力、改革攻坚能力、应急处突能力、群众工作能力、抓落实能力。

在2020年12月召开的中央农村工作会议上，习近平总书记强调，推动乡村全面振兴，关键靠人，"要建设一支政治过硬、本领过硬、作风过硬的乡村振兴干部队伍"。

"八项本领""七种能力""三个过硬"的要求，在逻辑和内容上一脉相承，共同构成一个相互联系的有机整体，其要求适用于农村基层干部队伍。

（一）政治能力

政治能力就是把握方向、把握大势、把握全局的能力，就是辨别政治是非、保持政治定力、驾驭政治局面、防范政治风险的能力。政治能力是干部应具备的首位能力，要求把握正确政治方向，不断提高政治敏锐性和政治鉴别力，严守党的政治纪律和政治规矩，增强政治自制力，不断提高马克思主义理论水平。

村干部提高政治能力的关键，在于始终坚持党的领导，始终不忘宗旨意识，对党忠诚，勇于担当，廉洁自律，做党的路线方针政策的坚定执行者、捍卫者。具体工作中，就是要把人民群众放在最高位置，时时坚持人民至上，处处体现为民情怀。把握住政治之"大"，方能纲举目张，稳步推进农村各项工作。

（二）调查研究能力

调查研究能力是指通过一定的实地考察、数据整理和研究分析，进而掌握问题的实际情况，并在此基础上精准做出相应决策的一种能力。调查研究是人们认识社会、改造社会的一种科学方法，是领导干部做好各项工作的基本功。

有的干部认为自己处在基层一线，本村的事儿都知道，无须调研，这是对调查研究的片面认识。正确的决策离不开调查研究，正确的贯彻落实同样也离不开调查研究。村干部应深入群众家中、田间地头走访调查，掌握真实情况、了解真正诉求、发现真正问题，进而通过对调查材料的思维加工、研究，从群众中找到解决问题的方法。

拓展学习

调查研究是我们党的"传家宝"

毛泽东提出"没有调查就没有发言权"的著名论断，他说："调查就像'十月怀胎'，解决问题就像'一朝分娩'。调查就是解决问题。"邓小平说："离开群众经验和群众意见的调查研究，那么，任何天才的领导者也不可能进行正确的领导。"陈云说："我们做工作，要用百分之九十以上的时间研究情况，用不到百分之十的时间决定政策。"习近平强调指出，要用好调查研究这一我们党的"传家宝"，做好调查研究这一"基本功"，调查研究是谋事之基、成事之道，要在全党大兴调查研究之风。

（三）科学决策能力

科学决策能力是指对于需要解决的问题，能够在科学理论的指导之下，经过科学探讨与分析和系统评估与综合，进而提出各种可行性方案，并从中选择最科学、最合理方案的一种能力。决策是领导工作的核心，提高决策能力要求树立战略思维和大局意识，坚持求真务实作风和调查研究方法，提高民主决策、依法决策水平。

村干部要有战略眼光和大局观念，要把本村工作融入当地乃至国家乡村振兴事业大局，把握大势、通盘考虑、整体谋划、协调各方，才能拟定出科学方案，通过"四议两公开"等程序正确决策，使决策事项经得起时间检验，造福一方百姓。

（四）改革攻坚能力

改革攻坚能力强调的是担当意识、工作韧劲和开创精神。改革攻坚能力要求：发扬斗争精神，保持刚健勇毅的改革勇气和决心；坚持实事求是，把干事热情和科学精神结合起来；有正确的方法，在把握规律的基础上实现变革创新；尊重群众首创精神，从生动鲜活的基层实践中汲取智慧。

在全面推进乡村振兴和实现农业农村现代化目标的征程上，必然会遇到很多新困难、新情况、新问题。村干部要努力提高改革攻坚的能力，发扬改革精神，以一往无前的决心和舍我其谁的担当，把各项工作推上新的台阶。

（五）应急处突能力

应急处突能力指在面对灾害与突发事件时，能够快速高效妥善处置应对的一种重要专业能力和基本技术能力。提高应急处突能力，包括提高风险防范意识和风险治理能力，要加强对风险的主动预判，提高掌控化解能力和复盘完善能力。

村干部在工作中要增强风险意识、忧患意识，克服侥幸心理、麻痹心理，通过日常化解小矛盾的锻炼，不断提高自身应急处突的见识和胆识，并及时总结经验教训，在遇到风险和突发情况时，能够打好主动仗，正确应急处置。

（六）群众工作能力

群众工作能力就是解决群众问题、为群众排忧解难的能力。提高群众工作能力，要坚持从群众中来、到群众中去，真正成为群众的贴心人；要心中有群众，把小事当作大事来办，切实解决群众"急难愁盼"的问题；要带领群众艰苦奋斗、共同致富；要注意宣传群众、教育群众，用群众喜闻乐见、易于接受的方法开展工作。

村干部做好群众工作，要时刻把群众安危冷暖放在心上，善于辨识群众具体利益的多元性和差异性，找到"最大公约数"，综合运用德治、自治、法治等手段化解矛盾，调动群众积极性、主动性、创造性，实现乡村振兴战略目标。

（七）抓落实能力

抓落实能力就是抓党和国家各项方针政策、工作部署和措施要求落实的能力。"一分部署，九分落实"，领导干部要脚踏实地，以上率下，以钉钉子精神，抓铁有痕、踏石留印，不断通过化解难题开创工作新局面。

乡村振兴重在落实，落实的关键在于科学有力的组织领导。村干部尤其是村党组织书记作为"带头人"，要发挥"领头雁"作用，靠前指挥、示范表率，聚焦实际问题抓好工作落实，努力推动形成示范带动效应。

【阅读与思考】

钉钉子精神

2013 年 2 月 28 日，在中共十八届二中全会第二次全体会议上，习近平总书记对钉钉子精神进行了详细阐述："我们要有钉钉子的精神，钉钉子往往不是一锤子就能钉好的，而是要一锤一锤接着敲，直到把钉子钉实钉牢，钉牢一颗再钉下一颗，不断钉下去，必然大有成效。如果东一榔头西一棒子，结果很可能是一颗钉子都钉不上、钉不牢。"此后，钉钉子精神被他反复提及。以钉钉子精神抓落实作为重要方法论和工作方法，被广泛运用到了政治、经济、民生等诸多领域的工作中，强调真抓实干、接续奋斗和掌握科学的做事方法。

思考：习近平总书记说，"敲钉子也不能光凭着一股蛮力，逢墙乱钉，碰到容易脱落或者开裂的墙面时，还要想办法修补墙面，打好敲钉子的基础"，这句话的内涵是什么？

任务二　村干部素质能力提升

一、村干部的任职要求

在中国共产党党内法规和政策文件中，对农村基层干部尤其是村党组织书记的任职条件进行了规定。

《中国共产党农村基层组织工作条例》强调："村党组织领导班子应当由思想政治素质好、道德品行好、带富能力强、协调能力强，公道正派、廉洁自律，热心为群众服务的党员组成。村党组织书记还应当具备一定的政策水平，坚持依法办事，善于做群众工作，甘于奉献、敢闯敢拼。"

法律/政策导航

农村基层干部应当认真学习和忠实践行习近平新时代中国特色社会主义思想，学习党的基本理论、基本路线、基本方略，学习必备知识技能。懂农业，掌握'三农'政策，熟悉农村情况，有能力、有措施、有办法解决实际问题；爱农村，扎根农村基层，安身安心安业，甘于奉献、苦干实干；爱农民，对农民群众充满感情、始终放在心上，把农民群众的利益摆在第一位，与农民群众想在一起、干在一起，不断创造美好生活。

——《中国共产党农村基层组织工作条例》

党支部书记应当具备良好政治素质，热爱党的工作，具有一定的政策理论水平、组织协调能力和群众工作本领，敢于担当、乐于奉献，带头发挥先锋模范作用，在党员、群众中有较高威信，一般应当具有 1 年以上党龄。

——《中国共产党支部工作条例（试行)》

各级党委应当把懂农业、爱农村、爱农民作为基本要求，加强农村工作队伍建设。

——《中国共产党农村工作条例》

二、村干部的职业发展

村干部尤其是村党组织书记岗位具有特殊重要性，位子不高，责任重大。为打造一支高素质、专业化的农村基层干部队伍，不少地方出台了激励措施，以吸引更多优秀人才集聚到农村基层工作岗位上来。

这些措施，主要包括对村干部探索实行专业化管理、"大岗位制"管理改革、拓宽晋升通道等，有的地方参照公务员职级制管理办法，让村干部在职有合理待遇、干好有发展前途、正常离任无后顾之忧。

在 2023 年 2 月 24 日中央组织部召开的基层党建工作重点任务推进会上，黑龙江介绍了政治上激励、工作上保障，不断激发村干部干事动力的做法。他们从解决村干部最关心、最现实的问题入手，打破村干部成长天花板，全面开展评星定级，对不同年龄段的优秀村党组织书记，每届任期按一定比例，专项招聘纳入乡镇事业编制；比照乡镇事业编制人员工资标准，提高在岗报酬和离任补贴；对标"五个振兴"设定 22 项乡村振兴示范村党组织和担当作为村党组织书记硬杠标准，有效引领创先争优。

山东省委组织部《关于进一步加强农村村级党组织建设的若干意见》提出，严格落实村党组织书记每年报酬总和不低于所在县（市、区）上年度农村居民人均可支配收入两倍的标准，建立财政和村集体补助在职村党组织书记、村民委员会主任养老保险制度，加大从优秀村干部中选拔乡镇（街道）机关事业单位工作人员力度。

江苏从 2020 年起开展村书记专业化管理试点，把村书记作为一个专门职务，实行五级精细化管理，把村书记职级从低到高划分为五级，每一职级分别再对应若干个薪酬档次，完善差异激励和精准培育体系，彻底打破"干与不干一个样，干好干坏一个样"的局面。内部用职级拓宽职业发展路径，外部进一步打通向上发展的渠道。2024年江苏省委一号文件提出，要"深化村书记专业化管理"，"锻造政治过硬、知农爱农、业务精湛、群众认可、堪当时代重任的'新农干'"。

案例 1-2-3

2007 年，45 岁的刘树安听从党组织安排，放下经营红火的建筑生意，回村当"领头雁"。面对集体经济一穷二白、干群矛盾突出等困难局面，抱着"不能再让乡亲们穷下去"的信念，他将生意全盘转给亲朋好友，全身心扑在村里，集体经济从负债 100多万元发展到年收入超 800 万元，村集体和老百姓共同富裕起来。村庄获得多项国家级荣誉称号，他个人也被评为全国优秀党务工作者。按照当地村党组织书记专业化管理实施办法，他晋升为五级专业村书记，基本工资加上考核报酬和增收奖励，年薪能拿到 12 万元，有"五险一金"，退休后能享受到乡镇事业单位退休人员待遇，真正解了后顾之忧。

讨论：你怎样看待村干部专业化管理？

云南省 2022 年推行村级组织"大岗位制"，把村级岗位整合为正职岗、副职岗、委员岗三类，每村纳入"大岗位制"管理的村干部一般不超过 7 人，实行坐班制、值班制，定岗、定责、定酬，由市县财政部门发放报酬。河南省洛阳市提出自2022年1月1日起进一步提升村干部收入水平，采用"基本报酬＋业绩考核奖励报酬＋发展村集体经济奖励报酬＋其他报酬"方式发放村干部报酬。福建省漳州市实行"基本报酬＋岗位级别补贴＋届龄补贴＋年度一次性绩效奖励＋村集体收入增收奖励补贴"的"一岗五级"薪酬动态管理体系，实行"可上可下、升降滚动"的动态管理，激励村干部在乡村振兴一线担当作为、干事创业。

三、村干部的品德修养

"以力服人者，非心服也，力不赡也；以德服人者，中心悦而诚服也。"好干部要德才兼备，以德为先。

第一，忠诚。在中华传统文化中，忠诚是君子行立于天地自然之间的根本。孔子说，"言忠信，行笃敬，虽蛮貊之邦行矣"。一个言行忠诚的人，即使到了荒蛮偏远的地方，也行得通；而"言不忠信，行不笃敬"之人则寸步难行。马融认为："忠者也，一其心之谓也。为国之本，何莫于忠？忠能固君臣，安社稷，感天地，动神明，而况于人乎？"从古至今，忠诚的表现不尽相同，对忠诚品质的推崇却始终如一。党和人民的事业是靠千千万万党员的忠诚奉献而铸就的，忠于党、忠于人民是共产党人的优秀品质，是村干部应有的政德。

案例1-2-4

对党忠诚、执着为民的申纪兰

山西省平顺县西沟村党总支原副书记申纪兰在农村基层干部岗位上近70年，听党话、跟党走，将一生全部献给党的事业，从未为自己考虑，用一生的赤诚，在群众心中树立起丰碑。她说虽然自己文化水平不高，但只要是党说的话她都会认真学习、认真听，从实际出发带领群众去建设。"毛主席带领大家建设了新中国，建设了社会主义，习近平总书记带领大家要去实现中国梦，这是党的光荣任务，不是哪个人的事情，是全国人民的一件大事情，不能马马虎虎，要认认真真落实才行。""要想红旗飘万代，重点是代代相传。"申纪兰荣获全国劳动模范、全国优秀共产党员、改革先锋、共和国勋章等荣誉，连续13届当选全国人大代表。

第二，亲民。《大学》开篇就说"大学之道，在明明德，在亲民，在止于至善"。"亲民"二字蕴含了为政的深刻道理，是中国古代"民本"思想的集中体现。孟子曰："君之视臣如手足，则臣视君如腹心；君之视臣如犬马，则臣视君如国人；君之视臣如土芥，则臣视君如寇雠。"人民心里有杆"秤"，亲民者民必亲之。我们党根基在人民、血脉在人民。村干部是群众推选出来的，自己也是群众的一员，亲民是本分更是责任。村干部要时刻认清自己的身份、摆正自己的位置，关心群众的生活和利益，千方百计帮助他们排忧解难，做群众的贴心人。

第三，奉献。中共二十大报告提出"在全社会弘扬劳动精神、奋斗精神、奉献精神、创造精神、勤俭节约精神，培育时代新风新貌"。奉献精神是中华民族永续传承的宝贵精神力量，是中国共产党人的精神底色，人生的价值在于奉献而不是索取。河南省濮阳市西辛庄村党支部书记李连成始终遵循"当干部就应该能吃亏"的信条，他说："自打任支书的第一天起，就抱定一种想法，甘愿自己吃亏，不怕牺牲个人利益！""这是共产党的干部必须做到的，你要想在群众中有威望，有号召力，就得先付出。"不怕吃亏、乐于奉献是村干部做好工作的秘诀。

拓展学习

天长地久。天地所以能长且久者，以其不自生，故能长生。

——《道德经·第七章》

既以为人，己愈有。既以与人，己愈多。

——《道德经·第八十一章》

第四，公正。即公平、正直，一视同仁，不偏不倚和合理。能不能做到公平公正，群众看得最清楚。农村各种矛盾错综复杂，村干部如果办事不公正，一碗水端不平，不仅影响自身形象，而且会带坏班子，带坏风气。"公而论道唤民心，偏而论道伤民意"，坚持公平、公正、公开原则，不仅自身腰杆直、干事有底气，还能真正让群众信服，真正实现心齐气顺、凝聚人心。村干部办任何事都要出于公心，做到对群众一视同仁，不以权谋私，不优亲厚友，不嫌贫爱富，不被关系缠身，保持浩然正气。

第五，清廉。古人说："吏不畏吾严而畏吾廉，民不服吾能而服吾公，公则民不敢慢，廉则吏不敢欺。"公生明，廉生威。村干部手中或多或少都有点权力，必须常思贪欲之祸、常念律己之心，不为欲望所迷，不为钱财所惑，守住自己的心，管好自己的手，遵纪守法，不贪不沾，利用手中的权力，带头勤俭节约，多为群众办实事、谋福祉。

案例 1-2-5

常德盛的"三不原则"

常德盛担任江苏省蒋巷村的村党组织书记50余年。刚当上书记时，他就给自己定下了"三不原则"——任何情况下不收礼，不吃请，不徇私。随着村里的发展，20世纪90年代，他又定下新"三不原则"——不拿全村最高工资，不住全村最好房子，不坐高档轿车。进入新世纪，他再次定"三不原则"——职务不搞终身制，职位不传自己人，村厂班子不搞家族制，企业领导岗位全部竞争上岗。坚持"入党不是入股"的信念信仰和"天不能改，地一定要换"的实干担当，他带领全村走出了一条强村富民之路。

四、村干部素质能力提升路径

子曰："不患无位，患所以立。不患莫己知，求为可知也。"与其整日忧患自己不被人了解和重视，不如踏踏实实锤炼自己的才能与品德，提升领导能力。

（一）多学习，提高理论水平

习近平总书记把学习本领列为青年干部必须具备的八项本领之首。《荀子·劝学》说，"吾尝终日而思矣，不如须臾之所学也"，终日空想只是忙忙碌碌机械做事，认识水平很难提高，而学习可以使我们"站在巨人的肩膀上"。村级工作虽在基层，但涉及领域广泛，村干部要多学习哲学、管理学、法学、心理学、社会学等社会科学知识，学习农业农村知识，尤其要认真学习马克思主义基本原理、习近平新时代中国特色社会主义思想和党的创新理论，努力掌握蕴含其中的立场、观点、方法。学思并重，加强理论武装，筑牢思想之基，才能更好地驾驭农村工作全局。

【拓展学习】

毛泽东谈"学理论"

毛泽东说过："什么是理论？就是有系统的知识。"针对当时干部队伍中存在的"工作忙，没有功夫读书"的言论，他批驳说："'没有功夫'，这已成为不要学习的理论、躲懒的根据了。共产党员不学习理论是不对的，有问题就要想法子解决，这才是共产党员的真精神。在忙的中间，想一个法子，叫作'挤'，用'挤'来对付忙。好比开会的时候，人多得很，就要挤进去，才得有座位。又好比木匠师傅钉一个钉子到木头上，就可以挂衣裳了，这就是木匠向木头一'挤'，木头让了步，才成功的。自从木头让步以来，多少木头钉上钉子，把看不见的纤维细孔，'挤'出这样大的窟窿来，可见'挤'是一个好办法。""领导经常要做决策，许多人参与决策，如果大家思想方法一致，考虑问题有一个共同的思想平台，那么就容易形成一致的意见。就怕事到临头了，你一个意见，我一个意见，大家谁也说服不了谁，到最后没法做决策，或者即使做出了决策，执行起来也走样。因为心里不服啊。所以，哪怕环境再辛苦，再紧张，我们也要坚持理论学习。如果不学习，那打起仗来就不得了了，诸子百家都出来了。谁也说服不了谁，那时候再想学就晚了。"

（二）多实践，提高解决问题能力

实践出真知，实践也出能力。曾国藩说，"天下无现成之人才，亦无生知之卓识，大抵皆由勉强磨炼而出耳"，要成长为优秀村干部，就必须躬身入局、勇挑重担，积极参与村里的各项工作，把才华应用于实践中，切身体会实际工作中的酸甜苦辣，在实

践中磨砺和提高解决问题能力，在村庄发展的重点工作上锻炼和展现能力，在危难时刻挺身而出，最终成为群众信得过、靠得住，能干事、干成事的有用人才。

（三）多反思，提高自身修养

人的成长进步不仅需要学习和实践，更重要的是善于总结反思。工作中哪些地方做得好，哪些地方有失误，都要认真分析、及时总结。按照马克思主义认识论的观点，"实践、认识、再实践、再认识，这种形式，循环往复，以致无穷，而每一循环的内容都比较地进到了高一级的程度"，只有时常自我反省、自我检查，才能及时发现实践中的不足和错误，并不断自我纠正，不断总结提高，不断超越自我趋于完善，实现知行统一，提升领导能力。

拓展学习

儒家自省修身

孔子曰："见贤思齐焉，见不贤而内自省也。"曾子曰："吾日三省吾身：为人谋而不忠乎，与朋友交而不信乎，传不习乎。"孟子曰："爱人不亲，反其仁；治人不治，反其智；礼人不答，反其敬。行有不得者皆反求诸己，其身正而天下归之。"

曾国藩比较模范地践行了儒家反躬自省理念。他在 31 岁时为自己拟定了"日课十二条"，严格遵守主敬、静坐、早起、读书、读史、写日记、作诗文、谨言、保身、夜不出门等 12 条规定，并每天写日记细细回忆一天的言行，"凡日间过恶，身过、心过、口过，皆记出"，发现哪一点不符合圣人要求，就详细记录下来。这种全面深刻毫不留情的自我批评，其一生基本上没断过。

总之，要成为一名合格的农村基层干部，就要秉持"不患无位，患所以立；不患莫己知，求为可知（不担心没有职位，只担心没有任职的本领；不担心没人了解自己，只担心自己没有真才实学值得人们去了解）"的心态，不断提升自身修养和工作本领，在乡村振兴实践中逐步成长为政治过硬、能力过硬、作风过硬的"领头雁"。

阅读与思考

1. 想一想

（1）德鲁克把优秀领导者的特质归纳为勤奋工作、责任担当、赢得信任和人品正直等。他说"正直是领导力的试金石"，看人品就能够发现一个人有没有领导力。为什么说正直的品行是领导力最高、最难、最基本的要求？

（2）日本企业家稻盛和夫认为，物质分自燃性、可燃性、不燃性三类，人也可分成这样三类，自燃人的内驱力强大，不用外力就会燃烧，即使面临最困难的状况也能保持积极向上，同时能把能量传递给周围人，点燃具有"可燃性"的部下。你是三类中的哪一种？怎样才能成为自燃型的人？

2. 说一说

你最敬仰或认同的领导者有什么突出特质？你身边的村党组织书记有什么特点？本村村干部队伍在能力素质上有什么优势和短板？

3. 写一写

（1）结合孟子说的"行有不得者皆反求诸己，其身正而天下归之"这句话，反思自己的一个工作案例，试分析原因及从中得到的经验教训。

（2）总结自己在领导者素质与能力方面的优势和短板，拟定一份个人领导能力提升计划。

（3）以"我心目中的理想村干部"为题写作。

模块二　依法参与村"两委"换届选举

学习目标

1. 了解村"两委"换届选举的有关规定；
2. 熟悉村党支部和村民委员会选举程序；
3. 能够依法依规积极参与选举。

任务描述

晓明经过前期对村级工作的调研了解，以及对乡村振兴有关法律政策的学习，对家乡发展有了更强的责任意识，他决心利用自己的经验和资源，推动家乡建设和发展。作为本村一名党员，他准备参与年底即将开始的"两委"换届选举。可是，尽管年近60岁的老书记非常支持他，但最终能不能当选，他心里还是没有底。他决定好好学习一下《中国共产党基层组织选举工作条例》和《村民委员会组织法》等法律法规和政策规定，熟悉选举流程，做好各项准备。

项目一　了解村"两委"换届工作总体要求

选举工作要坚持党的领导、坚持发扬民主、严格依法办事，保障人民选举权和被选举权。要加强对选举工作的监督，对违规违纪违法问题"零容忍"，确保选举工作风清气正。

——2016 年 11 月 15 日，习近平在参加北京市区人大代表换届选举投票时的讲话

一、按期进行村"两委"换届选举

村"两委"换届选举指村党组织换届选举和村民委员会换届选举。

村"两委"每届任期为5年，任期届满应当按期进行换届选举。支部委员会如需延期或者提前进行换届选举，应当报上级党组织批准。延长或者提前期限一般不超过1年。

党员数量少、不设支部委员会的党支部，也应参照支部委员会的任期规定，按期换届选举。

村"两委"换届一般同步进行、统筹推进，整体按照先村党组织、后村民委员会的顺序进行。同步做好村务监督委员会、村民小组长、村民代表的推选工作。

拓展学习

什么情况下党支部委员会可以延期进行换届选举

党支部委员会有下列情况之一的，经上级党组织批准，可以暂缓换届选举：党支部领导班子处于软弱涣散或瘫痪半瘫痪状态的；组织不纯，派性严重的；支部主要干部以权谋私，不正之风严重的等。对于有上述情况的党支部，需要首先认真进行整顿。在此基础上创造条件，安排适当时候换届选举。对于有特殊原因，如支部要集中一段时间完成某项重要任务，或支部多数领导成员被派遣外出工作，或自然灾害等原因，按期换届选举有困难的，可暂缓进行换届选举。

二、合理确定村"两委"成员职数结构

按照党和国家有关法律法规，村"两委"成员职数根据乡镇（街道）党员和村民数量合理设置。

村党的支部委员会一般设委员3至5名，其中书记1名，必要时可以设副书记1名；正式党员不足7人的支部，不设支部委员会。村党的总支部委员会一般设委员5至7名，其中书记1名、副书记1名、纪检委员1名。村党的委员会一般设委员5至7名，最多不超过9名，其中书记1名、副书记1至2名、纪委书记1名。

村民委员会一般由3至7人组成。推行"两委"班子成员交叉任职。

法律/政策导航

村党组织书记应当通过法定程序担任村民委员会主任和村级集体经济组织、合作经济组织负责人，村"两委"班子成员应当交叉任职。村务监督委员会主任一般由党员担任，可以由非村民委员会成员的村党组织班子成员兼任。村民委员会成员、村民代表中党员应当占一定比例。

——《中国共产党农村基层组织工作条例》

三、准确把握换届指导思想

第一，加强党的领导。深入贯彻落实习近平总书记关于党的农村基层组织建设的重要指示精神，坚持和加强党对换届工作的全面领导，牢牢把握主动权，确保换届工作方向正确。

第二，充分发扬民主。引导党员群众有序参与、正确行使民主权利，充分保障知情权、参与权、表达权和监督权，推动换届选举过程公平、公正、公开。

第三，严格依法依规。严格执行党章党规，严格履行换届法定程序，抓细抓实重点环节，确保程序合法规范、过程风清气正，推动全面从严治党向基层延伸。

第四，坚持高线选人。突出政治标准，树立重实干、重实绩、重担当的用人导向，拓宽来源渠道，强化组织把关，实现好中选优、优中选强。

四、选优配强村"两委"班子特别是带头人

（一）严格人选标准

坚持高线选人。把政治标准放在首位、突出"双好双强"，选拔思想政治素质好、道德品行好、致富带富能力强、协调能力强，公道正派、廉洁自律，热心为群众服务，敢闯敢拼、能推动乡村振兴的优秀人员。

法律/政策导航

村党组织领导班子应当由思想政治素质好、道德品行好、带富能力强、协调能力强，公道正派、廉洁自律，热心为群众服务的党员组成。村党组织书记还应当具备一定的政策水平，坚持依法办事，善于做群众工作，甘于奉献、敢闯敢拼。

村党组织书记应当注重从本村致富能手、外出务工经商返乡人员、本乡本土大学毕业生、退役军人中的党员培养选拔。每个村应当储备村级后备力量。

——《中国共产党农村基层组织工作条例》

把牢底线要求。严格落实村"两委"人选资格联审机制、筑牢"防火墙"，对政治上的两面人，受过刑事处罚、存在"村霸"和涉黑涉恶等问题人员，非法宗教的组织者、实施者、参与者，坚决杜绝进入村"两委"班子。

实行村"两委"成员近亲属回避。依照《民法典》第一千〇四十五条对"近亲属"的界定，配偶、父母、子女、兄弟姐妹、祖父母、外祖父母、孙子女、外孙子女，不得同时在同一个村的"两委"班子任职。各地可根据实际情况确定回避对象范围。

（二）提高人选质量

进一步拓宽人选来源渠道。在本村致富能手、外出务工经商返乡人员、本乡本土大学毕业生、退役军人、优秀大学生村官、农民专业合作经济组织负责人、村医村教、本村在外的机关事业单位退居二线或退休公职人员中选贤任能。

案例 2-1-1

"归雁回引"选"好苗子"

为选准用好村党支部书记，山东省济宁市扎实开展"四雁"行动，通过"归雁回引"工程，常态化回引农村优秀人才返乡创业任职，为乡村振兴提供坚实人才支撑。以邹城市为例，钓鱼台村曾是一个集体经济"空壳村"。2019年8月，原本在外经商的朱玉建经党组织推荐，出任村党支部书记，带领村民发展特色富民产业，创新村庄治理模式，短短几年便绘就一幅"村美民富"乡村振兴新图景。时枣行村党支部书记程奎毕业于山东农业大学，2020年他放弃企业高薪被招引回村担任支部书记，带领调整产业结构助农增收致富。孔凡成曾独自经营一个中型建筑企业，经村民推荐、组织考察担任黄疃村党支部书记后，带领村集体打了一场漂亮的翻身仗。

进一步强化党组织把关。全面落实村党组织书记县级党委组织部门备案管理制度。县级组织、民政部门要会同有关部门建立村党组织书记和村民委员会主任候选人审核机制；乡镇党委要严格人选资格审查，主动向有关部门了解查询，逐村、逐人分析研判，做好人事安排。

案例 2-1-2

联审严格把关，确保人选质量

某县在村"两委"换届工作中建立资格联审机制，以县为单位，组织、民政部门密切配合，对村党组织书记和村民委员会主任候选人，统一征求县级纪检监察机关、法院、检察、综治、信访、公安、国土、司法行政、卫计等部门意见，通过村级把好"入口关"、乡镇把好"监督关"、县级把好"审查关"，对拟推荐的候选人从任职资格、群众基础、道德品行等维度进行层层把关，防止"带病"推荐、"带病"当选。

(三) 积极稳妥推行"一肩挑"

在有条件的地方积极推行村党组织书记通过法定程序担任村民委员会主任；要因地制宜不搞一刀切。本村暂时没有合适人选而由下派干部担任村党组织书记的，一般不实行"一肩挑"，上级党组织和下派干部要着力为本村培养、帮带出未来合适的村党组织书记人选。

(四) 优化班子结构

本着精干高效的原则，合理确定"两委"成员职数，"一肩挑"的村，可设党组织副书记，推行村"两委"班子成员交叉任职。

本着优化年龄、学历结构的原则，实现年龄、学历"一降一升"。一般要求每个村"两委"班子中原则上至少有1名35岁以下的年轻干部，一些超过60岁的优秀的党组织书记可以继续留任，不简单以年龄划线搞一刀切。

本着重视培养使用女干部的原则，每个村"两委"班子中保证至少有 1 名妇女成员，推动村妇联主席进入村民委员会班子。

做好村务监督委员会成员推选工作。推动建立基层纪检监察组织与村务监督委员会有效衔接的工作机制。

拓展学习

自 2020 年 10 月开始的全国村"两委"换届工作目前已全部完成，49.1 万个村班子完成新老更替。此次换届，一大批懂发展善治理、有干劲会干事、群众认可的优秀人员成为村"两委"成员，村班子结构特别是带头人队伍实现整体优化。村"两委"成员高中（中专）以上学历的占 74%，村党组织书记大专以上学历的占 46.4%，村党组织书记中致富带富能力较强的占 73.6%，村"两委"成员平均年龄为 42.5 岁，村党组织书记平均年龄为 45.4 岁，村党组织书记、村民委员会主任"一肩挑"比例达 95.6%。

五、严明纪律和监督

村"两委"换届期间往往是不正之风易发多发期，要坚持教育在先、警示在先、预防在先，严肃纪律要求，加强对选举委员会推选、候选人提名、投票选举全程监督，抓好选民登记、候选人提名、投票选举等关键节点，确保换届选举工作平稳有序。

按照相关法律规定，在村"两委"换届中的违法行为，主要包括以暴力、威胁、欺骗、贿赂、伪造选票、破坏选举文件、虚报选举票数等不正当手段，压制、报复等其他手段，以及利用家族宗族势力等干扰换届或搞拉帮结派、团团伙伙等非组织行为，破坏依法进行的选举活动，使得选举无法正常进行或者影响正常的选举结果。

法律/政策导航

严禁拉帮结派、拉票贿选、跑风漏气等非组织行为，严防黑恶势力、宗族势力、宗教势力干扰破坏选举，强化监督检查和责任追究，确保选举工作风清气正。

——《中国共产党基层组织选举工作条例》

对以暴力、威胁、欺骗、贿赂、伪造选票、虚报选举票数等不正当手段，妨害村民行使选举权、被选举权，破坏村民委员会选举的行为，村民有权向乡、民族乡、镇的人民代表大会和人民政府或者县级人民代表大会常务委员会和人民政府及其有关主管部门举报，由乡级或者县级人民政府负责调查并依法处理。

——《村民委员会组织法》

案例 2-1-3

在村党组织换届选举期间，张某因本人未列入初选名单，提出"保留意见"，在镇纪委对其进行提醒谈话后，张某仍然通过电话向该村其他 7 名党员拉票，并要求他们帮助其做其他党员的工作，在选票的"另选他人"栏中填写自己姓名。张某受到留党察看 1 年处分。

王某通过微信聊天、打电话、当面拜访的方式向党员李某等 3 人拉票，并承诺当选村党支部书记后发红包感谢。王某当选后被举报，受到党内警告处分，其支部书记职务被免。

党员刘某向本村村民小组长逐一打电话，为其儿媳参选村委委员进行拉票。刘某被诫勉谈话，其儿媳被取消参选资格。

思考：以上拉票行为有什么异同？

拓展学习

广东省 2021 年对村（社区）"两委"换届提出了"五个严禁、五个一律"的纪律要求。"五个严禁"指严禁拉票贿选、严禁破坏选举、严禁干扰换届、严禁违规操作、严禁阻挠交接。其中将"拉票贿选"界定为：通过串门拜访、打电话、发短信或微信等方式，请求他人给予自己关照；委托或授意他人说情打招呼；以违规做出竞职承诺、许诺相关好处，赠送礼品礼金、电子红包、有价证券，宴请或举办联谊活动，安排各类消费活动等方式进行拉票。将"破坏选举"界定为：勾连"村霸"等黑恶势力、敌对势力操纵选举；砸毁抢夺票箱、伪造撕毁篡改选票、殴打谩骂选民、围攻选举工作人员、冲击选举会场，妨碍选举正常进行。将"干扰换届"界定为：利用家族宗族势力、宗教势力干扰换届或搞拉帮结派、团团伙伙等非组织行为；以网络发帖发视频、张贴散发宣传材料等手段，编造传播谣言，诬告诽谤他人；欺骗、煽动、串联、胁迫不明真相的群众，通过非法上访等方式干扰换届；以虚假委托、阻拦投票等手段妨害他人正常行使选举权和被选举权；干扰换届人选资格审查、阻挠对违反换届纪律问题的调查处理等。

《中国共产党基层组织选举工作条例》规定，在选举中，凡有违反党章和本条例规定行为的，必须认真查处，根据问题的性质和情节轻重，对有关党员给予批评教育直至纪律处分，对失职失责的党组织和党的领导干部进行问责。《中华人民共和国治安管理处罚法》规定，有破坏依法进行的选举秩序等行为的，处警告或者 200 元以下罚款；情节较重的，处 5 日以上 10 日以下拘留，可以并处 500 元以下罚款；聚众实施这些行为的，对首要分子处 10 日以上 15 日以下拘留，可以并处 1 000 元以下罚款。

六、做好村"两委"换届后续工作

（一）推选村务监督委员会成员

在选优配强村"两委"班子的同时，要同步做好村务监督委员会成员推选工作。村务监督委员会一般由 3 至 5 人组成，设主任 1 名，提倡由非村民委员会成员的村党组织班子成员或党员担任主任，原则上不由村党组织书记兼任主任。村务监督委员会成员由村党组织负责提名候选人。

（二）推选村民代表和村民小组长

新一届村民委员会产生后，在村党组织的领导下，由村民委员会主持。村民代表由村民按每 5 户至 15 户推选 1 人或由各村民小组推选若干人，建立村民代表会议制度。提倡把村"两委"班子成员、党小组长推选为村民小组长，把党员中心户、党员致富带头人等党员推选为村民代表。村民委员会成员不得兼任村民代表。

（三）健全其他配套组织建设

村民委员会根据工作需要可成立人民调解、治安保卫等下属委员会，配齐网格员。根据团省委、省妇联等统筹安排，健全共青团、村妇联、残协、民兵等相关组织。

（四）其他后续工作

要细致做好对离任、落选干部的思想引导，搞好工作接续，推动新老班子做好"传帮带"、交好"接力棒"。

及时对换届工作进行验收总结，做好材料整理归档等工作。

新一届村"两委"班子要切实提高履职能力，推动乡村治理规范运行。

项目二 村党组织换届选举

要加强基层党组织带头人队伍建设，注重培养选拔有干劲、会干事、作风正派、办事公道的人担任支部书记，团结带领乡亲们脱贫致富奔小康。

——2018 年 10 月，习近平在广东省考察时的讲话

村党组织是党在农村的基层组织之一，是党在农村全部工作和战斗力的基础，全面领导村的各类组织和各项工作，做好村党组织换届选举工作意义重大。2020 年 7 月，中共中央发布《中国共产党基层组织选举工作条例》，与《中国共产党章程》《中国共产党农村基层组织工作条例》等共同成为新时代村党组织选举工作的基本遵循。村党组织换届选举一般经过以下步骤。

一、准备工作

(一) 向上级党组织提出书面申请

在支部委员会任期届满之前（一般提前 1 个月以上），召开党支部委员会全体会议（不设党支部委员会的支部召开党员大会），研究换届选举有关事宜。包括是否按期进行换届选举，确定召开党员大会的大体时间、指导思想、主要议程，下届党支部委员会委员及书记（副书记）名额及提名和选举产生办法等，形成书面申请，报请乡镇党委审批。

乡镇党委批复同意后，村党组织要及时召开委员会和党小组会议，传达批复要求，研究召开党员大会相关事宜并做好筹备工作。

(二) 酝酿产生委员会候选人

村党组织委员会候选人，按照德才兼备、以德为先和班子结构合理的原则提名。委员候选人的差额不少于应选人数的 20%。

▌法律/政策导航▐

党的总支部委员会、支部委员会委员的产生，由上届委员会根据多数党员的意见提出人选，报上级党组织审查同意后，组织党员酝酿确定候选人，在党员大会上进行选举。

党的基层委员会和经批准设立的纪律检查委员会委员的产生，召开党员大会的，

由上届党的委员会根据所辖多数党组织的意见提出人选，报上级党组织审查同意后，组织党员酝酿确定候选人，提交党员大会进行选举；召开党员代表大会的，由上届党的委员会根据所辖多数党组织的意见提出人选，报上级党组织审查同意后，提请大会主席团讨论通过，由大会主席团提交各代表团（组）酝酿讨论，根据多数代表的意见确定候选人，提交党员代表大会进行选举。

——《中国共产党基层组织选举工作条例》

候选人的产生，一般是采用"两推"程序。村党组织召开党员和群众代表会议，按照乡镇党委批复的名额，以不少于应选人数20%的差额比例，提出新一届村党组织委员会委员、书记（副书记）候选人初步人选，报乡镇党委审查。乡镇党委组织召开村党员和村民代表会议，对现任领导班子及成员进行民主测评，结合民主测评情况和研判结果，统筹考虑第一书记、包村干部等意见建议和干部队伍实际状况，研究提出建议名单，并通报村党组织。

拓展学习

村党组织换届选举中的"两推一选"

"两推一选"是农村基层党组织实行最广泛的一种换届选举方式。"两推"最初是指村党组织委员会候选人由党员推荐和群众推荐相结合的方式产生。随着实践发展，目前"两推一选"的内涵为"党员和群众推荐、乡镇党委推荐、党员大会选举"。

"两推"有两种途径，一种是座谈推荐，一种是投票推荐。座谈推荐指乡镇党委派人到村里对党员和群众进行个别座谈，在此基础上，根据多数党员、群众意见，结合上届村支委会意见，提出新一届村党组织委员候选人初步人选。投票推荐是分别召开村党员大会和群众（村民）代表会议，发放推荐票进行民主推荐，结合这两次推荐的情况，确定新一届村党组织委员候选人初步人选。两种方式都需提交乡镇党委研究审批，经过资格联审、组织考察和公示等程序后，最终确定正式候选人。"两推"的具体程序各地可根据实际确定。"一选"就是村党员大会对候选人进行无记名投票选举。

二、选举的实施

（一）召开党员大会

根据《中国共产党农村基层组织工作条例》，村党的委员会、总支部委员会、支部委员会由党员大会选举产生。党员人数500人以上的村党的委员会，经乡镇党委批准，可以由党员代表大会选举产生。

村党组织按照有关规定和程序先召开党员大会，差额选举产生新一届村党组织委员会，再召开村党组织委员会议，选举产生书记、副书记。不设委员会的党支部，书记、副书记的产生由全体党员充分酝酿，提出候选人，报上级党组织审查同意后进行选举。

召开党员大会进行选举，主要程序包括：

第一，清点到会人数。

党员大会选举时，有选举权的到会党员数不少于应到会党员数的4/5，会议有效。

根据党章等有关规定，预备党员、正在接受留党察看处分的党员、被依法留置或逮捕的党员，不在有选举权的党员之列。

法律/政策导航

正式党员有表决权、选举权、被选举权。受留党察看处分的党员在留党察看期间没有表决权、选举权和被选举权；预备党员没有表决权、选举权和被选举权。党员被依法留置、逮捕的，党组织应当按照管理权限中止其表决权、选举权和被选举权等党员权利。

——《中国共产党基层组织选举工作条例》

拓展学习

关于"应到会党员人数"的计算

为了保证党支部的选举工作能够顺利进行，党员因下列情况不能参加选举的，经报上级党组织同意，并经支部党员大会通过，可以不计算在应到会人数之内：

①患有精神病或因其他疾病导致不能表达本人意志的。

②自费出国半年以上的。

③虽未受到留党察看以上党纪处分，但正在服刑的。

④年老体弱卧床不起和长期生病、生活不能自理的。

⑤工作调动，下派锻炼、蹲点，外出学习或工作半年以上等，按规定应转走正式组织关系而没有转走的。

⑥已经回原籍长期居住的离退休人员中的党员，因特殊情况，没有从原单位转出党组织关系、确实不能参加选举的。

凡上述情况之外的党员不能参加党员大会进行选举，仍应计算在应到会人数之列。

第二，上届党支部委员会负责同志作工作报告。

第三，审议通过选举办法，按规定确定监票、计票人员。

第四，公布候选人名单，介绍候选人情况。

第五，分发和填写选票，依次投票。

选举采用无记名投票的方式。选票上的代表和委员、常务委员会委员候选人名单以姓氏笔画为序排列，书记、副书记候选人名单按照上级党组织批准的顺序排列。选举人对候选人可以投赞成票或者不赞成票，也可以弃权。投不赞成票者可以另选他人。

拓展学习

未到会党员不得委托他人代为投票

党内选举是党内政治生活中的一件大事，凡有选举权的党员都应参加。只有直接参与酝酿提名候选人和投票选举，才能充分表达选举人的意愿，正确行使党章赋予的神圣权利。选举人不能填写选票的，可以委托参加会议的其他同志代写选票，但被委托人一定不能是候选人，被委托人必须按照委托人的意愿填写选票，且不能将委托再转托给第三人。未到会党员不得委托他人代为投票，这样可以防止在选举中可能出现的不正常现象。

第六，监票人、计票人清点选票，确认选举是否有效。

投票结束后，监票人、计票人应当将投票人数、发出选票数和收回选票数加以核对，做出记录，由监票人签字并报告被选举人的得票数。

选举收回的选票数，等于或者少于投票人数的，选举有效；多于投票人数的，选举无效，应当重新选举。

第七，计票人在监票人监督下计票。

每一选票所选人数，等于或者少于规定应选人数的为有效票，多于规定应选人数的为无效票。选票的票面除规定的项目外，不得编号或做任何记号，否则应视为废票。

第八，报告被选举人得票情况，宣布当选名单。

被选举人得票情况，包括赞成票、不赞成票、弃权票和另选他人等，由监票人向选举人报告。

候选人获得的赞成票超过应到会有选举权党员数的一半，始得当选。

拓展学习

赞成票过半的被选举人多于或不足应选名额情况的处理

获得赞成票超过半数的被选举人数多于应选名额时，以得票多少为序，至取足应选名额为止。如遇最后几人票数相等，无法确定谁当选时，应当就这几人再次投票，得赞成票多的当选。

获得赞成票超过半数的被选举人数不足应选名额时，不得在得票未超过半数的候选人中按得票多少补足，所缺名额可经过选举人进一步酝酿，在未超过半数的人选中另行选举。如果接近应选名额，经征得半数以上选举人同意，也可减少名额，不再进行选举。

委员当选名单由会议主持人按姓氏笔画为序宣布。

（二）召开新一届党支部委员会第一次全体会议

党员大会结束后，应及时召开新一届党支部委员会第一次全体会议，选举产生书记、副书记，并进行其他委员的分工。会议主持人由上届委员会推荐 1 名新当选的委员主持。选举采用无记名投票的方式，经上级党组织同意可进行等额选举。

当选的书记、副书记等，其名单按照上级党组织批准的顺序排列。

上级党组织认为有必要时，可以调动或者指派下级党组织的负责人。

三、会后工作

选举结束后，及时向上级党组织汇报选举结果。选举产生的委员，报上级党组织备案；选出的书记、副书记，报上级党组织批准。

做好落选人的思想工作。

做好换届选举有关材料的整理归档工作。

委员会委员在任期内出缺，一般应当召开党员大会或者党员代表大会补选。

项目三 村民委员会换届选举

我们已经找到新路，我们能跳出这周期率。这条新路，就是民主。

——1945 年 7 月 4 日，毛泽东在延安与黄炎培的对话

根据《村民委员会组织法》，村民委员会是村民自我管理、自我教育、自我服务的基层群众性自治组织，实行民主选举、民主决策、民主管理、民主监督。村民委员会由村民直接选举产生。任何组织或者个人不得指定、委派或者撤换村民委员会成员。村民委员会在办理本村公共事务和公益事业、调解民间纠纷、协助维护社会治安、向人民政府反映村民意见、建议等方面发挥着重要作用，是村民自治的执行机构。

村民委员会选举即村级民主选举，指由本村有选举权的村民直接选举村民委员会主任、副主任和委员。选举大体要经历以下程序。

一、成立选举委员会

村民委员会的选举，在乡镇党委和村党组织的领导下，由村民选举委员会主持。

村民选举委员会由主任和委员组成，由村民会议、村民代表会议或者各村民小组会议推选产生，成员名单报乡镇村民委员会选举工作指导机构备案后公布。村民选举委员会成员发生变动的，应当及时报乡镇村民委员会选举工作指导机构备案并公布。

▌法律/政策导航

村民选举委员会成员被提名为村民委员会成员候选人，应当退出村民选举委员会。

村民选举委员会成员退出村民选举委员会或者因其他原因出缺的，按照原推选结果依次递补，也可以另行推选。

——《村民委员会组织法》

村民选举委员会主要职责包括：宣传有关法律、法规和政策；制订村民委员会选举工作方案，经村民会议或村民代表会议讨论通过并公布；准备候选人提名表、选票等相关材料；提名监票人、计票人、唱票人、公共代写人等选举工作人员；组织选民登记；确定候选人名额，组织提名候选人，依法确定和公布候选人名单，组织候选人介绍履职设想；主持召开选举大会；建立健全选举工作档案；主持新老两届村民委员会的工作移交等。

村民选举委员会作为村民委员会选举的主持机构，其成立和人员变动等是否符合法定程序，直接影响着选举的有效性。村民选举委员会是非常设性机构，其履行职责的时间从成立之日起至村民委员会完成工作移交时止。

二、依法开展选民登记

选民登记是对村民的选举资格进行确认、审核和登记的法律程序，涉及每个村民民主权利的落实，是选举的基础性工作。选民登记的基本要求是：将符合条件的村民都纳入选民名单，确保不漏登、不错登、不重登。

根据《村民委员会组织法》，村民委员会选举中的选民资格须同时具备三个条件：

第一，年龄条件。到选举日为止，年满18周岁的，有选举权和被选举权。出生日期的确认，以身份证为准；刚满18周岁未办理身份证的，以户口簿为准。

第二，属地条件。户籍在本村并在本村居住的村民，由村民选举委员会自动登记并列入选民名单；户籍在本村，不在本村居住的村民，如进城打工人员和外嫁人员等，本人表达了参加选举的意愿后，登记列入选民名单；户籍不在本村，但在本村居住1年以上，本人提出参加选举的申请，经村民会议或村民代表会议同意，应登记列入选民名单。

已在户籍所在村或者居住村登记参加选举的村民，不得再参加其他地方村民委员会的选举。

法律/政策导航

登记参加选举的村民名单应当在选举日的20日前由村民选举委员会公布。

对登记参加选举的村民名单有异议的，应当自名单公布之日起5日内向村民选举委员会申诉，村民选举委员会应当自收到申诉之日起3日内作出处理决定，并公布处理结果。

——《村民委员会组织法》

第三，政治条件。未被法律剥夺政治权利。以司法机关的法律判决文书为准。公安派出所等单位要及时提供相关人员信息，坚决防止被剥夺政治权利人员参选。

三、提名确定候选人

村民委员会选举中，由选民直接提名产生候选人，并张榜公布候选人名单。村民委员会选举实行差额选举，候选人名额应多于应选名额。

法律/政策导航

选举村民委员会，由登记参加选举的村民直接提名候选人。村民提名候选人，应当从全体村民利益出发，推荐奉公守法、品行良好、公道正派、热心公益、具有一定文化水平和工作能力的村民为候选人。候选人的名额应当多于应选名额。

——《村民委员会组织法》

村民选举委员会应组织候选人与村民见面，由候选人介绍履职设想，回答村民提出的问题等。

拓展学习

规范候选人的竞职行为

关于候选人的竞职行为，各地在村"两委"换届选举工作办法或换届纪律中都做了比较明确的规定。中共中央办公厅、国务院办公厅《关于加强和改进村民委员会选举工作的通知》和浙江省《关于严肃村和社区组织换届纪律的通知》、《海南省村民委员会选举办法》等均明确规定禁止候选人或候选人指使的人私下拉票。竞职活动必须在有组织的条件下规范有序进行，不得私自开展，不得通过发宣传单或者登门拜访等形式进行私下拉票；要加强对候选人承诺和竞职陈述内容的审核把关，有关内容应当实事求是，结合本村实际，不得违背有关法律、法规和政策，不得诋毁他人，特别要防止擅自处分集体资产、违反法律法规等不切实际的承诺等。

四、投票选举

召开选举大会进行投票选举是村民委员会选举中极其重要的程序。

（一）投票方式

村民选举委员会可以主持召开全体选民参加的选举大会集中投票，也可以采取设立选举中心投票会场和若干投票站的方式进行投票。

对于一些由于老、弱、病、残和其他原因无法参加选举大会或者到中心投票会场、投票站投票的选民，可采用流动票箱投票方式。流动票箱要严格限制和监督使用，具体使用对象应由村民会议或村民代表会议讨论决定，报乡镇备案并张榜公布。

（二）"双过半"原则

当选人必须符合选民数和得票数"双过半"的要求，即有半数以上登记参加选举的村民参加投票、获得参加投票村民的半数以上票。

法律/政策导航

选举村民委员会，有登记参加选举的村民过半数投票，选举有效；候选人获得参加投票的村民过半数的选票，始得当选。

——《村民委员会组织法》

（三）无记名投票原则

写票时，应当设立秘密写票处。投票时，实行无记名投票。计票时，应当公开计票、当场公布选举结果。

（四）委托投票

登记参加选举的村民，选举期间因外出不能参加投票的，《村民委员会组织法》规定可以通过委托方式进行投票。

法律对委托投票进行了明确限制：第一，委托投票须采用书面形式；第二，受托人必须是委托人在本村的有选举权的近亲属；第三，村民选举委员会应当公布委托人和受委托人的名单。

在实践中，随着信息技术的快速发展，委托形式已经不限于书面形式，如2019年修订的《江苏省村民委员会选举办法》规定："无法及时办理书面委托的，可以采取村具体选举办法认可的形式办理委托投票手续。"

案例2-3-1

委托投票形式的创新

浙江省宁波市鄞州区在村民委员会选举中，在委托投票环节创新采用"e公证＋委托投票"机制。通过政府购买服务，开通线上免费委托公证绿色通道，后台配备专属公证员，实行"优先受理、优先审批、优先出证"包干服务，委托的视频、录音实时上链存证，实现全程留痕、集体维护、随时追溯、不可篡改，仅10分钟就可拿到委托公证。群众反映说，手机上点一点，几分钟就能办好委托，还会送来公证书，特别安心。通过精密组织，鄞州区村社换届选举流程零违规，选民平均参选率99%，一次性选举成功率100%，书记、主任"一肩挑"率100%。

（五）当场公布原则

选举实行公开计票，选举结果应当当场公布。

对于通过"另选他人"方式得票过半的，须经县级部门资格联审通过后，由选举委员会另行宣布选举结果。

（六）缺额的另行选举

如果经过投票选举，当选人数不足应选名额的，不足的名额另行选举。

另行选举的，第一次投票未当选的人员得票多的为候选人。候选人以得票多的当选，但是所得票数不得少于已投选票总数的1/3。

拓展学习

保障每个村"两委"班子中有妇女成员

中组部、民政部编印的《村"两委"换届工作指导手册》（2020年版），在村"两委"换届工作总体要求中明确指出，要重视培养使用女干部，可借鉴一些地方实行

"专职专选"的办法，保证每个村"两委"班子中至少有1名妇女成员，推动村妇联主席进入村民委员会班子，尤其是要保证村民委员会成员中女性比例达到30%以上，村民委员会主任中女性比例达到10%以上的目标。在村民委员会换届选举操作程序中规定，村民委员会主任、副主任的当选人中没有妇女，但委员的候选人中有妇女获得过半数选票的，应当首先确定得票最多的妇女当选委员，其他当选人按照得票多少的顺序确定；如果委员的候选人中没有妇女获得过半数选票的，应当从应选名额中确定一个名额另行选举妇女委员，直到选出为止，其他当选人按照得票多少的顺序确定。

五、会后工作

第一，工作移交。原村民委员会应当自新一届村民委员会产生之日起10日内完成工作移交。工作移交由村民选举委员会主持，由乡镇人民政府监督。原村民委员会成员应当按照规定及时办理工作移交，不得妨碍新一届村民委员会开展工作

第二，总结与资料存档。换届选举结束后，县、乡、村三级选举机构都应对本届选举的经验、不足等进行书面总结，以利于下届选举。相关资料按要求及时归档保管。

第三，成员出缺与补选。因被罢免、辞职、职务自行终止等原因引起的村民委员会成员出缺，可以由村民会议或村民代表会议进行补选。补选程序参照《村民委员会组织法》第十五条的规定办理。补选的村民委员会成员的任期到本届村民委员会任期届满时止。

拓展学习

关于村民委员会成员罢免、辞职、职务自行终止的规定

本村1/5以上有选举权的村民或者1/3以上的村民代表联名，可以提出罢免村民委员会成员的要求，并说明要求罢免的理由。被提出罢免的村民委员会成员有权提出申辩意见。

罢免村民委员会成员，须有登记参加选举的村民过半数投票，并须经投票的村民过半数通过。

村民委员会成员要求辞去职务的，应当以书面形式向村民委员会提出。村民委员会应当召开村民会议或村民代表会议，讨论决定是否接受其辞职。

村民委员会成员在任期内有下列情形之一的，其职务自行终止：第一，死亡；第二，被判处刑罚；第三，丧失行为能力；第四，连续两次民主评议不称职。

阅读与思考

浙江省发布《村（社区）"两委"换届经验做法20条》，其中三条如下：

高质量推行"一肩挑"。按照全面推行、应挑尽挑、不简单一刀切原则，精准落实

"一肩挑"。明确四种情形不实行"一肩挑",即本村确实无优秀人选的;原任村党组织书记较弱、村委会主任较强,但村委会主任不是党员或党龄不满 1 年的;宗族宗派矛盾突出,不适宜从本村产生"一肩挑"人选的;刚刚经历行政村规模调整,无论从原来哪个村产生人选都不利于融合的。对这些村,选派优秀机关干部到村任党组织书记,帮助搞好村级班子建设,物色培养带头人。全省"一肩挑"率从 12.23% 提高到 98.43%,354 个确无合适人选村社实行下派。

突出"四过硬五不能六不宜"严把人选关。坚持政治标准、战斗力标准,鲜明提出"四过硬、五不能、六不宜"资格条件,对受过刑事处罚,存在"村霸"、涉黑涉恶问题,非法宗教参与者实施者等人员一票否决。实行初步人选和候选人县乡两轮审查,全面建立组织部门牵头,纪检监察、政法、信访等单位参与的县级联审小组,逐个单位提出明确审查结论,严格联审倒查机制,将不符合条件人员挡在门外。

建立实绩选人机制破解换届综合症。针对换届之时容易人心浮动、出现等着换收着干的情况,鲜明树起干事导向,换届前全面开展村社班子"届末体检",对不担当不干事不在状态的村社干部,坚决予以调整。实行一线识人、干中选才,在疫情防控、复工复产、防汛抗台等重大斗争中物色储备换届人选 9 500 多名,"一肩挑"人选全部放到村社重点项目重要工作压担培养,表现不佳、难以胜任的及时换人。

思考:结合上文内容和本村实际,谈谈怎样加强村党组织书记和村民委员会主任"一肩挑"干部的培养选拔。

模块三　强化村党组织的全面领导

学习目标

1. 深刻领会村党组织的重要作用；
2. 理解建好建强村党组织的重大意义；
3. 掌握抓好村级班子建设的方法；
4. 熟悉村党组织发展党员规程和农村党员教育管理主要内容；
5. 学会开展农村群众工作。

任务描述

作为乡镇回引人才，晓明依法通过换届选举当选村党组织书记兼村民委员会主任。乡镇党委要求新班子办好"开门一件事"，进门入户听意见、问需求，围绕群众关心关注的"急难愁盼"确定攻坚事项，村党组织书记带头认领一件群众关心、亟待解决的"关键小事"，以崭新形象赢得群众认可。晓明虽然有8年党龄了，但对农村基层党建党务工作还很不了解。他通过拜访村里的老书记、老党员，决定从抓班子建设做起，建强骨干队伍，夯实战斗堡垒，带动群众共建和各项工作开展。

项目一　深化对村党组织的认知

农村基层党组织是农村各个组织和各项工作的领导核心，要强化农村基层党组织职能，把农村基层党组织建设成为宣传党的主张、贯彻党的决定、领导基层治理、团结动员群众、推动改革发展的坚强战斗堡垒。

——2017年12月，习近平在江苏省徐州市考察时的讲话

任务一　了解村党组织的设置

中国共产党是按照马克思主义建党原则建立起来的，形成了包括党的中央组织、地方组织、基层组织在内的严密组织体系，其中农村基层党组织建设经历了从无到有、从小到大、从弱到强的发展历程，构成了严密的组织体系，成为团结带领亿万农民实施乡村振兴战略的强大组织力量和发展引擎。

农村基层党组织包括乡镇党委和村党组织。本模块学习村党组织建设有关内容。

一、村党组织设置的法律规定

村（指行政村）党组织是党的基层工作和战斗力的基础，是深入贯彻落实党的路线方针政策和各项工作任务的战斗堡垒，也是党在基层执政的重要载体，全面领导村的各类组织和各项工作。

《中国共产党农村基层组织条例》规定：以村为基本单元设置党组织。有正式党员3人以上的村，应当成立党支部；不足3人的，可以与邻近村联合成立党支部。党员人数超过50人的村，或者党员人数虽不足50人、确因工作需要的村，可以成立党的总支部。党员人数100人以上的村，根据工作需要，经县级地方党委批准，可以成立党的基层委员会，下设若干党支部；村党的委员会受乡镇党委领导。

农村经济组织、社会组织具备单独成立党组织条件的，根据工作需要，可以成立党组织，一般由所在村党组织或者乡镇党委领导。在跨村跨乡镇的经济组织、社会组织中成立的党组织，由批准其成立的上级党组织或者县级党委组织部门确定隶属关系。

村改社区应当同步调整或者成立党组织。

村及以下成立或者撤销党组织，必须经乡镇党委或者以上党组织批准。

二、村党组织设置的创新

习近平总书记在2020年6月29日中央政治局第二十一次集体学习时指出：基层党组织是贯彻落实党中央决策部署的"最后一公里"，不能出现"断头路"，要坚持大抓基层的鲜明导向，持续整顿软弱涣散基层党组织，有效实现党的组织和党的工作全覆盖，抓紧补齐基层党组织领导基层治理的各种短板，把各领域基层党组织建设成为实现党的领导的坚强战斗堡垒。

中国共产党自成立以来，一直按照地区、单位和生产原则设置村党组织。随着农村经济社会发展和改革深入进行，新型农民合作组织、集体经济组织、农业企业及社会服务组织等大量涌现，城乡统筹持续推进，人口流动更加频繁，如何有效做好基层基础的引领和服务工作，对农村基层党组织设置提出新要求。

补齐基层党组织领导基层治理的短板，就要织密建强党的组织体系，推动党的组织有效嵌入各类社会基层组织，党的工作有效覆盖社会各类群体，着力消除空白点和盲区。近年来各地结合实际，积极探索创新。一是进一步健全基层组织，在行政村党组织的基础上，探索建立联村党组织、村企联建党组织、农民专业合作社党组织、产业党小组等，推动资源共享、抱团发展；二是优化组织设置，该建立党委的建立党委，该建立党总支的建立党总支，该重新划分党支部的重新划分，避免出现"小马拉大车"现象；三是推进治理中心下移，创新推进乡村网格化治理，完善基层治理体系。

案例 3-1-1

党组织"跨村联建"党委设在产业链上

山东省烟台市以党组织"跨村联建"为纽带，依托中心村或经济强村建立 360 个党建引领乡村振兴融合发展区，将 3 500 余个分散的村庄统筹谋划、连片打造，建立利益联结机制，通过党组织联建共建，带动联建村治理同抓、产业联动、服务共享，推动抱团融合发展。

辽宁省针对乡村产业规模小、抗风险能力差等问题，适应适度规模经营需要，推动地域相邻、产业趋同的村党组织建立产业联合党委，抱团发展，增强乡村产业聚合力。全省各地区共组建棚菜、果蔬、花卉等种植业和畜禽养殖业等各类联合党委 407个，辐射带动 1 925 个村联建发展、规模经营。

案例 3-1-2

"三个重心下移"创新农村基层治理

广东省清远市以山区为主，农村人口居住较分散，行政村管辖范围较大。为此，清远实施了基层党组织建设、村民自治和农村公共服务"三个重心下移"：一是推动党组织建设重心下移，建立健全自然村（村民小组）党组织。将党组织设置由"乡镇党委—村党支部"调整为"乡镇党委—党总支—党支部"，在行政村一级建立党总支，在村民小组（自然村）建立党支部，强化党组织对自然村（村民小组）全部工作的领导，有效增强了村级党建的活力。二是推动村民自治重心下移到村民小组（自然村）一级，在村民小组（自然村）全面成立村民理事会组织，行政村自治变为自然村自治。三是推动农村公共服务重心下移，在行政村建立社会综合服务站，构建完善三级公共服务平台，开展农村基本公共服务的全程代办，便民利民。

案例 3-1-3

"三长制"畅通基层治理"最后一米"

湖南省探索在村（社区）以下设片长、组长、邻长，建立"片—组—邻"的基层治理组织体系。把每个村（社区）划分为若干片，片长由分片包干的村（社区）干部担任；组长就是村（居）民小组长；邻近居住的5—15户为1邻，邻长就是由群众推选出来的村（居）民代表。村"两委"成员分片联系若干村（居）民小组长，村（居）民小组长联系若干村（居）民代表，村（居）民代表联系若干村（居）民，通过织密组织治理体系、延伸党组织为民服务触角，建立"早发现、早反映、速解决、速反馈"问题的闭环机制，健全完善基层组织体系。如怀化市坡脚村共有组长10人、邻长23人，每位邻长负责联系不超过15户村民，通过入户走访、面对面交流，及时掌握村民需求和问题，有效提升了群众满意度，激发了基层治理的内生动力。

阅读与思考

支部建在连上

"支部建在连上"是建党建军的一项基本原则和制度。

从中国共产党独立领导武装斗争开始，到湘赣边界秋收起义，党对军队的领导是支部建在团上，连没有设立党的组织，党的领导没有达于士兵、达于全部队，且官兵成分复杂、思想混乱，导致部队经不起严峻考验。1927年9月秋收起义后，毛泽东率部来到江西永新县三湾村，对部队进行整顿和改编，在三湾改编中首次提出"支部建在连上"，使军队形成了"连支部、营委、团委、军委"四级党的领导组织体系。由于支部设在连里，党员和广大群众保持着密切联系，使得军队基层具有了富有活力的神经末梢，为党全面建设和掌握部队提供了可靠的组织保证。

"支部建在连上"是中国共产党把马克思主义理论与中国革命具体实践相结合的产物，是能够抓住普通党员的一个最佳组织形式和机制，确保了基层党组织的战斗堡垒作用，为实现党对军队的绝对领导提供了重要保证。毛泽东在《井冈山的斗争》中指出："红军之所以艰难奋战而不溃散，'支部建在连上'是一个重要原因。"

全国第一个农村党支部——中共台城特别支部

河北省安平县台城村党支部始建于1923年8月，是全国第一个农村党支部，创始人为弓仲韬。祖籍台城村的弓仲韬，1916年考入北京法政大学，1919年参加了五四反帝爱国运动，同年大学毕业后，在北京某小学任教，因经常到北大图书馆翻阅进步书籍而结识了李大钊。1923年4月，经李大钊介绍，弓仲韬加入了中国共产党，随后受党组织派遣，回到安平县进行革命活动，发展党的组织。

回乡后，弓仲韬创建了"平民夜校"和农会，从中培养党的积极分子，并发展本村村民弓凤洲、弓成山加入中国共产党。同年8月，三人成立了全国第一个农村党组织——中共安平县台城特别支部，简称"台城特支"，直接受中共北京区执行委员会领导。

台城党支部的成立，开创了中国农村党建的先河，发挥了一个优秀基层党组织的战斗堡垒作用，中国农村的第一面党旗在这里高高飘扬。

思考：从"支部建在连上"到"支部建在村上"，谈谈你对村党组织设立意义的理解。

任务二　明晰村党组织的地位和功能

一、村党组织的地位作用

村党组织的地位与作用发挥，与中国共产党的功能定位紧密联系，同时又具有农村基层组织的区域和层级特点及政党的一般属性。

（一）领导地位

农村基层党组织是党在农村全部工作和战斗力的基础，村（行政村）党组织全面领导村的各类组织和各项工作。

法律/政策导航

乡镇党的委员会和村党组织（村指行政村）是党在农村的基层组织，是党在农村全部工作和战斗力的基础，全面领导乡镇、村的各类组织和各项工作。必须坚持党的农村基层组织领导地位不动摇。

——《中国共产党农村基层组织工作条例》

村党支部，全面领导隶属本村的各类组织和各项工作，围绕实施乡村振兴战略开展工作，组织带领农民群众发展集体经济，走共同富裕道路，领导村级治理，建设和谐美丽乡村。贫困村党支部应当动员和带领群众，全力打赢脱贫攻坚战。

——《中国共产党支部工作条例（试行）》

1990 年 8 月，中共中央组织部等五部委联合在青岛莱西召开了全国村级组织建设工作座谈会（莱西会议）。会议总结和推广了莱西加强以党支部为核心的村级组织配套建设的经验，把以村党支部为领导核心的村级组织建设作为"重要而紧迫的任务"，从理论、政策和制度上确立了村党组织在村的组织建设中的领导核心地位，开启了农村基层组织建设新篇章。

此后的国家法律、党内法规和政策文件等均突出强调这一地位。《中国共产党农村工作条例》明确指出："坚持党对农村工作的全面领导，确保党在农村工作中总揽全局、协调各方，保证农村改革发展沿着正确的方向前进。"

习近平总书记在谈到农村基层党建时明确指出："无论农村社会结构如何变化，无论各类经济社会组织如何发育成长，农村基层党组织领导地位不能动摇，战斗堡垒作用不能削弱。"村党组织是确保党的路线方针政策在农村得到贯彻落实的领导核心，是村的各种组织的领导核心，是凝聚群众、服务群众、带领村庄发展的领导核心。

《关于加强和改进乡村治理的指导意见》《中国共产党农村基层组织工作条例》等法律法规、政策文件中健全村级重要事项、重大问题由村党组织研究讨论机制，全面落实"四议两公开"等规定，都是增强村党组织领导力和影响力，巩固其领导地位的实现路径。

（二）战斗堡垒作用

村党组织是党在农村的基层组织，是党组织开展工作的基本单元，是党在农村的战斗堡垒。中共二十大报告中指出："坚持大抓基层的鲜明导向，抓党建促乡村振兴，加强城市社区党建工作，推进以党建引领基层治理，持续整顿软弱涣散基层党组织，把基层党组织建设成为有效实现党的领导的坚强战斗堡垒。"

法律/政策导航

党的基层组织是党在社会基层组织中的战斗堡垒，是党的全部工作和战斗力的基础。

——《中国共产党章程》

"战斗堡垒"本来是一个军事术语，是指作战中修筑在阵地上的碉堡类建筑物，是进攻的发力点、防守的支撑点，小型、坚固、可战可守。由于这个词内涵丰富，现在将其引申使用到多个社会领域，尤其用来比喻基层党组织。

村党组织作为战斗堡垒不是孤立、封闭的，它与群众和其他社会组织是休戚与共的。发挥村党组织的坚强战斗堡垒作用，一方面要加强党组织自身建设，从政治上、思想上、组织上、作风上、纪律上强党兴党，宣传党的主张，贯彻党的决定，教育管理和监督党员，提高战斗力；另一方面要团结动员群众，领导乡村治理，推动改革发展，把党的政治优势和组织优势转化为制胜优势，发挥堡垒的进攻功能。两方面是相辅相成、相互促进、不可分割的。只有自身过硬、战斗力提升，才能成为名副其实的战斗堡垒；只有联系群众、服务基层，才能圆满完成党所赋予的各项战斗任务。

推动乡村振兴，需要打造千千万万个坚强的农村基层党组织，把每个村党组织都锻造成引领农村发展的坚强战斗堡垒，才能为全面推进乡村振兴提供更加坚实的组织支撑。

二、村党组织的职责任务

《中国共产党章程》规定，党支部"担负直接教育党员、管理党员、监督党员和组织群众、宣传群众、凝聚群众、服务群众的职责"。

《中国共产党农村基层组织工作条例》具体规定了村党组织的主要职责：

第一，宣传和贯彻执行党的路线方针政策和党中央、上级党组织及本村党员大会（党员代表大会）的决议。

第二，讨论和决定本村经济建设、政治建设、文化建设、社会建设、生态文明建设和党的建设以及乡村振兴中的重要问题并及时向乡镇党委报告。

第三，领导和推进村级民主选举、民主决策、民主管理、民主监督，推进农村基层协商，支持和保障村民依法开展自治活动。

第四，加强村党组织自身建设，严格组织生活，对党员进行教育、管理、监督和服务。

第五，组织群众、宣传群众、凝聚群众、服务群众，经常了解群众的批评和意见，维护群众正当权利和利益，加强对群众的教育引导，做好群众思想政治工作。

第六，领导本村的社会治理，做好本村的社会主义精神文明建设、法治宣传教育、社会治安综合治理、生态环保、美丽村庄建设、民生保障、脱贫致富、民族宗教等工作。

三、村党组织的功能

根据法律、法规对村党组织的定位和职责规定，结合中国式现代化进程和乡村振兴战略对村党组织的新要求，村党组织的功能可概括为以下几个方面。

（一）政治功能

党的领导主要是政治、思想和组织的领导。政治功能是党组织的核心功能，是党组织凝聚力、战斗力、创造力的集中体现。

法律/政策导航

党的力量来自组织。政治属性是党组织的根本属性，政治功能是党组织的基本功能，要认真贯彻落实新时代党的组织路线，不断强化各级各类组织的政治属性和政治功能。

——《中共中央关于加强党的政治建设的意见》

村党组织是农村各项工作的政治核心和组织保障，政治功能是其首要功能。《中共中央 国务院关于做好2023年全面推进乡村振兴重点工作的意见》中要求"强化农村基层党组织政治功能和组织功能"，体现了党对农村工作的领导。

村党组织要突出政治属性，强化政治功能，坚定政治信仰，强化政治领导，严肃政治生活，发挥党的群众工作优势和党员先锋模范作用，引领村的各类组织自觉贯彻党的主张，在政治上同党中央保持高度一致，营造良好政治生态，确保乡村治理的正确方向。

案例 3-1-4

把群众紧紧团结在党组织周围

四川省成都市战旗村实行党员"三问三亮"等工作法。结合村里实际工作，党员叩问自己"入党为了什么""作为党员做了什么""作为合格党员示范带动了什么"，始终牢记初心使命。村里还让党员在家门口"亮身份"，在公示栏上"亮承诺"，通过年终考核评议"亮实绩"。其中，"亮承诺"要求杜绝大话空话假话，如长期在外的流动党员承诺定期汇报自己的情况，在企业打工的党员承诺带头遵守企业的规章制度……具体、朴实而又可以做到的承诺，让党员有了该有的样子。村党委书记、村民委员会主任高德敏说："党组织的号召力和凝聚力怎么体现？就两条：说话有人听、办事有人跟。"

（二）组织功能

党组织的组织功能与政治功能密不可分、相辅相成。村党组织的组织功能，就是教育党员、管理党员、监督党员和组织群众、宣传群众、凝聚群众、服务群众的职责体现，是党组织把党员和群众团结凝聚在党的旗帜之下永远跟党走的能力。

党的力量来源于党严密的组织结构和全体党员的一致行动，这使得党的领导"如身使臂，如臂使指"。村党组织要以提升组织力为重点，推动党的组织和党的工作全覆盖，织密基层党组织的组织体系，加强村"两委"班子建设，充分发挥党员先锋模范作用，把村党组织建设成为宣传党的主张、贯彻党的决定、领导基层治理、团结动员群众、推动改革发展的坚强战斗堡垒，为乡村振兴提供有力的组织保证。

（三）服务功能

全心全意为人民服务，是中国共产党的根本宗旨，是党赢得民众认同和社会支持的重要因素。邓小平曾指出："领导就是服务。"习近平要求广大党员干部"要像焦裕禄一样有一颗为人民服务的心"。

党的各级组织都具有服务功能。村党组织处于党联系群众的最前沿，既是党的组织体系的一部分，同时又根植社会、深谙民意，最了解农民群众的意见和要求。因此，村党组织是国家与农民群众之间联系的桥梁纽带，是打通党同农民群众"最后一公里"的组织保证，在服务农民群众、实现党的领导与村民自治良性互动方面具有天然的优势。

中共中央办公厅《关于加强基层服务型党组织建设的意见》要求村党组织准确把握基层形势新变化和群众新需求，寓领导和管理于服务之中，丰富服务内涵，深化服务举措，发展农村经济，增加农民收入等，通过服务贴近群众、团结群众、引导群众、赢得群众，提高党组织的号召力和执政能力。

（四）发展功能

在乡村振兴背景下，村党组织必须强化发展功能，促进村集体经济发展壮大，提升村党组织凝聚服务群众的能力。这是强农业、美农村、富农民的重要举措，是实现乡村振兴的必由之路。

村党组织应从本村实际出发，积极探索村集体经济发展的路径和模式，充分利用和盘活村集体自然资源、闲置资源，将资源优势转化为经济优势；积极面向市场，领办专业合作社、创办中介服务公司等，通过提供信息、技术、劳务等有偿服务，增加集体经济收入。在发展集体经济的过程中，要注意充分发挥农民群众的积极性、主动性、创造性，努力让广大村民共建、共治、共享发展成果。

案例 3-1-5

鲁家村依托美丽乡村发展集体经济

浙江省安吉县鲁家村 2011 年村集体收入只有 1.8 万元，村里青壮年纷纷外出打工，田废山荒，成了远近闻名的穷村、脏乱差村。

村党支部书记朱仁斌上任后，带领"两委"一班人从实际出发，从改变村容村貌做起，根据国家政策顺势而为。2013 年的中央一号文件首次提出"家庭农场"的概念，朱仁斌请专业公司制定了整村建设规划和产业发展蓝图，集中流转农地 8 000 多亩，利用村里的低丘缓坡，打造了 18 个各具特色的家庭农场，建设了一条 4.5 千米的轨道小火车环村观光线，将 18 个农场串起来，发展乡村旅游。采用"公司＋村＋家庭农场"的组织运营模式，采取类似众筹的方式，借助社会化力量，实现了资源、资产、资金的聚合，2023 年村里共接待游客 35 万人次，村集体经济收入增至 690 万元，村民人均纯收入增至 5.2 万元。不少年轻人回到家乡参与乡村建设，打造了中国美丽乡村新样板。

阅读与思考

"莱西经验"的时代启示

20 世纪 80 年代实行家庭联产承包责任制后，山东青岛莱西农村呈现出"家家有田种，户户有余粮"的美好景象，但与此同时，村党组织在农民中的组织力、领导力也在下降。1985—1989 年，莱西在实践中不断探索、总结、创新，形成了村级组织建设"三配套"经验：以党支部建设为核心，做好村级组织配套建设，强化整体功能；以村民自治为基础，做好民主政治配套建设，启动内部活力；以集体经济为依托，做好社会化服务配套建设，增强村级组织的凝聚力。莱西农村面貌焕然一新。

1990 年的莱西会议通过了《全国村级组织建设工作座谈会纪要》，向全国推广村级组织配套建设的"莱西经验",着力强化农村党组织的领导权威。

2013年11月,习近平总书记在山东考察时评价,发端于莱西的村级组织配套建设,在全国起到了很好的示范引领作用。

新时代,莱西不断深化拓展"莱西经验",逐步探索出农村基层党组织统领乡村发展融合、治理融合、服务融合"一统领三融合"的乡村振兴新路,推动乡村治理由村民自治为主向多元共治转变。

思考:不断发展的"莱西经验"给我们什么启示?

项目二　加强村“两委”班子建设

这些年，我去过很多村，发现凡是发展得好的，都有一个好支部、好书记。

——2020 年 12 月，习近平在中央农村工作会议上的讲话

队伍建设是农村基层党组织建设的重中之重。习近平总书记在开展“两学一做”学习教育的重要指示中指出：“各级党组织书记要管好干部、带好班子，也要管好党员、带好队伍，掌握抓党员队伍建设的方法要求。”村党组织书记首先要抓好村“两委”班子建设。

任务一　选好配强村党组织书记

一、明确选配标准

农村要发展好，很重要的一点就是要有好班子和好带头人。村党组织书记是农村基层党组织的领头人，是全面推进乡村振兴的“领头雁”，是村“两委”班子的“班长”，对推动农村改革发展稳定起着关键作用。

《中国共产党农村基层组织工作条例》强调：“农村基层干部应当认真学习和忠实践行习近平新时代中国特色社会主义思想，学习党的基本理论、基本路线、基本方略，学习必备知识技能。懂农业，掌握‘三农’政策，熟悉农村情况，有能力、有措施、有办法解决实际问题；爱农村，扎根农村基层，安身安心安业，甘于奉献、苦干实干；爱农民，对农民群众充满感情、始终放在心上，把农民群众的利益摆在第一位，与农民群众想在一起、干在一起，不断创造美好生活。”

《中国共产党支部工作条例（试行）》规定：“党支部书记应当具备良好政治素质，热爱党的工作，具有一定的政策理论水平、组织协调能力和群众工作本领，敢于担当、乐于奉献，带头发挥先锋模范作用，在党员、群众中有较高威信。”

习近平总书记强调，推动乡村全面振兴，关键靠人，要建设一支政治过硬、本领过硬、作风过硬的乡村振兴干部队伍。“三个过硬”高度概括了对村党组织书记的基本要求，要真正把党性强、作风正、宗旨意识高、有文化、有本领、德才兼备、清正廉洁、开拓创新、群众满意的优秀人才选拔到村级班子中来。

拓展学习

才德之辩

司马光在《资治通鉴》中说，"君子挟才以为善，小人挟才以为恶。挟才以为善者，善无不至矣；挟才以为恶者，恶亦无不至矣"；"自古昔以来，国之乱臣、家之败子，才有余而德不足，以至于颠覆者多矣"。意思是，君子凭着自己的才能做好事，小人仗着自己的才能做坏事。凭着才能做好事，善行就没有做不到的；仗着才能做坏事，恶行也没有做不到的。2018年11月26日，习近平总书记在主持十九届中央政治局第十次集体学习时引用这段话指出，政治上有问题的人，能力越强、职位越高，危害就越大。政治品德不过关，就要一票否决。

二、拓宽用人视野

中共二十大报告指出："坚持党管干部原则，坚持德才兼备、以德为先、五湖四海、任人唯贤，把新时代好干部标准落到实处。"针对当前一些村党组织干部年龄老化、后继乏人的实际，党内法规和政策对村党组织书记的选拔范围做了如下规定：

《中国共产党农村基层组织工作条例》指出："村党组织书记应当注重从本村致富能手、外出务工经商返乡人员、本乡本土大学毕业生、退役军人中的党员培养选拔。每个村应当储备村级后备力量。"

《中国共产党支部工作条例（试行）》规定："村、社区应当注重从带富能力强的村民、复员退伍军人、经商务工人员、乡村教师、乡村医生、社会工作者、大学生村官、退休干部职工等群体中选拔党支部书记。"

《关于加强和改进乡村治理的指导意见》要求："全面落实村'两委'换届候选人县级联审机制，坚决防止和查处以贿选等不正当手段影响、控制村'两委'换届选举的行为，严厉打击干扰破坏村'两委'换届选举的黑恶势力、宗族势力。坚决把受过刑事处罚、存在'村霸'和涉黑涉恶、涉邪教等问题的人清理出村干部队伍。"

2023年12月25日召开的抓党建促乡村振兴推进会议指出，要坚持招才引智和本土培养相结合，着力打造一支沉得下、留得住、能管用的乡村人才队伍。也就是说，既要立足本土，又要突破框框束缚坚持多渠道选人，选优配强农村基层带头人，并加强履职培训。

自2020年开始的全国村"两委"集中换届后，全国共有村党组织书记49.1万名，其中大专以上学历的占46.4%，平均年龄为45.4岁，本村致富能手、外出务工经商返乡人员、本乡本土大学毕业生、退役军人等致富带富能力较强的占73.6%。

任务二　抓好村"两委"班子建设

一、村"两委"班子建设的基本要求

毛泽东曾经说过："领导者的责任，归结起来，主要是出主意、用干部两件事。"村党组织书记抓班子带队伍，是基层党组织建设的重要内容，是加强乡村治理的前提基础。村党组织威信高，班子团结一心，才能发挥好领导作用，各项工作"如身之使臂，臂之使指"，得到群众的拥护和支持。

（一）要坚定执行党的政治路线

要始终在政治立场、政治方向、政治原则、政治道路上同以习近平同志为核心的党中央保持高度一致，推进农村深化改革，促进各项事业发展，维护社会和谐稳定，不断增强群众的获得感、幸福感、安全感。

（二）要贯彻党的思想路线

党的思想路线就是一切从实际出发，理论联系实际，实事求是，在实践中检验真理和发展真理。村"两委"反映情况、安排工作、决定事项必须实事求是，一切从实际出发，说实话、办实事、求实效。

（三）要贯彻党的组织路线

村党组织要全面强化农村基层组织体系建设，建强战斗堡垒，把党员组织起来，把人才凝聚起来，把群众动员起来，合力推动新时代乡村全面振兴。

拓展学习

新时代党的组织路线

新时代党的组织路线，就是全面贯彻新时代中国特色社会主义思想，以组织体系建设为重点，着力培养忠诚干净担当的高素质干部，着力集聚爱国奉献的各方面优秀人才，坚持德才兼备、以德为先、任人唯贤，为坚持和加强党的全面领导、坚持和发展中国特色社会主义提供坚强组织保证。

（四）要贯彻党的群众路线

村"两委"决定重大事项要同群众商量，布置工作任务要向群众讲清道理；经常听取群众意见，不断改进工作；关心群众生产生活，维护群众的合法权益，切实减轻群众负担。

（五）要贯彻民主集中制原则

村党组织要认真执行集体领导和个人分工负责相结合的制度。凡属重要问题，必须经过集体讨论决定,不允许个人或者少数人说了算。村党组织书记应当有民主作风,善于发挥每个委员的作用,敢于负责;委员应当积极参与和维护集体领导,主动做好分工负责的工作。

拓展学习

《中国共产党章程》规定的民主集中制六条基本原则

党员个人服从党的组织,少数服从多数,下级组织服从上级组织,全党各个组织和全体党员服从党的全国代表大会和中央委员会。

党的各级领导机关,除它们派出的代表机关和在非党组织中的党组外,都由选举产生。

党的最高领导机关,是党的全国代表大会和它所产生的中央委员会。党的地方各级领导机关,是党的地方各级代表大会和它们所产生的委员会。党的各级委员会向同级的代表大会负责并报告工作。

党的上级组织要经常听取下级组织和党员群众的意见,及时解决他们提出的问题。党的下级组织既要向上级组织请示和报告工作,又要独立负责地解决自己职责范围内的问题。上下级组织之间要互通情报、互相支持和互相监督。党的各级组织要按规定实行党务公开,使党员对党内事务有更多的了解和参与。

党的各级委员会实行集体领导和个人分工负责相结合的制度。凡属重大问题都要按照集体领导、民主集中、个别酝酿、会议决定的原则,由党的委员会集体讨论,作出决定;委员会成员要根据集体的决定和分工,切实履行自己的职责。

党禁止任何形式的个人崇拜。要保证党的领导人的活动处于党和人民的监督之下,同时维护一切代表党和人民利益的领导人的威信。

二、村"两委"班子的结构搭配

根据领导科学理论,村级领导班子的结构,实际上就是"两委"成员之间年龄、知识、阅历、风格等差异性的搭配和组合。一般来说,一个搭配科学、结构合理的领导班子应具有以下特点:

第一,梯次的年龄结构。老、中、青结合,老干部阅历广、经验多,深谋远虑,善于把握形势和方向;中年干部精力充沛、思路开阔、反应敏捷,有开拓创新精神;青年干部朝气蓬勃、竞争心强,易于接受新事物、新思想。这样组成的具有合理年龄梯次的整体,既能发挥各年龄段干部的最佳效能,又使班子的整体效能与所承担的村级工作特点相适应。

第二,合理的知识结构。班子成员的专业知识最好能够实现合理组合、互相补充,使整个领导班子成为具有综合业务能力的群体。这里所说的知识,既包括书本知识,也包括实践经验。中共十九大报告要求干部增强"八项本领"，突出专业知识、专业能力、专业作风、专业精神的培养，这样才能应对新时代、新任务的挑战。乡村振兴任务的艰巨性、复杂性，也要求村"两委"成员中既要有知识面广的"通才"，又要有在生产或经营方面有一技之长的"专才"；既要有"理论家"，又要有"实干家"，这样才能完成好乡村治理各项任务。

第三，互补的智能结构。加德纳的多元智能理论揭示了人的智能类型各有不同，有人擅长逻辑思辨，有人擅长交际沟通，有人擅长语言文字，有人擅长动手操作，等等。在村领导班子里，既要有富于远见卓识、善于决策判断的领导者，又要有沉着冷静、足智多谋的"智囊"，还要有踏踏实实、有执行力的落实者；要有擅长宣传鼓动的人，也要有善于组织管理的人，等等。不同智能类型的领导成员有机地配合起来，生旦净末丑各尽其才，才能唱一出好戏。

第四，协调的心理结构。每个人的兴趣、爱好、情感、气质、性格等个性心理特征不同，有些村领导班子看起来年龄、专业知识结构都很合理，却由于成员气质、性格等不合，班子的整体功能得不到有效发挥。所以，进行工作分工、人员组合搭配时，应充分考虑人的性格、气质特点，注重适应性、互补性和相容性。一个志趣相投、心理相容的领导班子，可以增强凝聚力，激发工作热情，提高工作效率。

第五，精干配套的工作结构。实践证明，班子里职数多了，分工太细，容易扯皮，影响效率，还容易助长官僚主义和形式主义。目前要求村党组织书记与村民委员会主任"一肩挑"、村"两委"班子成员交叉任职等，有效减少了村班子职数，促进了工作顺利开展。

没有完美的个人，但可以有完美的团队。一个好的村"两委"班子，并非是成员才干的简单相加，而是成员之间差异的巧妙搭配、长短互补。这样才能融为一体，产生巨大的集体力量和整体效应。

拓展学习

"米格-25效应"

20世纪六七十年代，苏联研制的"米格-25"喷气式战斗机，以其优越的性能广受世界各国青睐，专家们都猜测"米格-25"应用了很多新技术。1976年美国专家有机会对一架"米格-25"进行拆解，才发现其材料、零部件都很普通甚至落后于美国。其之所以性能出色，是对零部件进行了更协调的组合设计。事物内部是否结构合理、组合协调，对整体功能的发挥关系很大，这被称为"米格-25效应"。

三、怎样带好村"两委"班子

村"两委"的工作绩效，取决于村党组织书记能否当好"领头雁"，团结带领一班人，合理分工、恰当授权，有效激励、严管厚爱，打造成坚强有力、和谐高效的战斗集体。

（一）加强修身严于律己

打铁必须自身硬。习近平总书记在 2013 年 6 月 28 日全国组织工作会议上强调，成为好干部，就要不断改造主观世界、加强党性修养、加强品格陶冶，时刻用党章、用共产党员标准要求自己，时刻自重自省自警自励，老老实实做人，踏踏实实干事，清清白白为官。村党组织书记作为村班子的"班长"，要加强学习，做好"修己"功夫，时刻注重自己的一言一行、一举一动，要求别人做到的，自己率先做到，要求别人不能触碰的，自己坚决不违背，不断提升自己。"其身正，不令而行；其身不正，虽令不从"，村党组织书记的行动就是无声的榜样，自身政治过硬、能力出众、品德高尚，才能增强党组织的号召力和凝聚力。

拓展学习

修己以安百姓

《论语·宪问》中记载：子路问君子。子曰："修己以敬。"曰："如斯而已乎？"曰："修己以安人。"曰："如斯而已乎？"曰："修己以安百姓。修己以安百姓，尧、舜其犹病诸。"

子路向老师询问怎样才能成为一个君子，孔子提出了君子的三层境界：第一层是修养身心，保持恭敬之心，养成敬畏之心，这是"内圣"的功夫；第二层是修养身心，并能使亲朋好友感到安定快乐，这是"外王"的过渡阶段；第三层是修养身心，并使天下百姓过上太平生活，这是"外王"的终极目标。这体现了儒家注重个人的道德修养，"内圣外王"的思想。习近平总书记曾用这段话说明共产党员修己最重要的是修政治道德。

（二）促进班子成员团结

团结是干事创业的基础，也是一个班子能力高低的具体体现。中共二十大报告提出："团结就是力量，团结才能胜利。"习近平总书记指出："懂团结是真聪明，会团结是真本领。"

要打造团结协作的村班子，村党组织书记要带头增进和维护团结，遇事与班子成员多通气，多听取成员意见，有放权的智慧、容人的胸怀、推功揽过的品格；班子成员则要有大局意识，摆正位置，当好助手，主动维护集体形象。

管理学中传统的"木桶理论"，是说一只木桶能够装多少水取决于最短的一块木板长度。从另一个角度说，一只木桶能够装多少水，不仅取决于每一块木板的长度，还取决于木板与木板之间的结合是否紧密。如果木板之间存在缝隙，那么每一块木板再长，也无法存住水；团队内部不团结、相互不配合，每个人再优秀，集体成绩也很差。优秀的领导者应该像一个"箍桶匠"，能把不同脾气、性格、观点、想法的班子成员紧紧凝聚在一起，组成一个强有力多元化的高效团队，形成工作合力。

拓展学习

党委书记要善于当"班长"。党的委员会有一二十个人，像军队的一个班，书记好比是"班长"。……党委要完成自己的领导任务，就必须依靠党委这"一班人"，充分发挥他们的作用。书记要当好"班长"，就应该很好地学习和研究。书记、副书记如果不注意向自己的"一班人"做宣传工作和组织工作，不善于处理自己和委员之间的关系，不去研究怎样把会议开好，就很难把这"一班人"指挥好。

——摘自毛泽东《党委会的工作方法》

（三）善于沟通协调

亨利·明茨伯格通过对管理者日常工作的实证研究，用数据得出结论：管理者（高层）的口头沟通时间占据了其78%的工作时间，管理者特别注重口头沟通。一定意义上说，管理的过程就是沟通的过程。村党组织书记要多和班子成员交流，相互尊重、相互拾遗补阙，发现问题或有苗头性倾向的及时疏通，产生隔阂和分歧的及时协调化解，当好班子的协调员，减少"内耗"保持融洽。通过班子成员之间内部沟通、互通信息，增进相互理解，提高换位思考能力，凝心聚力共谋发展。

拓展学习

有效的沟通

有效沟通的艺术可以用一个等式来表示：有效沟通＝有效倾听＋有效表达。有效的倾听，也叫悉心倾听，即不仅用耳朵来听，而且全神贯注用心来听；不仅听对方说话的内容，还要去揣摩对方言语深处的含义。倾听中，要多听少讲，最好不要打断对方的谈话，并注意传递反馈信息。在沟通中，应大方、积极，与对方进行目光接触，恰当选择词语，自信表述，赢得尊重。当表示"不同意"时，要注意用委婉的语气，对事不对人，最好通过循循善诱的提问让对方产生和自己一样的想法。

（四）合理分工与授权

分工与授权，就是"让合适的人去做合适的事"，使人尽其才。用人是一门艺术，是领导水平的重要体现。村领导班子内部也存在分工与授权问题。要把村里的事办好，就要知人善任、合理分工，最大限度发挥各种人才的作用。

正确授权。授权就是通过别人来完成工作的一种管理方法。管理学创始人之一法约尔说，"要不惜以部下犯错误为代价，来发挥部下的创造性"，这说出了授权对于领导者的极端重要性。领导的本质就是引领、指导别人做事，领导者的能力是通过被领导者的能力体现的。优秀的领导人也实干，但他会充分发挥下属的作用，动员和激励他们把事情做好，把自己的部分精力用在思考、谋划、协调等全局性问题上。有些村干部或出于不信任，或由于方法不当等，不能实现有效授权，自己事务多压力大，其他成员也不满意。有效的授权，应遵循"制订授权计划→寻找合适的候选人→进行有效沟通→监控工作进展→评价工作表现"等步骤，对被授权者随时提供必要的支持，并防微杜渐，确保实现授权目的。村党组织书记对班子成员分工以内的事情，要创造条件、提供舞台，放手放权让他们去干，让其他村干部在群众中树立起威信；同时不能撒手不管，遇到实际困难时要帮助解决。最终，通过正确授权实现双赢。

▌拓展学习▌

懒蚂蚁效应

　　生物学家对3个分别由30只蚂蚁组成的黑蚁群进行观察，结果发现大部分蚂蚁都很勤快地寻找、搬运食物，少数蚂蚁却整日无所事事、东张西望，他们把这少数蚂蚁叫作"懒蚂蚁"。生物学家在这些"懒蚂蚁"身上做上标记，并且断绝了蚁群的食物来源。这时，那些平时勤快的蚂蚁表现得一筹莫展，而"懒蚂蚁"们则"挺身而出"，带领众蚂蚁向它们早已侦察到的新食物源转移。原来"懒蚂蚁"们把大部分时间都花在"侦察"和"研究"上，它们不断探索新的食物来源，从而保证群体的食物供给。此现象被称为"懒蚂蚁效应"。

　　善于识人。识人才能用其所长，识错了人则用之有害。《长短经》中写道："知此士者而有术焉。微察问之，以观其辞；穷之以辞，以观其变；与之间谋，以观其诚；明白显问，以观其德；远使以财，以观其廉；试之以色，以观其贞；告之以难，以观其勇；醉之以酒，以观其态。"就是说，要从日常生活和工作中的言行表现来识人，多方位、多角度观察和了解一个人的优点、缺点。

　　量才使用。识人的目的是正确使用人才。在进行领导班子成员分工时，要根据人的能力差异，尽量使一个人本身所具有的能力与实际岗位的要求相一致，人岗匹配，避免大材小用、小材大用、误用等现象。用人时应扬长避短，使一个人的长处与工作相结合，长处充分发挥出来。清代诗人顾嗣协在《杂兴》中诗云："骏马能历险，犁田不如牛；坚车能载重，渡河不如舟；舍长以就短，智者难为谋；生材贵适用，慎勿多苛求。"鲁迅也曾说："倘要完全的书，天下可读的书，怕要绝无；倘要完全的人，天下配活的人也就有限。"现代管理强调"只有无能的管理，没有无用的人才"，根据领导班子成员的能力状况做到量才为用，才能把成员的作用最大限度地发挥出来，从而提高工作效率。

（五）从严管理、加强监督

没有规矩不成方圆，加强村"两委"班子建设，最终还是要靠法治做保障。要落实好监督机制，村党组织要建立健全各项工作制度，坚持集体领导、重大事项集体研究、民主决策，不搞个人专权；村"两委"日常工作既接受村务监督委员会的时刻监督，更要通过党组织会议、党务村务公开制度和信息技术手段，接受更广泛的党员群众监督，形成班子内部既坚持原则，又民主平等，彼此尊重、互相支撑的良好局面，提高村级组织的治理能力和服务水平。

案例 3-2-1

抓班子、带队伍、促发展

山东省临沂市代村党委书记、村民委员会主任王传喜，对村"两委"班子"约法三章"：村里的工程绝不许亲朋好友插手，惠民政策绝不因沾亲带故徇私，干部选用绝不让直系亲属沾光。他率先垂范，要求自己的两个孩子不能插手村里任何事务，即使是小便宜也不能占。村里平均分配土地时，王传喜带头选距离村庄最远最差的地。他坚持每天 6 点晨会，即便外出考察也是昼夜兼程。为了保证白天的工作时间，代村的会议通常安排在早晚。

在班子建设中，王传喜注重把那些品德过硬、能力又强的党员吸收进村民委员会，现任班子成员几乎都是致富带头的能人；制定了党员帮带联系户制度，带领群众共同富裕。他说，党员干部要带头"吃苦吃亏"，急事难事跑在前面，有利益让群众先分享，同时也要增强党员干部致富带富能力，这样才能赢得群众的信任。

代村还从党员、村民代表、退休干部中选聘了 30 名村级廉政监督员，对重大决策和党员干部实行零距离监督，真正让权力在阳光下运行，增强了村"两委"班子的凝聚力和公信力。村集体的收入支出每年都有数亿资金流动，但以王传喜为代表的代村"两委"班子经历过 7 次换届选举，没有一人因非正常原因落选，村干部也没有一人因经济问题栽跟头。

王传喜以发展的眼光加强班子后备力量和青年技术人才建设，坚持用待遇引人并留人，在住房、子女上学、绩效奖励等方面注重倾斜，同时设立多个奖项，鼓励他们大胆创新、创业、创优。数百名优秀大学生、退伍军人等选择返乡就业创业，为村庄发展储备了高学历年轻后备人才队伍。

阅读与思考

北宋司马光在《资治通鉴》中说："才者，德之资也；德者，才之帅也……才德全尽谓之圣人，才德兼亡谓之愚人，德胜才谓之君子，才胜德谓之小人。凡取人之术，苟不得圣人、君子而与之，与其得小人，不若得愚人。"

西方管理学家彼得·德鲁克生前最后一本著作《德鲁克日志》中，开篇的题目就是：领导者必须正直。领导者正是通过其正直的人品，才能够实现其领导。领导者也正是通过其正直的人品，才树立了别人效仿的榜样。……如果一个组织富有精神，那是因为它的最高领导者精神崇高。

习近平总书记 2018 年 11 月在十九届中央政治局第十次集体学习时讲道："我们党历来强调德才兼备，并强调以德为先。德包括政治品德、职业道德、社会公德、家庭美德等，干部在这些方面都要过硬，最重要的是政治品德要过得硬。"

思考：你对以上三段话有怎样的理解和认识？

项目三 加强农村党员队伍建设

我们党的基层党组织和党员队伍，这是世界上任何其他政党都不可能具有的强大组织资源。把基层党建工作抓好了，我们的基层党组织牢不可破，我们的党员队伍坚不可摧，党的执政地位就坚如磐石，党和人民的事业就无往而不胜。

——习近平

党员是党的肌体的细胞和活动的主体。农村党员生活在农民群众中，其素质、作风、能力等，直接影响着党在农民群众心目中的威信和形象，影响着村党组织领导核心作用的发挥。村党组织抓党建，就必须带好党员队伍，不断优化党员队伍结构，提高党员队伍素质，发挥党员先锋模范作用，使之成为助推乡村振兴的重要力量。

任务一 做好农村发展党员工作

一、发展党员工作的指导原则

《中国共产党章程》和《中国共产党发展党员工作细则》对发展党员工作做出了部署和明确要求。

"五个基本"：贯彻党的基本理论、基本路线、基本纲领、基本经验、基本要求。

"十六字"总要求：控制总量、优化结构、提高质量、发挥作用。

"三个坚持"：坚持党章规定的党员标准，始终把政治标准放在首位；坚持慎重发展、均衡发展，有领导、有计划地进行；坚持入党自愿原则和个别吸收原则，成熟一个，发展一个。

禁止突击发展党员，反对"关门主义"。

法律/政策导航

党的农村基层组织应当按照控制总量、优化结构、提高质量、发挥作用的总要求和有关规定，把政治标准放在首位，做好发展党员工作。注重从青年农民、农村外出务工人员中发展党员，注意吸收妇女入党。村级党组织发展党员必须经过乡镇党委审批。

——《中国共产党农村基层组织工作条例》

75

二、发展党员工作程序

（一）入党积极分子的确定和培养教育

年满18岁的中国工人、农民、军人、知识分子和其他社会阶层的先进分子，承认党的纲领和章程，愿意参加党的一个组织并在其中积极工作、执行党的决议和按期交纳党费的，可以申请加入中国共产党。

党组织在收到入党申请书后，应当在一个月内派人同入党申请人谈话，了解基本情况。

确定入党积极分子，应当采取党员推荐、群团组织推优等方式产生人选，由支部委员会（不设支部委员会的由支部大会）研究决定，并报上级党委备案。

党组织应当指定一至两名正式党员做入党积极分子的培养联系人。

法律/政策导航

培养联系人的主要任务是：

（一）向入党积极分子介绍党的基本知识；

（二）了解入党积极分子的政治觉悟、道德品质、现实表现和家庭情况等，做好培养教育工作，引导入党积极分子端正入党动机；

（三）及时向党支部汇报入党积极分子情况；

（四）向党支部提出能否将入党积极分子列为发展对象的意见。

——《中国共产党发展党员工作细则》

党组织应当采取吸收入党积极分子听党课、参加党内有关活动，给他们分配一定的社会工作以及集中培训等方法，对入党积极分子进行教育培养，使他们懂得党的性质、纲领、宗旨、组织原则和纪律，懂得党员的义务和权利，帮助他们端正入党动机，确立为共产主义事业奋斗终身的信念。

党支部每半年对入党积极分子进行一次考察。

入党积极分子工作、学习所在单位（居住地）发生变动，应当及时报告原单位（居住地）党组织。原单位（居住地）党组织应当及时将培养教育等有关材料转交现单位（居住地）党组织。现单位（居住地）党组织应当对有关材料进行认真审查，并接续做好培养教育工作。培养教育时间可连续计算。

（二）发展对象的确定和考察

第一，确定发展对象。对经过一年以上培养教育和考察、基本具备党员条件的入党积极分子，在听取党小组、培养联系人、党员和群众意见的基础上，支部委员会讨论同意并报上级党委备案后，可列为发展对象。

第二，明确入党介绍人。发展对象应当有两名正式党员做入党介绍人。入党介绍人一般由培养联系人担任，也可由党组织指定。

第三，进行政治审查。党组织对发展对象政治审查的主要内容包括：对党的理论和路线、方针、政策的态度；政治历史和在重大政治斗争中的表现；遵纪守法和遵守社会公德情况；直系亲属和与本人关系密切的主要社会关系的政治情况。凡是未经政治审查或政治审查不合格的，不能发展入党。

第四，发展对象集中培训。基层党委或县级党委组织部门应当对发展对象进行短期集中培训。培训时间一般不少于 3 天（或不少于 24 个学时）。未经培训的，除个别特殊情况外，不能发展入党。

（三）预备党员的接收

第一，基层党委预审。支部委员会应当对发展对象进行严格审查，经集体讨论认为合格后，报具有审批权限的基层党委预审。基层党委对发展对象的条件、培养教育情况等进行审查，根据需要听取执纪执法等相关部门的意见。审查结果以书面形式通知党支部，并向审查合格的发展对象发放《中国共产党入党志愿书》。

第二，支部大会讨论。经基层党委预审合格的发展对象，由支部委员会提交支部大会讨论。

召开讨论接收预备党员的支部大会，有表决权的到会人数必须超过应到会有表决权人数的半数。与会党员对发展对象能否入党进行充分讨论，并采取无记名投票方式进行表决。赞成人数超过应到会有表决权的正式党员的半数，才能通过接收预备党员的决议。因故不能到会的有表决权的正式党员，在支部大会召开前正式向党支部提出书面意见的，应当统计在票数内。

第三，上级党委审批。党支部应当及时将支部大会决议写入《中国共产党入党志愿书》，连同本人入党申请书、政治审查材料、培养教育考察材料等，一并报上级党委审批。

党委审批前，应当指派党委委员或组织员同发展对象谈话，做进一步的了解，并帮助发展对象提高对党的认识。

党委审批预备党员，必须集体讨论和表决。发展对象符合党员条件、入党手续完备的，批准其为预备党员。党委审批意见写入《中国共产党入党志愿书》，注明预备期的起止时间，并通知报批的党支部。党支部应当及时通知本人并在党员大会上宣布。

党委对党支部上报的接收预备党员的决议，应当在 3 个月内审批，并报上级党委组织部门备案。如遇特殊情况可适当延长审批时间，但不得超过 6 个月。

（四）预备党员的教育、考察和转正

第一，预备党员教育考察。党组织应当及时将预备党员编入党支部和党小组，通过党的组织生活、听取本人汇报、个别谈心、集中培训、实践锻炼等方式，对预备党员进行教育和考察。预备党员的预备期为 1 年，从支部大会通过其为预备党员之日算起。

第二，预备党员转正。预备党员预备期满，本人向党支部提出书面转正申请，党支部应当及时讨论其能否转为正式党员。认真履行党员义务、具备党员条件的，应当按期转为正式党员；需要继续考察和教育的，可以延长一次预备期，延长时间不能少于半年，最长不超过 1 年；不履行党员义务、不具备党员条件的，应当取消其预备党员资格。

预备党员转为正式党员、延长预备期或取消预备党员资格，应当经支部大会讨论通过和上级党组织批准。

党委对党支部上报的预备党员转正的决议，应当在 3 个月内审批。审批结果应当及时通知党支部。党支部书记应当同本人谈话，并将审批结果在党员大会上宣布。

党员的党龄，从预备期满转为正式党员之日算起。

拓展学习

党龄计算

准确的计算方法是从预备期日往后推一年。如某支部于 2023 年 3 月 1 日通过支部大会，接收某发展对象为预备党员。那么，该同志的预备期自 2023 年 3 月 1 日算起。2024 年 3 月 1 日该同志预备期满，经本人申请，党支部于 2024 年 3 月 30 日召开党员大会讨论、表决通过并报上级党委审批后，该预备党员转正。那么，他的党龄从 2024 年 3 月 1 日算起。如果该同志因各方面原因延长了预备期，那就从延长的截止日期算起，往后推一年的时间来计算党龄。

三、农村发展党员工作规范与创新

（一）规范农村党员发展工作

要求村党组织做到：

一要坚持党员标准，提高党员质量。在掌握发展党员的具体标准时，要把党章规定和本村实际紧密结合，既不要求全责备，又不要放宽条件。

二要严格入党程序，确保发展质量。整个程序要做到不简化、不变通、不走形式、不敷衍应付，成熟一个，发展一个。

三要坚持改善结构，保持均衡发展。要注意在农村生产一线发展党员，注意在青年和妇女中发展党员，注意在各类经济能人中发展党员，注意在党的力量薄弱的村（组）发展党员，不断改善农村党员队伍的年龄、文化和知识结构。坚持有计划发展党员，防止和避免突击发展、长期不发展、发展数量大起大落等不正常现象。

四要坚持教育引导，严格培养教育。入党前要把好政治关，加强对入党积极分子的入党动机、理想信念和思想政治教育；对"进门"后的新党员，村党组织要跟踪考察，发现问题要及时提醒，促进新党员成长成熟。

法律/政策导航

各级党组织对发展党员工作中出现的违纪违规问题和不正之风，应当严肃查处。对不坚持标准、不履行程序、超过审批时限和培养考察失职、审查把关不严的党组织及其负责人、直接责任人应当进行批评教育，情节严重的给予纪律处分。典型案例应当及时通报，对违反规定吸收入党的，一律不予承认，并在支部大会上公布。

对采取弄虚作假或其他手段把不符合党员条件的人发展为党员，或为非党员出具党员身份证明的，应当依纪依法严肃处理。

——《中国共产党发展党员工作细则》

（二）农村发展党员工作创新

为做好新时代农村发展党员工作，各地结合实际进行了一些探索和创新，着眼破解农村发展党员存在的后备力量不足、发展人选不优、培养帮带不到位等问题，着力为村党组织增添"新鲜血液"，蓄足"源头活水"。

案例 3-3-1

"优选、重培、严审、实督"发展农村党员

河南省濮阳市创新农村党员发展"优选、重培、严审、实督"机制，切实提高发展党员质量。

优选，即建设农村青年人才库，抓好源头储备。变"村选村培"为"乡选村培"，乡镇党委提前介入，强化领导把关作用，建设农村青年人才库，储备了一支数量充足、素质优良、结构合理的入党积极分子后备队伍。

重培，即健全立体培养机制，注重思想入党。把入党积极分子阶段作为政治成长关键期，抓实集中培训，健全帮带培养机制，实行乡镇党委、村党支部、培养联系人"三位一体"帮带培养，为入党积极分子安排"能岗相适"的岗位强化实践锻炼。

严审，即健全联审把关机制，提高人选质量。坚持把政治标准放在首位，由乡镇党委集中开展政治审查，同时，围绕发展党员"5个阶段25个环节"，实施"保姆式"服务，制模板、列清单、定时限，以严格程序保发展质量。

实督，即健全抓县带乡促村机制，推进责任落实工作落地。细化乡镇党委、村党支部发展农村党员工作职责清单，制订5大类42项问责情形，推动严格履职尽责，确保发展党员质量。

案例 3-3-2

发展党员回访制

陕西省旬阳市为切实保证农村新发展党员质量，除抓好入党积极分子培养、发展程序等，还创新实行"发展党员回访制"。为防止预备党员出现思想滑坡现象，在预备党员1年的跟踪培养期内，由党支部书记、入党介绍人通过座谈交流、走访群众、实地查看等形式，对其思想动态、工作实绩、纪律作风等方面进行回访，了解其是否发挥了党员模范作用。同时，由党支部召开民主测评会进行测评，对于"一般化、差"得票总数达到30%以上的，由党支部进行谈话教育、限期改正，并视其情节延长预备期直至取消预备党员资格。

任务二　抓实农村党员教育管理

一、党员教育管理的主要内容

党员教育管理是党的建设基础性、经常性工作。做好农村党员教育管理工作，对提高党员队伍建设质量，激发村党组织生机活力具有重要意义。2019年5月中共中央印发了《中国共产党党员教育管理工作条例》，为做好新时代农村党员教育管理工作提供了基本遵循。

（一）首要政治任务

用习近平新时代中国特色社会主义思想武装全党，是党员教育管理的首要政治任务。

学习内容上，要组织党员读原著、学原文、悟原理，深入学习领会习近平新时代中国特色社会主义思想的核心要义、基本精神、实践要求，掌握贯穿其中的马克思主义立场观点方法，增强政治自觉、理论自信、情感融入，不断提高马克思主义思想觉悟和理论水平。

学习方式上，要坚持集中教育和经常性教育相结合，组织培训和个人自学相结合，形成习近平新时代中国特色社会主义思想学习教育长效机制。

实践要求上，要理论联系实际，引导党员把自己摆进去、把职责摆进去、把工作摆进去，提高政治站位，强化责任担当，增强过硬本领，做好本职工作，自觉做习近平新时代中国特色社会主义思想坚定信仰者和忠实实践者。

（二）基本任务

党员教育的基本任务包括加强政治理论教育、突出政治教育和政治训练、强化党章党规党纪教育、加强党的宗旨教育、进行革命传统教育、开展形势政策教育、注重知识技能教育七个方面。

通过教育，引导广大农村党员坚定理想信念，切实增强"四个意识"、坚定"四个自信"、做到"两个维护"，成为"平常时候看得出来、关键时刻站得出来、危难关头豁得出来"的先锋模范，在乡村振兴进程中为党和人民建功立业。

（三）主要方式

村党组织要抓好党员日常教育管理，引导党员发挥好作用。

第一，严格党的组织生活。中国共产党是有着严密组织和严格纪律的马克思主义政党，任何党的基层组织都要开展组织活动。村党支部应当运用"三会一课"制度，对党员进行经常性的教育管理。党员应当按期参加党员大会、党小组会和上党课。党支部应当每月开展1次主题党日，组织党员集中学习、过组织生活、进行民主议事和开展志愿服务等，突出党性锻炼，防止表面化、形式化。每年至少召开1次组织生活会，每年开展1次民主评议党员。党支部应当经常开展谈心谈话，达到教育提醒、沟通思想、统一认识、解决矛盾、增强团结的目的。

拓展学习

"三会一课"制度

"三会一课"是党的组织生活的基本制度，指党员必须参加党员大会、党小组会和上党课，党支部要定期召开支部委员会会议。支部党员大会一般每季度召开一次，由支部书记或副书记主持。支部委员会会议一般每月召开一次，由支部书记主持，有紧急事情需要研究时可随时召开。党小组会由党小组组长主持。党课主要是对党员和入党积极分子进行党性、党的基础知识、时事政治、科技文化等方面的教育。"三会一课"要突出政治学习和教育，突出党性锻炼，防止表面化、形式化、娱乐化、庸俗化。

第二，加强集中培训。有计划地组织党员参加集中轮训培训、党内集中学习教育，使党员接受日常教育全覆盖、有保证、见实效。

第三，引导党员发挥好先锋模范作用。村党组织要突出党员主体地位，设立党员示范岗、党员责任区，开展设岗定责、志愿服务等，使本村党员经常受到党性教育、增强党性观念和党员意识，充分调动党员的积极性、主动性、创造性，引导党员发挥先锋模范作用。

案例 3-3-3

党员亮身份　乡村添活力

山东省聊城市高唐县启动了"我家有党员，乡亲向我看"农村党员亮牌示范活动。党员主动在家门口醒目位置悬挂鲜红的"共产党员户"的牌子，参加集体活动时佩戴党徽，把党员身份"亮"出来，将党员个人行为与家庭成员紧密联系在一起，党员精神面貌焕然一新。有的党员说，佩戴党徽仅仅是亮出了个人的身份，在家门口悬挂一个标志，是亮出党员家庭的身份，牌子虽小，但代表的责任重大，不仅要自我督促事事带头，而且要求家庭成员都要起到模范带头作用。这形成了党员个人带动家庭、党员家庭带动周边群众，党风带家风、家风带民风的良好氛围，实现"挂一牌、亮一人、明一户、动一村、带一片"的作用，党员作用得到全面发挥。

第四，激励关怀帮扶。坚持从严教育管理和热情关心爱护相统一，从政治、思想、工作、生活上激励关怀帮扶党员，落实对老党员等重点对象的服务措施，增强党员荣誉感、归属感、使命感，激励党员新时代新担当、新作为。

（四）党员监督和组织处置

党组织应当通过严格组织生活、听取群众意见、检查党员工作等多种方式，监督党员遵章守纪、履行党员义务、发挥先锋模范作用情况等。

《中国共产党党员教育管理工作条例》规定了提醒谈话、批评教育、限期改正、劝其退党或除名等组织处置方式，并规定了具体的适用情形和要求，如"发现党员有思想、工作、生活、作风和纪律方面苗头性倾向性问题的，以及群众对其有不良反映的，党组织负责人应当及时进行提醒谈话，抓早抓小、防微杜渐"，既从严要求，又体现组织关怀。

法律/政策导航

党员具有下列情形之一的，按照规定程序给予除名处置：

（一）理想信念缺失，政治立场动摇，已经丧失党员条件的，予以除名；

（二）信仰宗教，经党组织帮助教育仍没有转变的，劝其退党，劝而不退的予以除名；

（三）因思想蜕化提出退党，经教育后仍然坚持退党的，予以除名；

（四）为了达到个人目的以退党相要挟，经教育不改的，劝其退党，劝而不退的予以除名；

（五）限期改正期满后仍无转变的，劝其退党，劝而不退的予以除名；

（六）没有正当理由，连续6个月不参加党的组织生活，或者不交纳党费，或者不做党所分配的工作，按照自行脱党予以除名。

对违犯党纪的党员，按照《中国共产党纪律处分条例》规定给予党纪处分。

——《中国共产党党员教育管理工作条例》

二、流动党员管理

流动党员是党员队伍的重要组成部分。对外出6个月以上并且没有转移组织关系的流动党员，应当保持经常联系，跟进做好教育培训、管理服务等工作。流入地党组织应当协助做好流动党员日常管理。

组织流动党员过好党的组织生活。按照组织关系一方隶属、参加多重组织生活的方式，流入地党组织应当组织流动党员就近就便参加组织生活。

流动党员每半年至少向流出地党组织汇报 1 次在外情况。对政治素质较好、有致富带富能力的流动党员，应当及时纳入村后备力量培养。

案例 3 - 3 - 4

"红色暖流"工程管好、用好流动党员

山东省济宁市嘉祥县实施流动党员"红色暖流"工程，加强组织关怀和服务管理，让流动党员成为助力发展的重要力量。

以阵地"安家"，让流动党员"回归"组织。建立"县流动党员党委—在外流动党员党委（总支）—流动党员党支部"三级组织架构，构建以流动党员党组织管理为主，流入地、流出地协同共管机制。在多地设立流动党员党委、签订流动党员共建共管协议，建设"红色港湾—流动党员之家""暖流驿站"等，开发"红色暖流"小程序，让党员主动找家。

以教育"铸魂"，让流动党员"补钙"固本。与流入地党组织共同开展"融入式"组织生活，组织乡情座谈会开展"回馈式"组织生活，以两地发展为主题开展"研讨式"组织生活，开展主题教育期间为每名流动党员寄送一份"红色快递"（学习材料），让流动党员学习"不掉队""不漏学"。

以行动"暖心"，让流动党员后顾无忧。开展创业就业专项扶持，设立"暖流创业就业示范基地"，建立"1＋N"结对联络机制，依托"红色暖流"程序推出 5 类 42 项"指尖上的服务"，实现党员在外办理家乡业务"零跑腿"。每年流动党员政治生日送上"关爱礼包"，让他们在外感受组织温暖。

以氛围"激励"，让流动党员担当作为。积极开展"我为家乡办实事"系列行动，召开流动党员项目推介会，选聘有能力、有想法、群众认可的在外流动党员担任"村事顾问"，出台"嘉人兴家"10 条，对返乡创业者给予政策扶持，充分发挥流动党员"桥梁纽带"作用，为家乡发展引项目、出主意、办实事。

三、农村党员教育管理的改进与创新

马克思说："人们奋斗所争取的一切，都同他们的利益有关。"当前农村利益多元化导致党员思想状态、需求愿望等呈现出多样化特点。农村党员教育管理工作要适应新时代的要求，基于农村党员需要，与时俱进，增强针对性、提高吸引力，从根本上激发党员的内驱力，变"要我做"为"我要做"，提高教育实效。

第一，改进党员教育方式。传统的一人念众人听的单向灌输式教育模式，实践证明并不高效。根据成年人的学习倾向性，从以书本知识为中心变为以操作为中心，遵循理论与实践结合的原则，把党员教育的阵地拓展到第一线；采用双向、互动的模式，发动党员参与、讨论、交流、分享，在沟通交流中提高学习兴趣、增进感情；创新形式，将集中学习、开会、座谈、网络学习等多种方式结合起来，运用互联网技术和信息化手段，探索主题党日、微型党课、党员活动日等生动活泼的形式，以及视频、动画等新的表现手段，提高学习效果。

第二，丰富党员教育内容。党员教育应把学习习近平新时代中国特色社会主义思想和党的创新理论作为首要内容。同时，应根据农村党员的不同需求，坚持以人为本，紧密结合党的中心工作和党员思想、工作实际，有针对性地选择他们最关心的问题，因人、因地、因时，贴近实践、贴近生活安排教育内容，赋予党员教育更多的生活及人文气息。可用"小故事大道理""身边人身边事"等方式，使教育内容更加通俗易懂、有亲和力，释放党员教育暖人心、聚人心的功能。

案例 3-3-5

苍南县农村党组织坚持"集中夜学"

针对农村党员实际，浙江省苍南县把每月15日晚上作为固定的村党支部"集中夜学"时间，学习形式包括上党课、看视频、议村事等。上党课采取两种方式：一是县领导干部、县乡两级讲师团进村宣讲；二是建立"轮值党课"制度，由农村党员根据自身文化层次、专业特长、兴趣爱好，轮流主讲红色故事、实用技术、创业经历等。坚持读原著、学原文、悟原理，实行支部书记领读、部分党员轮读和全体党员齐读，推动党员深刻领会理论精髓，坚定理想信念。突出村党支部在教育管理党员中的"主角"地位，借助"集中夜学"契机，对涉及村庄发展的重大事项、党员群众关注的热点难点问题或民情诉求，组织党员讨论商议，使组织生活及时跟进村庄建设、密切联系现实生活，把学的热情转化为干的动力。

第三，建立有效的党员管理激励机制。村党组织要建立党员激励考核机制，适时开展评优表彰，落实党员积分管理制度，探索实行目标管理；组织开展党员联系农户、党员户挂牌、承诺践诺等活动，给党员分配适当的社会工作和群众工作，为农村党员在乡村振兴中发挥先锋模范作用创造条件；建立完善党内关怀和帮扶机制，平日多给予党员关心，多进行沟通交流，节日组织慰问活动，党员及家庭遇到困难时主动帮忙等，增强党员的归属感和荣誉感；保障党员政治权利，畅通党员表达渠道，激发党员的主人翁意识和责任感。

案例 3-3-6

抓"先锋指数"，让党员优秀起来

福建省福鼎市赤溪村实行党员"先锋指数"考评管理，村党总支建立"设岗定责＋服务承诺＋积分管理＋评议定星"的"四位一体"管理机制，有效激发党员争先当先动力。一是明标尺，合理设置指标。围绕基本义务履行好、服务群众成效好、帮带作用发挥好、生产生活表现好、村规民约遵守好五个方面，将党员发挥作用量化为 23 项具体的考核指标，如"主动帮助化解邻里矛盾纠纷的每次计 3 分"等，积分上不封顶，使党员争先有标、党组织考核有据。二是评星级，加强动态管理。党员"先锋指数"实时登记、每月公示、季度评议、年终评定。被评为"五星级"党员且年度"先锋指数"在 80 分以上，经镇党委审核把关后，可评为赤溪"优秀共产党员"。三是重激励，激活内生动力。对两年来评出的 6 名"优秀共产党员"，除了戴红花、发证书、挂"党员示范户"门牌外，还为其争取"党员先锋贷"即低息创业贷款、每年一次免费体检、市区医院专家门诊"绿色通道"、外出学习疗养等优惠政策和福利待遇，调动党员奉献热情。

四、村党组织活动的实施与创新

村党组织应加强和规范组织生活，并与时俱进探索创新组织活动方式方法。在继承和坚持优良传统和成功做法的基础上，遵循政治性、时代性、实效性、系统性等原则，准确把握新时代党的建设的新任务、新要求，适应本村实际，不断丰富活动的内容和形式，增强党组织活动的感召力、吸引力和活力。

常见的村党组织活动主要形式：

第一，理论灌输式。如学习、传达、党课、讲座、讨论等正面教育的形式。

第二，思想汇报式。这是党组织了解党员思想和工作的一种方法，体现了党的管理和监督职能。

第三，谈心谈话式。党组织班子成员之间、班子成员和党员之间、党员和党员之间经常交流思想、交换意见，坦诚相见。

第四，民主生活式。这是组织生活的一种形式，通过批评与自我批评，达到团结一致的目的。

第五，节日纪念式。选择有教育意义的节日、纪念日，运用各种形式对党员进行理想信念教育和宗旨教育。

第六，典型示范式。树立先进典型，启发引导党员学先进、找差距；利用反面典型使党员吸取教训、引以为戒。

第七，民主讨论式。通过对本村重大问题民主讨论、献计献策等，发挥和调动党员的积极性、创造性。

第八，调查研究式。通过典型调查、抽样调查、走访调查等形式，使党员了解民情民意，提高思想认识。

第九，义务劳动式。通过公益性的社会服务和义务劳动来教育党员和体现党员先锋模范作用。

第十，评比竞赛式。通过知识竞赛、活动竞赛、劳动竞赛等形式，调动党员积极性，形成你追我赶、不甘落后的局面。

第十一，形象直观式。即通过组织文体活动、电化教育等形式，生动活泼地开展组织生活。

第十二，联谊活动式。支部与其他支部或与党外群众一起开展联谊活动，起到互相交流、互相促进的作用。

第十三，自我教育式。组织党员根据党性原则和党的要求进行自我评价，肯定优点，找出差距，以求得自我更新、自我发展。

拓展学习

村党组织活动方案的制订

村党组织活动方案包括年度方案和每次具体活动方案。年度方案要注意把握好时间节奏，既不要间隔太长，也不要过于频繁，避开农忙时节，充分利用党员在家时间，为党员参加组织活动提供便利。单次活动方案应包括活动目的、活动主题、活动时间、活动地点、参加人员、前期准备、活动流程、注意事项、活动预算等具体内容。

活动主题要以实施乡村振兴战略为基点，围绕村级党建工作目标，瞄准本村工作重点、难点和群众关注的问题来确定。

活动内容要紧紧围绕党和国家重要方针、政策、精神和重大部署，抓住党员群众根本利益和最关心的迫切问题来选择，注重新知识、新理念、新精神、新观点的教育和传播。

活动形式可多样灵活。如可以采用"党员点题""角色互换""轮流主持"等方式，以及专家讲学、网络联学、情景模拟学、专题讨论、知识竞赛等方法，提高学习效果；通过文娱、体育、座谈、茶话、竞赛、体验，以及走出去参观考察、缅怀先烈、观看有教育意义的展览和影视片等多种形式，寓教于乐；充分运用信息技术，建立网上支部、开辟网上课堂等，突破时空局限，以图文并茂的形式开展宣传教育和思想交流；采取"党员义工制""服务积分制"等方式，引导党员积极参与村内志愿服务、公益性活动等。还可将组织活动与村民自治相联结，运用民情恳谈、党员活动日等形式，促进民主协商、民主决策等深入进行，使党组织活动既严肃又活泼，既有教育意义又有吸引力。

村党组织活动一般由书记、副书记或支委负责组织与实施。为提高党员参与的积极性，还要充分发扬民主，从活动策划、主题选定、方案制订到活动的组织与实施，都尽可能让党员全过程参与，体现党员主体地位，赋予党员更多话语权，激发党员的创造性、主动性。比如，可以将党员分为不同年龄层次的团队，轮流负责组织一次完整的党组织活动，让普通党员在组织活动中树立主人翁意识，提出不同年龄阶段的党员喜闻乐见的活动形式，提高质量。

村党组织应建立健全本村党组织生活制度，相对固定活动时间、次数和内容，保证必要的活动经费和适宜的活动场所，建立党员组织生活考勤制度，保障活动长期、正常开展。活动实施中还要充分考虑农村党员的特点，建立党小组活动制度，统一性与灵活性相结合，既节约时间、人力和物力，又保证活动质量。

阅读与思考

发展党员工作中村"两委"班子成员的近亲属管理

为有效防止农村发展党员工作中出现"近亲繁殖"等问题，福建省福鼎市健全近亲属备案管理制度。规定在村（社区）"两委"班子成员近亲属发展党员时，要执行"两报告一通报""两提级一备案""两限制一回避"，即申请人在提交入党申请和被列为入党积极分子或发展对象后，要如实报告与村（社区）"两委"班子成员的近亲属关系、如实填写主要社会关系信息，召开支委会、群众征求意见会、党员大会时要如实通报相关情况；近亲属入党积极分子由乡镇党委派人跟踪培养、开展考察和进行备案审查；要达到在本村（社区）生活工作2年以上、入党积极分子推荐得票率达80%以上的限制条件，重点发展青年农民特别是35岁以下、帮带致富能力强的人员，每年不超过1名、一般不能连续2年发展近亲属入党，村（社区）"两委"班子成员不得担任本人近亲属的培养联系人、入党介绍人或参加入党政审考察，确保党员发展工作的公正和公平。

思考：你怎样看待以上近亲属备案管理制度？

项目四 提升村党组织组织力

农村基层党组织是党在农村全部工作和战斗力的基础。要健全村党组织领导的村级组织体系，把农村基层党组织建设成为有效实现党的领导的坚强战斗堡垒，把村级自治组织、集体经济组织、农民合作组织、各类社会组织等紧紧团结在党组织的周围，团结带领农民群众听党话、感党恩、跟党走。

——2022 年 12 月，习近平在中央农村工作会议上的讲话

任务一 强化村级组织建设

一、乡村组织振兴的含义与内容

（一）乡村组织振兴的含义

乡村组织振兴是指通过加强乡村组织建设，提高乡村社会的凝聚力和活力，推动乡村全面振兴。

加强乡村组织建设，就是要建立和完善以党的农村基层组织为核心、村民自治和村务监督组织为基础、集体经济组织和农民合作组织为纽带、各种经济社会服务组织为补充的乡村组织体系。

组织振兴是乡村全面振兴的基石。推动乡村组织振兴，有利于从宏观层面发挥社会主义制度优势，增强乡村内生发展能力，让农民得到更好的组织引领、社会服务、民主参与，确保乡村社会充满活力、安定有序。

（二）乡村组织振兴的主要内容

以增强政治功能和组织功能为着力点，建强村党组织。确保村党组织在乡村治理工作中的领导地位，确保正确的政治方向，发挥党组织的战斗堡垒作用，努力扩大农村基层党组织覆盖面，把广大农民群众紧紧团结在党组织周围，形成全面推动乡村振兴的磅礴力量，为乡村治理提供可靠的组织保障。

以引领农民共同富裕为着力点，振兴农村经济组织。要充分认识农村集体经济组织的作用和优势，发挥村党组织对集体经济组织的领导作用，切实把集体经济做实做强，引领农民朝着共同富裕的方向前进；发展农民专业合作社、家庭农场、农业企业等多种经营主体，健全农业农村社会化服务体系，提高农民组织化程度，促进乡村经

济多元化发展。

以共建、共治、共享为着力点，促进乡村自治组织健康发展。完善村党组织领导的村民自治机制，创新和丰富议事协商形式，发挥村民监督的作用，自治、法治、德治相结合，发挥基层群团组织和农村社会组织团结群众、联系群众、服务群众等作用，打造善治乡村。

案例 3 - 4 - 1

三涧溪村的组织振兴

每月 15 日晚，在山东省济南市章丘区的三涧溪村，主题党日雷打不动，不用下通知，党员主动来参加。除了主题党日，村里召开其他会议时，人也都比较全。村党委书记高淑贞回忆，2004 年 6 月她刚到三涧溪任职时，组织一个小型的会议都非常困难。那时，三涧溪是出了名的"问题村"，1998 年到 2004 年换了 6 个党支部书记也无法改善村里混乱的状态。高淑贞上任后，通过走访发现，这些问题的关键是组织散了、班子乱了，基层党组织没有发挥好战斗堡垒作用。

高淑贞抓住党建引领的"牛鼻子"，坚持党建领航、组织带动，组织了一个有声望、有能力、有主见的领导班子。然而，一个村庄的发展，光靠支部几个人远远不够。高淑贞调动党员积极性，开展"党旗飘飘映四邻，四邻联动党放心"主题活动，1 个党员中心户联动 4 个邻居。同时，打造"五个一"为民服务体系，实施"一面旗帜"带动群众、"一线通"连接群众、"一张卡"便利群众、"一支队伍"服务群众、"一个职介所"致富群众，实行"群众事、党员办"，逐渐带出了一支想干事、能干事、会干事的党员干部队伍。

在党建引领下，三涧溪探索出了乡村振兴的新路径，成为全国文明村、全国乡村治理示范村、全国民主法治示范村，正在联合周边 10 个村打造乡村振兴齐鲁样板示范片区，带动更大范围乡村振兴。

二、村党组织的六项建设

（一）政治建设

旗帜鲜明讲政治是中国共产党作为马克思主义政党的根本要求，政治建设是村级党建的统领。2019 年 1 月《中共中央关于加强党的政治建设的意见》提出，加强党的政治建设，目的是坚定政治信仰，强化政治领导，提高政治能力，净化政治生态，实现全党团结统一、行动一致。村党组织要旗帜鲜明讲政治，深刻领悟"两个确立"的决定性意义，切实增强"四个意识"、坚定"四个自信"、做到"两个维护"，在政治立场、政治方向、政治原则、政治道路上同党中央保持高度一致。

拓展学习

什么是"两个确立""两个维护"

"两个确立"是指确立习近平同志党中央的核心、全党的核心地位，确立习近平新时代中国特色社会主义思想的指导地位。

"两个维护"是指坚决维护习近平总书记党中央的核心、全党的核心地位，坚决维护党中央权威和集中统一领导。

坚持"两个确立"，做到"两个维护"，两者精神同源、内核同质、目标同向，"两个确立"是"两个维护"的政治前提和思想基础，"两个维护"是"两个确立"的政治责任和实践要求。

（二）思想建设

村党组织要把坚定理想信念作为思想建设的首要任务，认真组织党员深入学习领会习近平新时代中国特色社会主义思想的科学体系和精神实质，教育引领农村党员干部坚定理想信念，树立正确的世界观、人生观和价值观，用党的创新理论武装头脑，更加自觉地为实现新时代党的历史使命不懈奋斗。

（三）组织建设

党的力量来自组织。村党组织是党的肌体的"神经末梢"，要充分发挥战斗堡垒作用。村党组织书记和支委一班人要以身作则，加强党员队伍教育管理，充分发挥农村党员在乡村振兴各项工作中的先锋模范作用。同时，注重扩大党的组织覆盖和工作覆盖，避免基层党组织弱化、虚化、边缘化。

（四）作风建设

作风建设是党的建设的永恒主题。村党组织是党的组织体系中最接近农村群众的，其作风好坏直接影响党在农村的执政根基。村党组织要切实加强党风廉政建设，增强农村党员干部的廉政意识，完善各项村级监督制度，全面推进村务公开和党务公开，从源头上预防和治理腐败，保持党同人民群众的血肉联系。

（五）纪律建设

党的纪律是党的各级组织和全体党员必须遵守的行为规则，是维护党的团结统一、完成党的任务的保证。党的纪律主要包括政治纪律、组织纪律、廉洁纪律、群众纪律、工作纪律和生活纪律六个方面。中共十八大以来，三次修订《中国共产党纪律处分条例》，释放了从严治党越来越严、越往后执纪越严的信号，彰显了党推进自我革命的决心和意志。

法律/政策导航

对党员的纪律处分种类：

（一）警告；

（二）严重警告；

（三）撤销党内职务；

（四）留党察看；

（五）开除党籍。

——《中国共产党纪律处分条例》

在农村基层，村务监督与纪检监察有效衔接，对村级小微权力特别是"一肩挑"人员的监督日益规范。村党组织要带领党员严格执行和维护党的纪律，自觉接受党的纪律约束，不断增强拒腐防变的能力。

（六）制度建设

制度建设既是党的建设的重要组成部分，又是党的建设的重要保证。村党组织要本着因地制宜、系列配套、简明易行、注重实效的要求，从党务工作、党员教育管理、党内生活、集体领导等多方面探索建立工作制度，推进村党组织建设科学化、制度化、规范化。

拓展学习

新时代党的建设总要求

中共十九大明确提出新时代党的建设总要求：坚持和加强党的全面领导，坚持党要管党、全面从严治党，以加强党的长期执政能力建设、先进性和纯洁性建设为主线，以党的政治建设为统领，以坚定理想信念宗旨为根基，以调动全党积极性、主动性、创造性为着力点，全面推进党的政治建设、思想建设、组织建设、作风建设、纪律建设，把制度建设贯穿其中，深入推进反腐败斗争，不断提高党的建设质量，把党建设成为始终走在时代前列、人民衷心拥护、勇于自我革命、经得起各种风浪考验、朝气蓬勃的马克思主义执政党。

中共二十大重申了要落实新时代党的建设总要求。

案例3-4-2

马庄村以党建引领乡村振兴

1986年的江苏省徐州市马庄村，党组织基本处于瘫痪状态，经济水平在全镇倒数。如何带领百姓摘掉贫困帽？刚上任的村党支部书记孟庆喜想到了抓党建，他说，"我认

91

为党建不是虚的，党建做实了就是生产力，做强了就是竞争力，做细了就是凝聚力"。通过大力实施以强战斗堡垒、带生态宜居、带乡风文明、带生活富裕为主要内容的"一强三带"工作法，马庄村迈入发展快车道。

马庄村的党员活动，包括每月 25 日的党员活动日、每月月初升国旗仪式上的党课，再加上各种政策落实和思想精神学习的会议，每年超过 30 次。升国旗仪式和国旗下的党课已经坚持了 30 多年，全体党员参与设施维护、绿化净化、治安巡逻等志愿劳动几十年从未间断。30 多年来，村里的重大事情和重要决策，都要听取党员意见，实行党员"议会制"、党委会集体决策制。马庄村还有个"小人大"，由每 10 户人家选出一个村民代表组成，村里的重大决策、举措都请村民代表参与表决并检查监督。村民户户有党员联系、个个党员都有联系户，小矛盾不出党员联系人，大矛盾不出党小组，形成了党风正、民风淳、人心齐的良好局面。2017 年 12 月习近平总书记到马庄考察调研，称赞马庄党建工作做得好。

三、以提升组织力为重点加强村党组织建设

组织力是组织生命力的具体体现，高度重视提升基层党组织组织力、战斗力是党的建设的一条重要经验。1929 年毛泽东首次提出党的组织力的概念，并在《论持久战》中把政治组织力的强弱作为抗日战争取得胜利的重要因素；1943 年发表以《组织起来》为题的重要讲话，强调"把群众力量组织起来，这是一种方针"。从三湾改编"支部建在连上"到抗日战争时期"从群众中来，到群众中去"，到解放战争时期"放手发动群众，团结一切可以争取的力量"，社会主义革命和建设时期"调动一切积极因素，团结一切可以团结的力量"，等等，都是中国共产党具有强大组织力和战斗力的体现。

村党组织提升组织力，应从以下几方面入手。

（一）加强政治建设，通过政治领导提升组织力

村党组织要组织党员深入学习习近平新时代中国特色社会主义思想，坚定理想信念，确保用党的创新理论统一思想、凝聚力量。严肃党内政治生活，按照中共中央《关于新形势下党内政治生活的若干准则》要求，落实"三会一课"、主题党日等基本制度，开展切合本村实际、贴近群众的党性教育，引导党员敢于同各种不良现象和错误思想做斗争，以政治引领提升村党组织的组织力和领导力。

（二）完善乡村治理体系，通过领导基层治理提升组织力

2015 年 6 月习近平总书记在贵阳调研时指出，基层党组织要"既种好自留地、管好责任田，又唱好群英会、打好合力牌"。村党组织要不断探索领导乡村治理路径，在加强自身建设的基础上，领导各基层组织形成强大合力，深度嵌入乡村治理各领域，整合凝聚各种资源和力量，引领乡村全面振兴。

（三）加强队伍建设，通过过硬队伍提升组织力

要坚持以德为先，拓宽选人视野，把政治素质高、发展能力强、担当意识强的优秀党员选拔到村党组织书记岗位上来。村党组织要加强班子建设，严格组织发展和党员教育管理，不断提升党员队伍质量，充分发挥党员模范带头作用。

（四）做好群众工作，通过团结动员群众提升组织力

村党组织要发扬党"密切联系群众"的优良传统，发挥好联系和服务群众的桥梁纽带作用，认真落实党的各项惠民政策，尊重农民群众主体地位，依靠农民群众，在不断解决群众困难、满足群众意愿、维护群众利益中提升党组织的凝聚力、向心力，增强群众的认同感、归属感、获得感，把群众组织起来，成为攻坚克难的战斗堡垒。

（五）推进乡村振兴，通过引领改革发展提升组织力

村党组织负有全面领导乡村振兴的职责，要以党组织建设为主线，围绕乡村振兴战略总要求，增强引领、保障、服务功能，推进农村党建创新与产业创新互动发展，以党建引领农村发展、农民致富，运用市场经济的手段壮大集体经济。

案例 3-4-3

裴寨村的党建"十个一"

河南省辉县市裴寨村位于太行山区，原来是省级贫困村。2005 年，在外经商的裴春亮被选为村民委员会主任，2010 年 4 月担任村党支部书记。刚上任时，村里已经有两届没有选出村民委员会主任，党支部建设也处于停滞状态。他自掏腰包 3 000 多万元给村民盖了 160 套联排别墅，又出资建成引水工程田心池、拦洪蓄水水库等。

裴春亮知道，村里要发展起来，光靠自己不行，要找好帮手。村"两委"把村务按农业、工业、绿化等分口，包"口"到每个党员。在村务公示栏上，每个党员的职责、帮带群众、待完成事项和期限要求一目了然。每当广播通知开会时，不是光叫党员的名字，而是叫"党员张三""党员李四"来开会，使党员有自豪感、使命感。通过给面子、压担子，党员凝聚到"两委"班子周围，主动担当，为群众树立标杆。

裴春亮给党支部定了"五个一"：每月进行一次政治理论学习；每月召开一次干群联席会；每月组织一次义务劳动；每季度组织一次培训；每年开展一次评选表彰。他也给自己定了"五个一"：每月到村民家里吃一顿饭；每月走访一次困难家庭；每季度给党员讲一次党课；每年走访一遍困难家庭；每年召开一次群众大会。

如今裴寨村已发展为人均年收入超 2 万元的全国文明村、全国乡村旅游模范村、中国美丽休闲乡村。裴春亮说："这么多年来，我就只是做一件事，带领群众听党话、跟党走，同创业、共致富。抓好党建才能凝聚人心，走得更好、更稳，做到乡亲不富誓不休。"

组织起来，就会"无敌于天下"

抗日战争进入相持阶段后，抗日根据地陷入了异常艰难的境地：日军实施"三光"政策，国民党反动派进行重重封锁，再加上连年自然灾害，以至于毛泽东说"我们曾经弄到几乎没有衣穿，没有油吃，没有纸，没有菜，战士没有鞋袜，工作人员在冬天没有被盖"。在这一背景下，根据地开展了轰轰烈烈的大生产运动。

1943 年，毛泽东在陕甘宁边区做了《组织起来》的讲话，开篇就指出，大生产运动就是"组织起来"的运动，"就是把群众组织起来，把一切老百姓的力量、一切部队机关学校的力量、一切男女老少的全劳动力半劳动力，只要是可能的，就要毫无例外地动员起来，组织起来，成为一支劳动大军"，一方面军队实现自己供给，另一方面减轻了群众负担。

毛泽东指出，"把群众力量组织起来，这是一种方针"；组织起来"我们就不怕任何困难，就会是孟夫子说过的：'无敌于天下。'"将群众组织起来并不容易，毛泽东提出密切联系群众是一个根本的方法，"我们共产党员，无论在什么问题上，一定要能够同群众相结合"，要深入群众生活、向群众学习，总结群众经验、为群众谋幸福。

组织力是毛泽东在将马克思主义应用于中国的革命实际中创造性提出，在革命实践中不断发展的一个概念。迈向新时代，中共十九大报告提出，党的基层组织要以提升组织力为重点，突出政治功能；中共二十大报告明确指出，严密的组织体系是党的优势所在、力量所在。

思考：结合实际，谈谈怎样把农民群众组织动员起来。

任务二　做好农村群众工作

一、马克思主义群众观与党的群众路线

马克思主义理论家从无产阶级政党性质的角度提出，"无产阶级政党的先进性质决定了它是工人群众的当然领导者"；同时，"无产阶级政党要代表人民群众的利益"，因为"无产阶级政党的领导地位取决于工人乃至人民群众的认可"，"他们没有任何同整个无产阶级的利益不同的利益"。

中国共产党是在同人民群众的密切联系中产生、发展和壮大的。毛泽东为马克思主义党群关系理论中国化做出了重要贡献。早在 1934 年他就提出："真正的铜墙铁壁是什么？是群众，是千百万真心实意拥护革命的群众。"他多次阐述中国共产党的群众观点，"群众是真正的英雄"；"群众有伟大的创造力"；"全心全意地为人民服务，一

刻也不脱离群众；一切从人民的利益出发，而不是从个人或小集团的利益出发；向人民负责和向党的领导机关负责的一致性；这些就是我们的出发点"；"我们共产党人好比种子，人民好比土地。我们到了一个地方，就要同那里的人民结合起来，在人民中间生根、开花"；"党群关系好比鱼水关系。如果党群关系搞不好，社会主义制度就不可能建成；社会主义制度建成了，也不可能巩固"；等等。

群众路线是以毛泽东为首的党的第一代中央领导集体创立的，党对群众的基本领导方式和基本工作方法，经历届中央领导集体继承、发展和完善，成为党的生命线和传家宝。毛泽东在 1943 年就指出，"在我党的一切实际工作中，凡属正确的领导，必须是从群众中来，到群众中去"。邓小平说："我们一定要恢复和发扬毛主席为我们党树立的群众路线的优良传统和作风，真正相信和依靠群众，细心倾听群众呼声，关心群众疾苦，一刻也不脱离群众。"

中共十八届五中全会首次提出以人民为中心的发展思想。习近平总书记要求党员干部牢固树立群众观点，站稳人民立场，"坚持党的群众观点，对于党的干部来说，不是一般的方法问题，而是一个根本的立场问题、党性问题"；"人民立场是中国共产党的根本政治立场，是马克思主义政党区别于其他政党的显著标志"；"群众路线是我们党的生命线和根本工作路线"。中共二十大报告再次强调"始终保持同人民群众的血肉联系"。

村党组织置身于农民群众之中，担负着组织群众、宣传群众、凝聚群众、服务群众的职责，要深入了解群众所思所盼，学会做群众工作的方式方法，做农民群众的贴心人。

二、群众路线的内容

群众路线的核心内容，就是党章规定的"一切为了群众，一切依靠群众，从群众中来，到群众中去，把党的正确主张变为群众的自觉行动"。

"一切为了群众，一切依靠群众"，阐述的是党的群众观点，也就是马克思主义对待群众的态度，是党的群众路线的核心内容。

"从群众中来，到群众中去"是马克思主义群众观的具体化，反映的是群众工作的方法论，也就是调查研究的过程。

"把党的正确主张变为群众的自觉行动"是群众路线要达到的目标。

拓展学习

毛泽东阐述党的群众路线

毛泽东对党的群众工作和群众路线进行过大量深刻和生动的阐述。1943 年 6 月，他在《关于领导方法的若干问题》中对党的群众路线的工作方法进行了概括："在我党的一切实际工作中，凡属正确的领导，必须是从群众中来，到群众中去。这就是说，将群众的意见（分散的无系统的意见）集中起来（经过研究，化为集中的系统的意见），又到群众中去做宣传解释，化为群众的意见，使群众坚持下去，见之于行动，并在群众行动中考验这些意见是否正确。然后再从群众中集中起来，再到群众中坚持下去。如此无限循环，一次比一次地更正确、更生动、更丰富。"

村党组织要从思想和行动上自觉践行群众路线，紧紧依靠群众，充分发挥群众的积极性、主动性和创造性，既服务群众又引领群众，把农民群众紧紧团结在党的周围，筑牢党在农村的执政基础。

三、践行群众路线的路径

《中国共产党农村基层组织工作条例》指出，村党组织应"组织群众、宣传群众、凝聚群众、服务群众，经常了解群众的批评和意见，维护群众正当权利和利益，加强对群众的教育引导，做好群众思想政治工作"。具体来说，村党组织要从思想上加强对群众路线的教育，同时也要学会一些具体方法，着力打通服务群众"最后一公里"。

▌拓展学习▐

跟着群众"跳火坑"

习近平总书记在《干在实处 走在前列》一书中，十分形象地论述群众工作："党的正确的方针政策只有被群众理解，为群众接受，才能变成改造客观世界的物质力量。我们的方针再正确，如果不被群众理解，也难以贯彻执行。如果群众不听，你就先跟着群众走，群众跳火坑，你也跟着跳下去。群众觉悟了，从火坑里爬出来，最终还是要跟你走。群众跳，你不跳，干群关系就疏远了。你一起跳，感情上拉近了，工作就好做了。"跟着群众"跳火坑"这一比喻生动刻画出做群众工作应有的姿态和方法。

第一，虚心向人民群众学习。"知屋漏者在宇下，知政失者在草野"，村干部要有敢于跟着群众跳"火坑"的勇气，还要有能够将群众拽出"火坑"的本领。毛泽东在《农村调查》中写道，要"放下臭架子、甘当小学生""和全党同志共同一起向群众学习，继续当一个小学生，这就是我的志愿"。人民群众中蕴藏着无穷的智慧和力量，村干部要虚心学习，真正到群众中去做调查工作，深入发掘群众创造的好点子、好经验。

第二，一般号召与个别指导相结合。即从许多个别指导中形成一般意见（一般号召），又拿出一般意见到许多个别单位中去检验，然后集中新的经验，又做出新的指示去普遍地指导群众。村党组织部署工作，既要通过会议、公告等一般的号召动员群众行动起来，又要选择能力较强的党员干部带头先做，取得经验，然后逐步推广，使群众认识到这些意见是符合他们的根本利益的，从而化作他们的自觉行动。

第三，抓两头带中间。毛泽东指出："任何一种情况都有两头，即是有先进和落后，中间的状态又总是占多数。抓住两头就把中间带动起来了。"村党组织要注重先进典型的引领作用，注重对先进经验的参观学习，善于团结少数积极分子作为村庄骨干，并带动其他群众做好工作。

第四，民主和集中相结合。村党组织要通过民主集中制这一根本组织原则，进一步健全"四议两公开"等决策和监督机制，用群众喜闻乐见的组织方式和活动形式将他们组织起来，使党的理论和路线方针政策得到群众理解和拥护，变为群众的自觉行动，实现对农村重大事项、重要问题、重要工作的有效领导。

第五，健全联系和服务群众平台。许多村建立起了党群服务中心、党员活动中心、志愿者服务站等服务平台，为群众开展一站式窗口服务、代办服务、上门服务等。随着互联网深入融入生活，要不断改进和创新联系群众的方式方法，推进网络层面联系群众的路径，探索多元化的网络党群沟通渠道，建立网络服务载体，如服务热线、数字化服务平台等，实现网上网下共治，构建党群"同心圆"。

拓展学习

各级党政机关和领导干部要学会通过网络走群众路线，经常上网看看，潜潜水、聊聊天、发发声，了解群众所思所愿，收集好想法好建议，积极回应网民关切、解疑释惑。善于运用网络了解民意、开展工作，是新形势下领导干部做好工作的基本功。各级干部特别是领导干部一定要不断提高这项本领。

——2016年4月19日，习近平在网络安全和信息化工作座谈会上的讲话

第六，维护群众根本利益。在2023年12月中共中央政治局专题民主生活会上，习近平总书记要求"把心系群众、情系百姓体现到履职尽责全过程各方面，着力保障和改善民生，及时回应人民群众合理诉求，切实把好事办好、实事办实、难事办妥"。为群众服务，就是处处要想到群众，关心群众利益，关注群众生活，时时处处为群众打算。毛泽东1934年提出："要得到群众的拥护吗？要群众拿出他们的全力放到战线上去吗？那么，就得和群众在一起，就得去发动群众的积极性，就得关心群众的痛痒，就得真心实意地为群众谋利益，解决群众的生产和生活的问题，盐的问题，米的问题，房子的问题，衣的问题，生小孩子的问题，解决群众的一切问题。"村党组织要通过各类组织，使群众充分表达、实现自身的利益，解决群众的问题、满足群众的需要，从而得到群众的拥护和支持。

拓展学习

"天下有道：得其民，斯得天下矣；得其民有道：得其心，斯得民矣；得其心有道：所欲与之聚之，所恶勿施，尔也。"

——《孟子·离娄上》

译文：要想取得天下是有办法的，那就是获得民众就可以得到天下了；要想获得民众有办法，获得民心就可以得到民众；要想获得民心有办法，民众所需要的，就给予他们，反对的不要给予。

习近平总书记曾经就浙江省永嘉县九降村党支部书记郑九万的感人事迹做出批示："老百姓在干部心中的分量有多重，干部在老百姓心中的分量就有多重。"乡村振兴，农民是主体，村党组织必须紧紧依靠他们，通过全面加强农村基层党建，发挥党组织战斗堡垒和党员先锋模范作用，激发和调动农民群众积极性、主动性，合力推进乡村振兴。

案例 3-4-4

"吃亏书记"李连成

河南省濮阳市西辛庄村在任职 30 余年的村党支部书记兼村民委员会主任李连成的带领下，先后获得全国文明村镇、全国民主法治示范村、全国先进基层党组织等荣誉。李连成说，他对群众路线的理解是"群众反对啥，咱就不做啥；群众拥护啥，咱就去干啥"；"支部过硬，我的理解就是要领着党员带头吃亏、干活"。

李连成是西辛庄村最早通过勤劳致富的人。1991 年，村民推选李连成当他们的"领头雁"，他立下"军令状"：不喝村里的一盅酒，不乱花村里的一分钱。他抱定一种想法，甘愿自己吃亏，不怕牺牲个人利益，也要让每位村民都过上富足的日子。他把自家的蔬菜大棚送给困难群众，把参股的纸厂折价转让给村集体，在新村建设时把好宅基地让给别人，自己却选择了村南头一个没人要的臭水坑。他把自家房子建得比群众的低了 25 厘米，因为"我要让群众过得都比我好，都要能'压我一头'"。

围绕着群众所盼所想，西辛庄村党支部带领群众不断发展经济、改善民生，目前村里已有企业 20 余家，集体固定资产超 12 亿元。为解决村庄远离城市，上学难、看病难的问题，村里建起民生医院和涵盖初中、小学、幼儿园的教育园区，聘请了一批高水平教师，吸引各类专业人才 600 余人。

阅读与思考

尊重群众意愿

1944 年 10 月 30 日，毛泽东在陕甘宁边区文教工作者会议上做讲演时指出："一切为群众的工作都要从群众的需要出发，而不是从任何良好的个人愿望出发。有许多时候，群众在客观上虽然有了某种改革的需要，但在他们的主观上还没有这种觉悟，群众还没有决心，还不愿实行改革，我们就要耐心地等待；直到经过我们的工作，群众的多数有了觉悟，有了决心，自愿实行改革，才去实行这种改革，否则就会脱离群众。

凡是需要群众参加的工作，如果没有群众的自觉和自愿，就会流于徒有形式而失败……这里是两条原则：一条是群众的实际上的需要，而不是我们脑子里头幻想出来的需要；一条是群众的自愿，由群众自己下决心，而不是由我们代替群众下决心。"

1945年4月24日，毛泽东在中共七大《论联合政府》的政治报告中指出："在一切工作中，命令主义是错误的，因为它超过群众的觉悟程度，违反了群众的自愿原则，害了急性病。我们的同志不要以为自己了解了的东西，广大群众也和自己一样都了解了。群众是否已经了解并且是否愿意行动起来，要到群众中去考察才会知道。如果我们这样做，就可以避免命令主义。"

思考：结合实际，谈谈你对以上两段话的理解。

模块四　依法规范开展村民自治

学习目标

1. 了解村民自治的内涵，提高民主意识和服务意识；
2. 掌握村民委员会规范化建设要求；
3. 能组织开展村民议事协商；
4. 掌握"四议两公开"工作法，提高会议组织能力；
5. 熟悉民主监督的内涵及实现形式，了解村务公开要求，能自觉接受监督。

任务描述

作为村党支部书记，晓明抓班子、带队伍，通过外出参观学习、带头改变村容村貌、建立健全规章制度、制定村庄发展规划等，提高了村党组织凝聚力和战斗力。随着和美乡村建设的推进，村里加大人居环境整治和基础设施建设力度，需要拓宽道路、治理污水、开展美丽庭院建设等。但是，对于村民委员会主任这一职务，究竟应该怎样规范履职，如何调动广大村民参与村庄建设的积极性，他心里还不太明朗。

他认真学习《村民委员会组织法》，学习中共中央办公厅、国务院办公厅印发的《关于加强和改进乡村治理的指导意见》和中央一号文件等，与村"两委"共同制订工作方案，结合本村实际，扎实落实村民自治工作，努力提升村民群众参与感、责任感和归属感。

项目一　推进村民委员会规范化建设

要完善党组织领导的自治、法治、德治相结合的乡村治理体系，让农村既充满活力又稳定有序。

——2022年12月，习近平在中央农村工作会议上的讲话

任务一　了解村民自治

一、村民自治的含义

基层群众自治制度，是党领导广大群众在基层直接行使民主权利，管理基层公共事务和公益事业，实行自我管理、自我服务、自我教育、自我监督的基本政治制度，是社会主义民主政治建设的基础。我国基层群众自治制度的主要表现形式是居民自治和村民自治。

民政部基层政权建设司指出，村民自治是广大农村地区村民在基层社会生活中，依法行使自治权，实行自己的事务自我管理的一种基层群众自治制度。

法律/政策导航

村民委员会是村民自我管理、自我教育、自我服务的基层群众性自治组织，实行民主选举、民主决策、民主管理、民主监督。

——《村民委员会组织法》

村民自治在乡村治理中处于基础性地位，也是推进乡村治理的基本形式。推进乡村治理，要创新村民自治、基层民主协商的有效实现形式，激发农民群众参与积极性，在乡村公共事务和公益事业中广泛实行农民群众自我管理、自我服务、自我教育、自我监督。

二、村民自治的发展

1949 年 10 月 1 日，中华人民共和国成立。面对严峻的基层管理需要，各地有不同实践，1954 年 12 月 31 日通过了《中华人民共和国城市居民委员会组织条例》，规定居民委员会是群众自治性的居民组织，统一、规范的居委会在全国建立起来，基层群众自治制度开始萌芽和实践探索。

1980 年初，广西宜山县三岔公社合寨大队农民以无记名投票方式选举产生了我国第一个村民委员会，揭开了我国村民自治探索的序幕。

拓展学习

我国第一个村民委员会

合寨村位于广西宜州、柳江、忻城三县（区）交界处。40 年多前，村里赌博盗窃、封建迷信、聚众闹事等现象比较多，而管事的人少，群众怨声载道。为治理乱象，1980 年 2 月 5 日，当时的宜山县三岔公社合寨大队果作生产队 85 名群众代表围坐在一起，以无记名投票方式，从 6 名生产小队代表中，差额选出 5 人，担任第一届村民委员会委员。被称为中国第一任村民委员会主任的韦焕能回忆说："当时考虑城市有居民委员会，我们是农村，就叫村民委员会。大家都认为这个名字比较好，就这样定下来了。"随后，合寨成立治安联防队，制定《村规民约》《封山公约》，并要求每个村民都摁下手印，此后乡村风气大为改善。合寨因此也被称为"中国村民自治第一村"。

这一实践探索被写入 1982 年宪法第一百一十一条："城市和农村按居民居住地区设立的居民委员会或者村民委员会是基层群众性自治组织。"1987 年 11 月第六届全国人大常委会第二十三次会议通过了《中华人民共和国村民委员会组织法（试行）》；1989 年 12 月《中华人民共和国城市居民委员会组织法》由第七届全国人大常委会第十一次会议通过。城市居民自治和农村村民自治相互借鉴、相互促进并不断发展完善。

1990 年 9 月，民政部发出通知，要求在全国农村开展村民自治示范活动，选择工作基础比较好的村民委员会进行试点和推广。1994 年 2 月，民政部发布《全国农村村民自治示范活动指导纲要（试行）》，对村民自治示范活动的目标、任务、指导方针、具体措施等做出全面系统的规定，并首次明确提出要建立民主选举、民主决策、民主管理、民主监督四项民主制度。1998 年 11 月，全国人大常委会正式颁布了《村民委员会组织法》，村民自治进入了快车道，全国各地普遍开展村民委员会民主选举，基层民主观念深入人心。在总结农村改革和村民自治实践的基础上，2010 年 10 月第十一届全国人大常委会第十七次会议对《村民委员会组织法》进行了修订。

中共十八大以来，城乡基层经历了从传统管理向现代治理的理念转变，村民自治实践不断创新，探索构建乡村治理新体制。中共十九大报告提出乡村振兴战略，强调要健全自治、法治、德治相结合的乡村治理体系。2018 年 12 月第十三届全国人大常委会第七次会议再次对《村民委员会组织法》进行修正，以党的基层组织为核心、以村民自治组织为主体、以法治为准绳、以德治为基础的乡村治理体系逐步建立完善。

阅读与思考

"民主管理、民主决策、民主监督"同"民主选举"一样重要

习近平指出，民主选举是基层民主政治建设的一个核心内容，是实现村民自治的前提和基础。但是，民主选举仅仅是民主政治的第一步，一选了之肯定会出乱子。

民主模式具有多样性、复杂性，究竟选择什么样的民主模式，取决于一国的具体国情。为了说明各类民主方式相辅相成的道理，习近平用了一个生动的比喻——马比驴跑得快，一比较，发现马蹄比驴蹄长得好，于是把驴身上的蹄换作马的蹄，结果驴跑得反而更慢；接着再比较，又发现马腿比驴腿长得好，于是把驴身上的腿也换作马的腿，结果驴反而不能跑了；接下来，依此类推，换了身体、换了内脏，最后整个的

驴换成了整个的马，才达到了跑得快的目的。

思考：结合村民自治的"四个民主"，说一说以上比喻说明了什么道理？如何才能推进村级民主建设顺利运行？

任务二 加强村民委员会规范化建设

一、村民委员会的性质

村民委员会是村民自我管理、自我教育、自我服务、自我监督的农村基层群众性自治组织，实行民主选举、民主协商、民主决策、民主管理、民主监督。

村民委员会接受乡镇（街道）党（工）委、村党组织的领导和乡镇人民政府（街道办事处）指导、支持和帮助，接受各级人民政府民政部门的工作指导和监督。

村党组织领导和支持村民委员会行使职权；依法支持和保障村民依法开展自治活动、直接行使民主权利。涉及基层治理重要事项、重大问题要由党组织研究讨论后按程序决定。

法律/政策导航

《村民委员会组织法》第四条：中国共产党在农村的基层组织，按照中国共产党章程进行工作，发挥领导核心作用，领导和支持村民委员会行使职权；依照宪法和法律，支持和保障村民开展自治活动、直接行使民主权利。

第五条：乡、民族乡、镇的人民政府对村民委员会的工作给予指导、支持和帮助，但是不得干预依法属于村民自治范围内的事项。村民委员会协助乡、民族乡、镇的人民政府开展工作。

二、村民委员会的职责

根据《村民委员会组织法》和相关政策法规，村民委员会的主要职责如下：

第一，支持和组织村民依法发展各种形式的合作经济和其他经济，承担本村生产的服务和协调工作，促进农村生产建设和经济发展；

第二，依法管理本村属于村民集体所有的土地和其他财产，引导村民合理利用自然资源，保护和改善生态环境；

第三，尊重并支持集体经济组织依法独立进行经济活动的自主权，维护以家庭承包经营为基础、统分结合的双层经营体制，保障集体经济组织和村民、承包经营户、联户或者合伙人的合法财产权和其他合法权益；

第四，宣传宪法、法律、法规和国家政策，教育和推动村民履行法律规定的义务，维护村民合法权益，开展多种形式的社会主义精神文明建设活动；

第五，支持服务性、公益性、互助性社会组织依法开展活动，推动农村社区建设；

第六，多民族居住的村，教育和引导各民族村民增进团结、互相尊重、互相帮助；

第七，遵守宪法、法律、法规和国家政策，遵守并组织实施村民自治章程、村规民约，执行村民会议、村民代表会议的决定、决议，接受村民监督，等等。

三、村民委员会的组织架构

村民会议是村里享有和行使最高决策权的自治性机构。人数较多或者居住分散的村，可以设立村民代表会议，讨论决定村民会议授权的事项。村民委员会向村民会议、村民代表会议负责并报告工作。

村民委员会可根据村民居住状况、集体土地所有权关系等分设若干村民小组。

村民委员会根据需要设人民调解、治安保卫、环境卫生等委员会。村民委员会成员可以兼任下属委员会的成员。人口少的村的村民委员会可以不设下属委员会，由村民委员会成员分工负责相关工作。

拓展学习

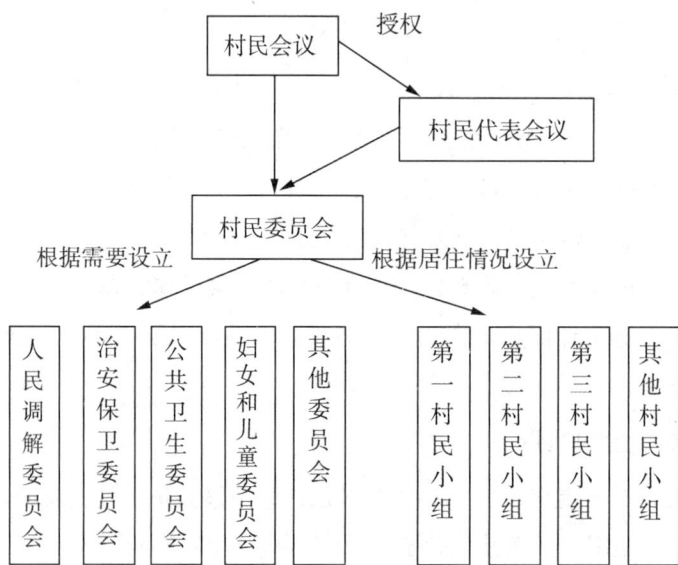

村民委员会组织架构图

四、规范村民委员会组织架构

民主选举结束后，新一届村民委员会应按规定接手上届村民委员会工作移交，着手健全配套组织，选好村民代表，建好村民小组，并根据需要设立下属委员会，保障工作正常开展。

（一）配齐村民委员会成员

缺额的另行选举。在投票选举中，如果出现当选人数不足应选名额的情况，应当进行再次投票，对不足的名额另行选举。另行选举以未当选人员中得票多的为候选人，经投票，得票多的当选，但是所得票数不得少于已投选票总数的1/3。

出缺的补选。村民委员会成员可能因丧失行为能力、被判处刑罚、连续两次被评议不称职和通过罢免程序被罢免等几种原因而出现职务终止，造成村民委员会成员出缺。此时应进行补选。补选程序可比正常选举程序简化。

法律/政策导航

《村民委员会组织法》第十九条：村民委员会成员出缺，可以由村民会议或者村民代表会议进行补选。补选程序参照本法第十五条的规定办理。补选的村民委员会成员的任期到本届村民委员会任期届满时止。

（二）进行工作移交

选举结束后，应当自新一届村民委员会产生之日起10日内，完成新老村民委员会的工作移交。

工作移交由村民选举委员会召集并主持，由乡、民族乡、镇的人民政府监督。

移交的范围包括公章、办公场所、办公用具、集体财务账目、固定资产、工作档案、债权债务及其他遗留问题等。

对拒绝移交或者无故拖延移交的，乡镇党委、政府和村党组织应当给予批评教育，督促其改正。移交过程中发现有重大问题的，可以向乡镇人民政府或者纪检监察机关、人民法院、人民检察院等有关机关反映，受理单位应及时依法处理。

（三）选好村民代表

村民代表是村民利益和意志的"代言人"，村民代表会议在村民自治中发挥着重要作用。在村"两委"成员数量有限的情况下，选出具备一定参政议政能力、真正能够代表村民利益和反映村民要求的村民代表，充分发挥村民代表的作用，对于做好村民自治工作和凝聚人心、服务群众十分重要。

村民代表的产生有两种方式：

按户推选产生，按每5户至15户推选一人；

由各村民小组推选产生。

村民代表的组成应坚持广泛性和代表性的原则，其中，妇女村民代表应当占村民代表会议组成人员的1/3以上。

村民代表的任期与村民委员会的任期相同，可以连选连任。

选好选准群众代言人

湖南省平江县花坪村在村民代表评选时遵循"三不推五优先"的原则，即长期在外、违法违规、诚信缺失的坚决不推选，优先推选办事公道、仗义执言、群众威望高、热心村级事务的人和致富能人。

长沙市天心区将"素质高、威望高、热心公益和基层治理且群众基础好"作为评选标准，按照村民推荐、自荐、党组织推荐等方式，统筹党员、"三长"（村民组长、妇女组长、党小组长）、志愿者等自治力量，通过法定程序选出合适人选，并出台工作制度和培训、奖励、推荐、推评等激励机制，发挥村民代表的积极性，激发村民自治活力。

（四）设立村民小组

村民小组是村民开展自治活动的基本单位。

村民小组的设立，主要有两种方式：一是根据居住状况，以自然村为单位或以村民居住点为基础设立；二是根据集体土地所有权关系，以地片为基础设立。无论以哪种方式设立，都要从当地实际出发，尊重群众意愿。

村民小组长由村民小组会议推选产生，任期与村民委员会的任期相同，可以连选连任。村民小组长名单应及时向村民公布，并报乡镇政府备案。

（五）健全下属委员会

村民委员会一般设立人民调解、治安保卫、公共卫生、妇女和儿童等委员会，可根据需要设立慈善救助、志愿互助、文体教育、环境物业等下属委员会。是否设立以及设立哪些委员会，由村民委员会根据本村实际，在尊重民意的基础上，经集体决策决定。人口少的村可不设下属委员会。

下属委员会的负责人，可以由专职人员来担任，也可以由村民委员会成员兼任。由专职人员担任的，其候选人应经村民委员会或村党支部提名，经村民会议或村民代表会议表决通过方可当选。

下属委员会在自己的职责范围内独立开展工作，向村民委员会和村民负责。

五、推进村民委员会规范化建设

加强村民委员会规范化建设，是推进基层治理现代化的一项重要基础性工作，是建强村级组织的重要一环。

目前，江苏、甘肃等部分省依据《村民委员会组织法》等法律法规和政策，制定出台了专门的村民委员会规范化建设文件，通过细化制定村民委员会的组织架构、议事决策、基本职能、运行规则、队伍建设等方面的工作规范，进一步健全党组织领导的充满活力的基层群众自治机制。

近几年，浙江牵头出台了《村务管理》和《村务监督工作指南》国家标准、《乡村自治规范》地方标准，福建牵头制定了《村务公开管理规范》国家标准等，为形成统一、科学、高效、系统的村级事务管理模式和方法提供了重要参考。

法律/政策导航

坚持党组织领导基层群众性自治组织的制度，建立基层群众性自治组织法人备案制度，加强集体资产管理。规范撤销村民委员会改设社区居民委员会的条件和程序，合理确定村（社区）规模，不盲目求大。发挥村（居）民委员会下设的人民调解、治安保卫、公共卫生等委员会作用，村民委员会应设妇女和儿童工作等委员会，社区居民委员会可增设环境和物业管理等委员会，并做好相关工作。完善村（居）民委员会成员履职承诺和述职制度。

——《中共中央国务院关于加强基层治理体系和治理能力现代化建设的意见》

村民委员会应根据基层治理现代化的总体要求，始终将乡村自治置于党的坚强领导下，从村民委员会组织架构、议事规则和决策机制、民主管理和监督、内部管理和为民服务方式等方面，加强规范化建设，按照规定程序和质量标准，有效提升农村基层群众自治组织服务能力和治理水平，进一步完善村党组织领导的基层群众自治机制。

阅读与思考

2022年9月江苏省民政厅印发《江苏省村民委员会规范化建设工作指引》，针对"规范村民委员会内部管理"提出四项内容：健全村民委员会管理制度、加强村民委员会印章管理、规范代码证书的管理和使用、加强村级档案管理。其中，针对村民委员会需制定的管理制度，提出的框架是：（1）议事决策制度；（2）目标管理制度；（3）月度例会制度；（4）日常考勤制度；（5）为民办实事制度；（6）走访群众制度；（7）报告评议制度；（8）教育培训制度。

思考：本村村民委员会有哪些管理制度？还应在哪些方面进一步健全完善？

项目二　健全民主决策机制

　　在人民内部各方面广泛商量的过程，就是发扬民主、集思广益的过程，就是统一思想、凝聚共识的过程，就是科学决策、民主决策的过程，就是实现人民当家作主的过程。

　　　　　　　　——2014 年 10 月 23 日，习近平在中共十八届四中全会第二次全体会议上的讲话

▪▪ 任务一　创新开展村民议事协商 ▪▪

一、全过程人民民主与乡村治理

　　民主是全人类的共同价值，是中国共产党和中国人民始终不渝坚持的重要理念。我国宪法规定，中华人民共和国一切权力属于人民。全过程人民民主是我们党坚持以人民为中心、坚持从实际出发，带领人民在中国式现代化实践中探索开创的、真正适合中国国情的民主形式。习近平总书记在中共二十大报告中指出，发展全过程人民民主是中国式现代化的本质要求，强调"全过程人民民主是社会主义民主政治的本质属性，是最广泛、最真实、最管用的民主"。这一重大理论的提出，丰富和发展了社会主义民主政治理论，集中概括了党领导人民发展社会主义民主特别是中共十八大以来民主政治建设的理论和实践成果，深刻阐明了中国式民主的鲜明特色和显著优势，为新时代发展社会主义民主政治、建设社会主义政治文明提供了指引和遵循。

　　全过程人民民主不仅包括人民投票行使权利的过程，还涉及决策之前和决策过程中的协商过程、选举后的监督治理过程等，从而实现了民主选举、民主协商、民主决策、民主管理、民主监督等在内的全过程民主。

【拓展学习】

全过程人民民主之"全"

　　全过程人民民主之"全"的内涵应包括：一是民主的主体要"全"，必须将"全体人民"都纳入民主过程；二是参与的内容要"全"，人民尽可能参与国家政治社会生活方方面面的公共事务，大到国家的立法，小到邻里之间鸡毛蒜皮，都可以通过民主

的方式来加以解决；三是覆盖的范围要"全"，要构建民主选举、民主决策、民主管理和民主监督各个环节紧密联系、相互贯通的全链条民主；四是民主的流程要"全"，既要重视民主选举，也要重视选举后的治理，形成民主程序上的闭环。

在基层治理领域，"民主协商"在中共十九届四中全会上被充实进"民主选举、民主决策、民主管理、民主监督"的村民自治内涵，从"四个民主"到"五个民主"，进一步丰富完善了乡村治理，体现了城乡基层治理现代化的融合。

法律/政策导航

健全党组织领导的村民自治机制，完善村民（代表）会议制度，推进民主选举、民主协商、民主决策、民主管理、民主监督实践。

——中共中央办公厅、国务院办公厅《关于加强和改进乡村治理的指导意见》

加强农村群众性自治组织建设。完善农村民主选举、民主协商、民主决策、民主管理、民主监督制度。

——中共中央、国务院《乡村振兴战略规划（2018—2022 年）》

二、村民议事协商的规范和创新

村民议事协商是在本村范围内，相关利益主体基于平等、公正、公开和理性原则，积极主动进行议事协商和沟通交流，以取得共识、化解矛盾、维护各自权益的民主形式和过程，是村民自治的有效实现形式，也是一个倾听民声、征询民意、集中民智、发扬民主的过程，是党的群众路线在政治领域的重要体现，有利于统一思想、凝聚共识和辅助正确决策。

法律/政策导航

丰富村民议事协商形式。健全村级议事协商制度，形成民事民议、民事民办、民事民管的多层次基层协商格局。创新协商议事形式和活动载体，依托村民会议、村民代表会议、村民议事会、村民理事会、村民监事会等，鼓励农村开展村民说事、民情恳谈、百姓议事、妇女议事等各类协商活动。

——中共中央办公厅、国务院办公厅《关于加强和改进乡村治理的指导意见》

第一，健全村党组织领导的村级议事协商机制。坚持村党组织对议事协商的主导权，建立健全村党组织领导、村民委员会负责、各类协商主体共同参与的工作机制。落实民主集中制，规范议事协商程序和规则，加强村党组织对议事协商议题、方式、过程、成果运用等方面的引导。完善村民会议、村民代表会议议事规则，完善村"两委"联席会议制度，建立健全村民代表联系其推选户或者村民小组制度。

第二，规范议事协商内容。不少地方出台了村级议事协商目录，把涉及村民切身利益的重大事项和公共事务，包括村庄建设发展规划、基础设施建设、大额资金使用、集体财产处置等；涉及村民切身利益和合法权益的政策制定和调整；村民自治章程、村规民约的制定和修改；村民反映强烈、迫切要求解决的实际困难、问题和矛盾纠纷；党委、政府重要决策在乡村的落实；村级各类组织及村民代表等提出需要协商的事项，以及法律法规和政策明确要求议事协商的事项等，纳入村民议事协商的范围。当前，村民议事正从经济事项向化解矛盾纠纷、开展移风易俗、维护公共秩序等方面拓展。

第三，创新议事协商形式。建立健全村民小组、自然村自治机制，在村民小组、自然村经常性议事协商。在村党组织领导下，依托村民会议、村民代表会议、村民小组会议，以及村民议事会、村民理事会、村民监事会等，引导村民开展灵活多样的活动，搭建村民说事、民情恳谈、百姓议事、村民听证、民主评议、妇女议事等平台和载体。用好信息化手段，通过线上议事协商、现场议事协商或"线上＋线下"相结合方式，构建适应时代要求的议事协商机制。

案例 4－2－1

"一约四会"解民忧

湖南省郴州市汝城县各村利用村规民约、屋场会、互助会、理事会、履约评议会这"一约四会"，形成有事大家商、困难大家帮、村庄大家管的治理新格局。

屋场会议大事。坚持有事大家商量着办，采用屋场会的形式，村民们汇聚祠堂、屋场，村干部、人民调解员与群众一道共商大事，大家"当面锣、对面鼓"谈体会，梳理群众的操心事、烦心事，商议解决问题的办法，化解纷争。

互助会议好事。各村成立互助会，会长一般由有威信、热心公益的老党员担任，积极吸纳本村知名人士、经济能人、致富带头人、党员组长等自愿加入，对遇到困难的会员，互助会发动精准帮扶。

理事会议难事。推举德高望重的村民、热心公益事业的党员群众组成理事会，集思广益，共商共计，在管理村务大事难事方面发挥积极作用。

履约评议会建立"红黑榜"，对村民履行村规民约情况进行评定，带动比学赶帮超。

"和事堂"搭建村民议事六平台

山东省邹城市大庄二村实施村级议事协商"和事堂"品牌建设，依托儒家"以和为贵""民事不可缓也"思想，全力搭建6个议事协商平台：

一是"话匣子"。在村庄各街道路口设置村民意见箱，便于村民以匿名方式反映问题和提意见建议。二是喝茶室。设置固定的喝茶室，村干部轮流值班，每天下午3点至 5 点可邀村民单独喝茶"说事"，及时了解民情民意。三是议事厅。设立议事厅，针对村级重大事项，由村党组织制定清单、不定期组织召开村民议事协商会议。四是叙礼厅。与孟子讲堂、新时代文明实践中心相结合，邀请儒学大家来村授课，培育良好村风民风。五是"和事团"。根据网格划分，组织党员志愿者、便民服务志愿者、夕阳红志愿者、巾帼志愿者成立"和事团"，实现议事协商全方位、生活化、场景化和及时高效。六是线上办。通过微信、QQ 等网络平台，村民可以线上提意见建议，提高为民办事效率。

第四，拓宽村民议事协商的主体。参与议事协商的主体，一般包括村干部、党员代表、村民代表、村务监督委员会成员以及协商事项利益相关方。除此之外，可根据协商事项需要，灵活选择议事协商主体，邀请党代表、人大代表、政协委员、社会组织负责人等参加，构建多元参与的议事模式。对于事关村民利益的大事，要慎重考虑邀请人选，应选择无利益冲突的、有专业背景的第三方，并提前予以公示，在得到利益相关方认可后再启动议事协商机制，确保公开、公平、公正。拓展老党员、老干部等人员的参与渠道，保障外出务工人员参与权利。

案例 4-2-2

村民协商议事主体中的"+×"

在确定村民协商议事主体时，不少地方采用"+×"模式。如浙江省的"1+7+×"，"1"指村"两委"主要负责人；"7"指村"两委"成员、村务监督委员会代表、村民代表、各级政协或人大代表、社会组织代表、辖区单位经济组织代表、乡贤代表；"×"指非本村涉事的利益相关方代表、政府相关部门负责人、农村议事协商的专家学者、乡镇（街道）基层工作人员、法律界人士等可作为其他特邀议事协商者。

福建省晋江市实行"3+×"，"3"指驻村干部、村"两委"成员、利益相关方代表；对部分专业性较强的事项，设有"×"的流动席位，邀请能助力决策的群众代表和相关专业人士参与。该市西埔村为保留、开发本村一处红色革命旧址，拟用村里一块集体土地与该旧址的原户主置换。部分村民认为用集体土地置换，有损自己的利益，对村里的方案有抵触情绪。为解决好这个问题，村里采用"3+×"模式先后 3 次召开议事协商会，请镇村代表、亲历革命历史事件的 97 岁离休老干部、自然村村民代表、律师、省委党校观察员等 20 余人参加会议，由当事人讲述本村红色历史和保留旧址的重要意义，最终村民达成共识。

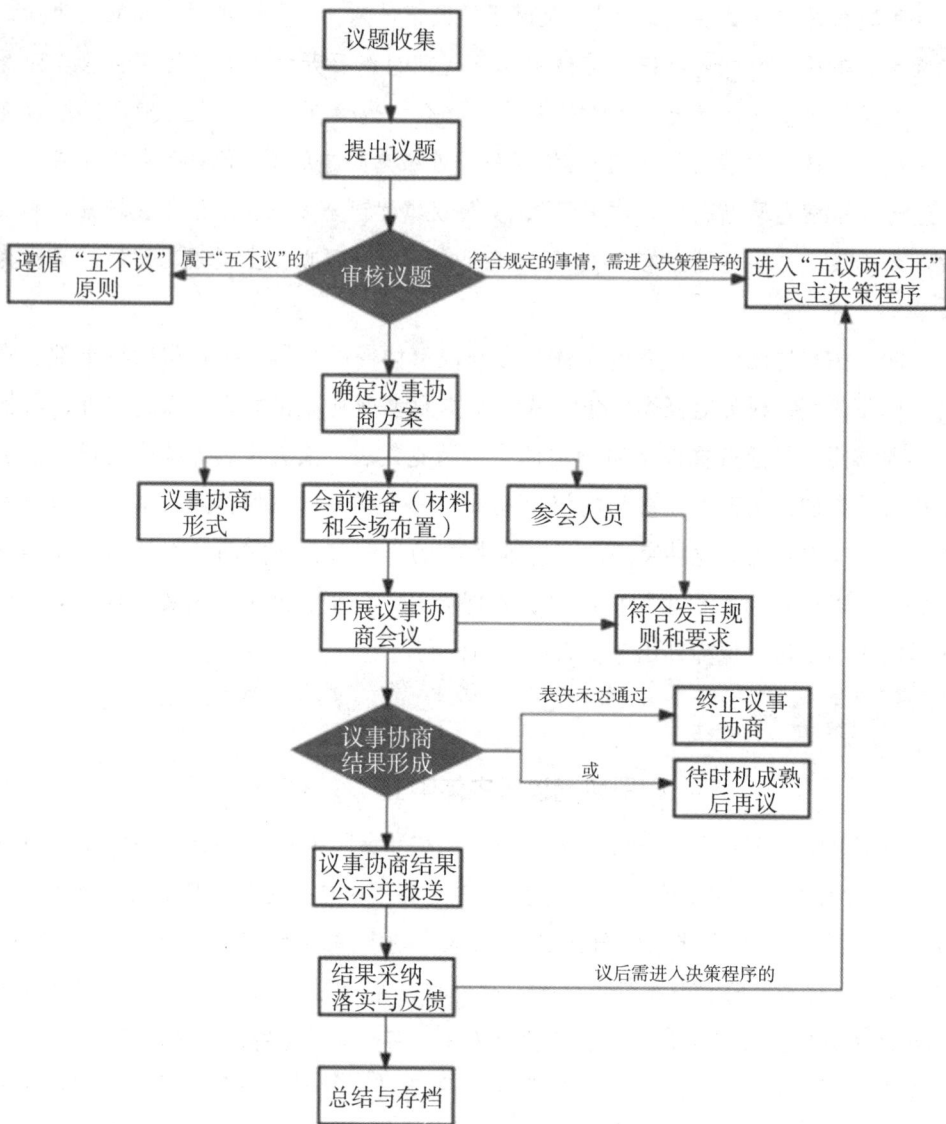

浙江省村级议事协商流程图

第五，运用议事协商成果。村民议事协商成果应记录归档、及时落实和反馈，村务监督委员会应对落实情况进行监督。对议事协商过程中持不同意见的村民做好解释说明工作。建立重大议事协商事项由村党组织向乡镇党委报告机制、议事协商难以解决的事项提交村"两委"有关会议讨论决策机制等。

议事协商拓宽了村民参与村级决策的路径，村民从"旁观者"到"参与者"，从"局外人"到"主人翁"，参与乡村治理的积极性提高、归属感增强，形成了村事民商、村事众议的基层群众自治氛围，为提升民主决策质量奠定了良好基础。

阅读与思考

参与改变理论

第二次世界大战期间，美国由于食品短缺，政府号召家庭主妇用动物内脏做菜。而当时美国人一般不喜欢以动物的内脏做菜。德国心理学家库尔特·勒温以此为题，用不同的活动方式对美国的家庭主妇进行了关于态度改变的实验。

他把被试者分成两组，一组为控制组，一组为实验组。对控制组，采取演讲的方式，亲自讲解猪、牛等内脏的营养价值、烹调方法、口味等，要求大家改变对杂碎的态度，将其作为日常食品，并赠送每人一份烹调食谱。

对实验组，勒温则要求她们开展讨论，共同议论杂碎做菜的营养价值、烹调方法和口味等，并且分析使用杂碎做菜可能遇到的困难，如丈夫不喜欢吃的问题、清洁的问题等，最后由营养学家指导每个人亲自烹调。

结果，控制组有3%的人采用杂碎做菜；实验组有32%的人采用杂碎做菜。

基于这一实验，勒温提出了"参与改变理论"，认为个体态度的改变依赖于在群体中参与活动的方式；人们更容易接受自己参与制定的改变，参与可以帮助人们更好地理解和支持变革。

思考：结合村民议事协商工作，想一想影响村民态度改变的因素有哪些。

任务二　落实村级民主决策

一、什么是决策

管理学中的决策，是指为了达到一定的目标，采用一定的科学方法和手段，从两个以上的可行方案中选择一个满意方案的分析判断过程。

决策是管理的核心问题，贯穿于整个管理过程的始终。管理学家西蒙指出："管理就是决策。"决策遵循满意原则而不是最优原则。根据不同标准和特征可对决策进行不同的分类，如根据决策主体不同，分为群体决策和个人决策；根据决策方法不同，分为经验决策和科学决策；根据决策内容不同、风险不同和时效性不同等进行其他分类。

二、科学决策、民主决策和依法决策

2019年4月国务院公布《重大行政决策程序暂行条例》，坚持科学决策、民主决策和依法决策是贯穿其中的一条红线。

科学决策，也称理性决策，是决策者凭借科学思维、利用科学手段和科学技术所进行的决策。科学决策要求先期进行研究论证，在深入调研、全面准确掌握有关信息、

充分协商协调的基础上拟订决策草案，同时开展专家论证、风险评估，建立决策后评估制度。

民主决策是人民当家作主和民主集中制的重要体现和要求，是遵循一定程序和原则，充分听取各方面意见，保障人民群众通过多种途径和形式参与决策。

依法决策要求按照法治思维和方式进行决策，严格遵守法定权限，依法履行法定程序，保证决策内容符合法律、法规和规章规定。这是法治国家、法治政府建设的必然要求。

三、村级民主决策的主要形式

村级民主决策，就是村民委员会在村党组织领导下，按照党的政策和国家的法律法规，将涉及村民利益的重要事情和村民共同关心的问题提交村民会议或村民代表会议等讨论，按多数村民的意见做出决定的行为和过程。

凡涉及与村民利益密切相关的事项，如村干部报酬、集体企业改制、集体举债、村集体资产处理、村办公益事业经费筹集方案，集体土地承包和租赁、宅基地使用、集体经济项目承包方案等，都要进行民主决策。

村民会议、村民代表会议和村民小组会议，是村级民主决策的基本组织形式。

（一）村民会议

村民会议由本村 18 周岁以上没有被剥夺政治权利的村民组成，是村级事务决策的最高形式。

村民会议由村民委员会召集。有 1/10 以上的村民或者 1/3 以上的村民代表提议，应当召开村民会议。

召开村民会议，应当有本村 18 周岁以上村民的过半数，或者本村 2/3 以上的户的代表参加，村民会议所做决定应当经到会人员的过半数通过。

村民会议有权审议村民委员会年度工作计划、财务收支和年度工作报告，评议村民委员会成员、村务监督委员会成员的工作；讨论决定本村经济和社会发展规划、年度计划；制定、修改村民自治章程、村规民约；撤销或者变更村民委员会或村民代表会议不适当的决定等。

村民会议所做决议由村民委员会负责落实。

（二）村民代表会议

村民代表会议由村民委员会成员和村民代表组成，村民代表应当占村民代表会议组成人员的 4/5 以上；妇女村民代表应占村民代表会议组成人员的 1/3 以上。

村民代表会议由村民委员会负责召集。有 1/5 以上的村民代表提议，应当召集村民代表会议。

村民代表会议应每季度召开一次。召开村民代表会议应当有 2/3 以上的组成人员参加，所做决定应当经参会人员的过半数通过。

村民代表会议讨论决定村民会议授权决议的事项，包括审议村民委员会的年度工作报告，评议村民委员会成员的工作，撤销或者变更村民委员会不适当的决定，以及《村民委员会组织法》第二十四条有关事项。

村民代表会议的权力来自村民会议，村民会议可以对村民代表会议做出的决议进行再次审议，并有权撤销或者变更村民代表会议不适当的决定，重新做出决定。

案例 4－2－3

村民甲与村民乙之间有一笔 300 万元的借款协议，因乙未能按期偿还，甲要求作为担保人的村民委员会代为偿还。经法院审理，该村曾通过村民代表会议决议，同意村民委员会签订《抵押担保合同》，用集体财产为乙的借款提供担保。但查询村民代表会议记录发现，当时签到的参会人员未达到《村民委员会组织法》规定的参会人数要求，无证据证明参会人员系由村民推选产生的村民代表，且会议记录的内容也不能反映出决议经到会人员过半数通过。

《村民委员会组织法》规定，涉及处分集体经济组织财产时，需经村民会议或经村民会议授权的村民代表会议讨论决定。用集体财产提供担保属于对集体财产的处分。《村民委员会组织法》亦明确规定，村民代表会议有 2/3 以上的组成人员参加方可召开，所做决定应当经到会人员的过半数同意。"因村民代表会议不符合法定要求，法院认定该抵押担保合同无效。

（三）村民小组会议

村民小组会议，应当有本村民小组 18 周岁以上的村民 2/3 以上，或者本村民小组 2/3 以上的户的代表参加。

村民小组所做决定应当经到会人员的过半数同意。

村民小组会议所做决定及实施情况应当及时向本村民小组的村民公布。

村民小组会议讨论决定属于村民小组的集体所有的土地、企业和其他财产的经营管理以及公益事项。

拓展学习

罗伯特议事规则

亨利·罗伯特毕业于美国西点军校，最后升任美国陆军准将。25 岁时他曾奉命主持地方教会的会议，结果参会者对会议议题的分歧很大，人们争吵不休，什么决议也未达成。他从此开始对议事规则进行研究，1876 年编纂成《议事规则》并被广泛接纳。其议事规则可概括为 12 条原则：

第一，动议中心原则：会议讨论内容应是一系列具体、明确、可操作的行动建议。先动议后讨论，无动议不讨论。

第二，机会均等原则：任何人发言前须得到主持人允许，先申请者优先，未发过言者优先。持不同意见的双方应轮流发言。

第三，限时限次原则：每人每次发言的时间、同一动议的发言次数都有限制。

第四，一时一件原则：发言不得偏离当前议题，一个动议处理完毕后才能引入另一个。

第五，主持中立原则：主持人按规则来裁判并执行程序，尽可能不发表意见也不表达倾向。

第六，立场明确原则：发言人应首先表明对当前待决动议的立场是赞成还是反对。

第七，发言完整原则：不能打断别人的发言。

第八，面对主持原则：发言要面对主持人，参会者之间不得直接辩论。

第九，遵守裁判原则：主持人应制止违反议事规则的行为并进行裁判。

第十，文明表达原则：辩论应就事论事，不得进行人身攻击，不得质疑他人动机和习惯或偏好。

第十一，充分辩论原则：表决须在讨论充分展开之后方可进行。

第十二，多数裁决原则：赞成票超过反对票，动议方能通过。

四、落实好"四议两公开"

"四议两公开"是党领导农村基层治理的有效方法，是村级民主决策的一种工作程序，是群众有序参与公共事务的基层自治之路。2018年11月26日召开的中共中央政治局会议在审议《中国共产党农村基层组织工作条例》时强调，凡是农村的重要事项和重大问题都要经党组织研究讨论，村级重大事项决策实行"四议两公开"，加强村务监督。

▶ 法律/政策导航

村级重大事项决策实行"四议两公开"，即村党组织提议、村"两委"会议商议、党员大会审议、村民会议或者村民代表会议决议，决议公开、实施结果公开。

——《中国共产党农村基层组织工作条例》

（一）"四议两公开"的发展历程

"四议两公开"发端于河南省邓州市，又称"4+2"工作法。2004年，为有效处理村级事务、妥善解决矛盾问题，南阳邓州市探索性地提出了"四议两公开"工作法，2005年在邓州市推行，成功解决了一大批村级"疑难杂症"，得到了群众的广泛认可和支持。2006年，"4+2"工作法在南阳市推广。

2009 年，时任中共中央政治局常委、中央书记处书记、国家副主席的习近平在河南考察调研时，对"4＋2"工作法给予肯定，随后做出重要批示，要求加以完善并在更大范围内推广。同年，"4＋2"工作法被正式命名为"四议两公开"。

此后，"四议两公开"工作法在深化拓展、规范执行上积极探索，在全国范围内深入实施，多次被写入中央一号文件。2019 年，"四议两公开"作为村级重大事项决策的工作机制，被写入《中国共产党农村基层组织工作条例》和《中国共产党农村工作条例》，成为党内法规的重要组成部分。

随着农村经济社会发展和互联网技术的应用，"四议两公开"也在应用范围、操作程序、运行方式等方面不断创新、持续完善。由于它强化了党对基层的全面领导，健全了村级党内民主，保障了村民自治机制，确保了村级决策的民主和公开，增进了组织公信，汇聚了民心民力，所以始终保持强大生命力。

2021 年 5 月 13 日，习近平总书记在南阳考察时指出，要发挥好基层党组织的作用和党员干部的作用，落实好"四议两公开"，完善村级治理，团结带领群众向着共同富裕的目标稳步前行。

（二）"四议两公开"的组织实施

"四议两公开"针对的是村级重大事项决策；"四议"即村党组织提议、村"两委"会议商议、党员大会审议、村民会议或者村民代表会议决议；"两公开"即决议公开、实施结果公开。

1. 村党组织提议

村党组织对本村重大事项及关系村民切身利益的重要问题，在广泛听取意见、认真调查论证的基础上，集体研究提出初步意见和方案。这一环节需注意征求意见的广泛性和论证的科学性。

2. 村"两委"会议商议

村党组织书记召集并主持"两委"班子会议，就提议事项充分讨论和发表意见。可采取举手、无记名投票等方式表决，按照少数服从多数原则形成商议意见。实施这一环节需注意，会前要提前告知议题，便于"两委"成员酝酿、调研、思考；会上可根据项目具体情况邀请专业人士参加。村"两委"会商议的最终成果，是制定高质量的备选方案供决议时讨论。

拓展学习

高质量编制村庄规划，是推进乡村振兴的第一步。如何编制高质量方案？2024 年2 月自然资源部、中央农村工作领导小组办公室《关于学习运用"千万工程"经验提高村庄规划编制质量和实效的通知》提出，"采取农民喜闻乐见的形式，讲清编制'多规合一'的实用性村庄规划的意义和主要内容。要有效发挥村级组织作用，动员村民参与村庄规划编制，引导农村致富带头人、新型农业经营主体、外出务工经商人员等献计献策，增强村庄规划的针对性和可实施性"，"要严格落实村级事务民主决策程序，做好村民讨论、方案比选、方案公示等工作，保障村民知情权、参与权、决策权、监督权"。

案例 4-2-4

某村"两委"为村庄长远发展，提出要对村民老旧住宅进行改造的动议。村"两委"班子用了两年时间，学习考察其他村的改造方案，学习党和国家最新政策，摸清群众思想症结，反复修改完善形成某村旧村改造及土地使用投资参股收益实施方案。村里大大小小的会开了 30 多次，进行了耐心细致的解释工作。因为前期工作做得充分，所以民主决策过程很顺利。群众说，看了方案就能明白，村里对他们的眼前利益和长远利益，比他们自己想得还周到合理。

3. 党员大会审议

村党组织书记主持召开全村党员大会，将"两委"班子商议通过的事项提交会议审议，与会人员应当经过充分讨论，党组织综合讨论意见形成审议意见。

实施这一环节需注意，会前要把方案送交党员，在党员中充分酝酿并征求村民意见；会中的表决必须有半数以上有表决权的党员到会方可进行，赞成人数超过应到会有表决权的党员的半数为通过；会后要认真吸纳党员的意见建议，对方案修订完善。

法律/政策导航

村、社区重要事项以及与群众利益密切相关的事项，必须经过党支部党员大会讨论。

——《中国共产党支部工作条例（试行)》

健全村级重要事项、重大问题由村党组织研究讨论机制，全面落实"四议两公开"。

——中共中央办公厅、国务院办公厅《关于加强和改进乡村治理的指导意见》

党的农村基层组织领导班子应当贯彻党的民主集中制，认真执行集体领导和个人分工负责相结合的制度。凡属重要问题，必须经过集体讨论决定，不允许个人或者少数人说了算。

——《中国共产党农村基层组织工作条例》

4. 村民会议或村民代表会议决议

党员大会审议通过的事项，应当在村党组织领导下，依照有关法律法规规定，在村党组织领导下，召集村民代表会议或村民会议讨论表决。

这一环节是民主决策的重要环节，实施中需注意，会前要告知参会人员拟决议事项的内容，必要时可先召开预备会介绍相关情况，不开无准备之会；会中要把握好会议规则和进程；会后要做好对决议事项的宣传以及对持不同意见者的解释工作。

未经村民会议或村民代表会议讨论决定，任何组织或个人擅自以集体名义借贷、变更与处置村集体的土地、企业、设备、设施等，均为无效，村民有权拒绝，造成的损失由责任人承担，构成违纪的给予党纪政纪处分，涉嫌犯罪的移交司法机关依法处理。

拓展学习

会议主持人的会场职责

在决策型会议中，会议主持人组织和管理会议的能力，对于会议的成功具有重要作用。主持人在会中应当做到：

控制会议进程，保证会议严格按照议程进行。一次会议时间不宜太长，安排议程时应留出足够的讨论发言时间，当会议中出现较大争议导致时间拖延时应加以控制；出现跑题时应加以提醒并引回话题；参会者提出议程以外的话题时，可记录下来，以后另找时间解决。

营造宽松平等、积极参与的会议气氛。发生激烈争辩时注意控制双方情绪，避免过火言行；平等对待每一个参会者，给每个人发表观点的机会，尊重、鼓励不同意见，对态度专横企图对其他参会者施加影响，或者随意打断别人谈话的，要做出必要反应或提醒其注意自己行为。

要保证有议有决。会议做出决策后要明确指定专人负责并制定简单的实施计划，达不成一致意见的也要明确指出下步解决思路。

5. 决议公开

村民会议或村民代表会议决议通过的事项，要进行公告。

实施这一环节，要注意采用适宜的公开形式，如公开栏书面形式公开、网上线上公开。可设立征求意见箱或热线电话，深入征求意见建议，进一步完善决议事项和实施方案。

6. 实施结果公开

决议事项在村党组织领导下由村民委员会组织实施，实施进程和结果及时向全体村民公布。

实施这一环节，要注意公示内容的翔实、准确、全面；村务监督委员会要审核审查实施结果；对于群众意见要及时答复处理。

五、民主决策形式的创新

"四议两公开"在推广实践中不断创新、发展和完善，进一步与数字化治理融合，各地因地制宜、与时俱进，在坚持党的领导和保障群众民主权利的前提下，出现了"一提二审三通过"的"简化版"、"六议两公开""五议三公开"等"拓展版"，以及线上运行新机制等，"广场夜谈""板凳议事""解忧茶话"等形式轻松、互动性强的议事活动不断创新开展，群众参与村级事务的积极性提高，进一步提升民主决策水平，推动基层群众自治更加充满生机和活力。

案例 4-2-5

"六议两公开"创新民事民议路径

山西省阳泉市郊区在"四议两公开"基础上增加"动议"和"民议"两个环节，"六议两公开"工作法确保村民对村级重大事务的全程参与和决策。他们在村级重大事项"提议"前增加"动议"环节，由乡镇党委、政府指导村里对动议进行风险评估，严把"法律""政策""民意"三道关，前期充分酝酿讨论，解决村干部办事提议"随心所欲"的问题，确保议题依法合规、有广泛民意基础。在村民会议或村民代表会议"决议"前，增加"民议"环节，由村民代表入户广泛征求村民意见，解决部分村民代表不代表民意的问题。同时，实施村级事务阳光工程，坚持实施过程、决议结果"双公开"，利用网络信息平台等丰富公开形式，保障村民知情权，增强了村民对村务工作的信任和满意度。

邓小平说过："实际上群众参与的事情，即使遇到困难，即使有的搞错了，他们也能忍受，很少埋怨；相反，实行命令主义，搞对了群众也不满意。"村级民主决策提高了村民参与议事的积极性，提高了对村庄事务的关心和责任意识，也提高了决策的精准度和执行性，为乡村振兴增添了发展动力。

阅读与思考

如何开好党委会

《党委会的工作方法》是毛泽东同志 1949 年 3 月在中国共产党第七届中央委员会第二次全体会议上所作结论的一部分，蕴含着科学的工作方法和高超的领导艺术。以下为摘选。

一、党委书记要善于当"班长"。……书记、副书记如果不注意向自己的"一班人"作宣传工作和组织工作，不善于处理自己和委员之间的关系，不去研究怎样把会议开好，就很难把这"一班人"指挥好。

三、"互通情报"。就是说，党委各委员之间要把彼此知道的情况互相通知、互相交流。这对于取得共同的语言是很重要的。

四、不懂得和不了解的东西要问下级，不要轻易表示赞成或反对。……对正确的意见，必须听，并且照它做。……对下面来的错误意见也要听，根本不听是不对的；不过听了而不照它做，并且要给以批评。

八、"安民告示"。开会要事先通知，像出安民告示一样，让大家知道要讨论什么问题，解决什么问题，并且早作准备。……如果没有准备，就不要急于开会。

思考：根据以上材料，说一说召开党委会之前要做哪些准备工作，对于我们开好村级各类会议有什么启示。

如何对待决策中的少数人意见

民主决策从过程来说，要充分发扬民主，广泛征求各方面意见，集思广益；从结果来说，决策方案要代表大多数人的意见，符合大多数人的利益。但在特殊情况下，可能存在多数人意见不正确、少数人意见正确的情况，如果简单地"少数服从多数"，可能导致决策错误。物理学家丁肇中说过："科学是多数服从少数的，专家评审制度并不是绝对有用的，因为专家评审依据的是现在的知识，而创新和发现是颠覆现在的知识。"列宁也曾说过，真理往往掌握在少数人手中。

思考：在决策过程中，如何对待少数人的意见？

项目三 完善村级民主监督

要加强对权力运行的制约和监督，让人民监督权力，让权力在阳光下运行，把权力关进制度的笼子。

——2017 年 10 月 18 日，习近平在中国共产党第十九次全国代表大会上的报告

任务一 建立村务监督机构

一、正确认识村务监督的意义

村级民主监督是指村民通过一定的形式，监督村中重大事务，监督村民委员会工作和村干部行为。村级民主监督的形式主要有村务公开、民主评议村委会干部、村委会报告工作和罢免等。

在村民自治中，民主监督贯穿于民主选举、民主决策、民主管理等全过程，是推动乡村治理、保障村民利益、规范村级小微权力、遏制村干部腐败的重要手段和机制。

【拓展学习】

关于"权力"的名人名言

没有监督的权力必然导致腐败，这是一条铁律。

——习近平

人有权力就会膨胀。

——罗素（英）

一切有权力的人都容易滥用权力，这是万古不易的一条经验。有权力的人们使用权力一直到遇有边界的地方方才休止。

——孟德斯鸠（法）

权力导致腐败，绝对权力导致绝对腐败。

——阿克顿（英）

权力是一把双刃剑。习近平总书记说："把权力关进制度的笼子里，就是要依法设定权力、规范权力、制约权力、监督权力。"要保证权力的正确行使，必须对权力实施监督。在广大乡村，村级组织和村干部的权力，一般被称作"村级小微权力"，但权力

看似微小，却连着民生，关系人心向背。

强化村级事务监督，把权力置于监督之下，对从源头上遏制村民群众身边的不正之风和腐败问题、促进农村和谐稳定，具有重要作用。村民委员会成员要正确认识监督的意义，把监督视为最大的爱护，建立健全村级监督机制，切实保障村民群众合法权益和村集体利益，促进村级事务公开、公平、公正。

二、村务监督制度的由来

村务监督委员会发源地是浙江省武义县后陈村。2003 年之前，因村务不公开、财务管理混乱，村民对于征地款等问题由质疑到举报上访，先后两任村支书受到党纪处理。村民日益增强的民主意识和权利保障需求与约束村干部权力的制度和机制缺乏之间的矛盾日益加深。

2003 年 11 月，新一任村支部书记经过村情调查，萌发了组建财务村务监督小组独立行使村务监督权、审查并每月公开村里财务账目的想法。

后陈村财务村务监督小组受到村民欢迎，也很快引起县里重视，武义县委于 2004 年 4 月在后陈村推出"完善村务公开、民主管理"试点，将监督小组升格为独立于党支部和村委会的村务监督委员会，草拟了村务管理和村务监督两个制度。在县委、街道党工委等多方合力推动下，2004 年 6 月 18 日，后陈村挂上了新中国第一块村务监督委员会的牌子。

2005 年 6 月 17 日，时任浙江省委书记的习近平深入后陈村调研，他指出："没有监督的权力，肯定会趋向腐败，这不是人的问题，而是制度的问题。这里，确实有不断完善农村基层组织监督机制的问题。"他勉励后陈要继续深化和完善这一做法，为全省提供有益的经验。

2007 年 6 月，"后陈经验"获得全国村务公开民主管理协调小组授予的"全国村务公开民主管理制度创新奖"。2010 年修订《村民委员会组织法》时，将村务监督委员会作为我国村级民主监督的一项重要制度写进法律固定下来。"后陈经验"从"治村之计"上升为"治国之策"。

后陈村没有停止自我完善和创新，先后 4 次修改《后陈村村务管理制度》和《后陈村村务监督制度》。同时，监督的手段、范畴和方式也在不断地调整和优化，多渠道公开确保村民便捷获取相关信息。

武义县也不断完善监督流程，出台村务监督"20 条"，聚焦村务重点领域和关键环节，梳理村级事务高频流程 32 条，既能按图索骥、规范办事，也便于按图溯源、全程监督。在"一肩挑"后村级权力趋于集中的背景下，构建纪检监察、第一书记、村务监督委员会和村民群众监督的"四位一体"监督体系，2021 年开发建设了"后陈经验"村级事务数字化工作平台，实现村务事项全部线上审批流转、发现问题自动预警。

村务监督委员会制度，延伸拓展了党和国家的监督体系，构建起"权力受约束、村务全公开、群众好监督、自我能纠偏"的源头治理体系，打造了村级民主全链条闭环，成为新时代乡村治理生动的实践经验与参照样本。

三、建立健全村务监督机构

《村民委员会组织法》明确要求，村应当建立村务监督委员会或者其他形式的村务监督机构。村务监督委员会在村党组织领导下，对村民会议或村民代表会议负责、代表村民行使监督权。

（一）人员组成

村务监督委员会一般由 3 至 5 人组成。设主任 1 名，提倡由非村民委员会成员的村党组织班子成员或党员担任主任，原则上不由村党组织书记兼任主任。村务监督委员会成员由村民会议或村民代表会议在村民中推选产生。

村务监督委员会成员要有较好的思想政治素质，遵纪守法、公道正派、坚持原则、敢于担当、群众公认，具有一定政策水平和依法办事能力，热心为村民服务，其中应有具备财会、管理知识的人员。

根据回避制度，村民委员会成员及其近亲属、村会计（村报账员）、村文书、村集体经济组织负责人不得担任村务监督委员会成员。

任何组织和个人不得指定、委派村务监督委员会成员。

案例 4-3-1

让"刺头"来监督

山东省济宁市任城区长沟镇南薛村凭借优越的地理位置吸引了不少企业来此落户，带来了可观的集体收入。然而，由于财务不透明、村务管理混乱，村干部被质疑"雁过拔毛"，村民经常上访。2007 年，薛凤军当选村支书，决心改变这一状况。他意识到，要让村民真正信任并参与到村务管理中来，必须让那些对村委班子不满、敢于直言的"刺头"村民参与进来。因此，他特别设立了一个群众理财小组，后来成为村务监督委员会，成员均让换届选举时明确没有投票选他的村民来担任。这些村民在小组中发挥了积极的监督作用，每笔财务开支都需经过他们严格审核。"有他们来监督，不仅能防止村干部犯错误，还对我们的工作提出了更高的要求，爱挑刺的村民都说没事了，这才说明工作真做好了。"账务公开了、村民心气顺了，南薛村实现了从"问题村"到"示范村"的华丽转身。

（二）职责权限

村务监督委员会负责对村务、财务管理等情况进行监督，受理和收集村民有关意见建议。村务监督委员会及其成员有以下权利：

第一，知情权。列席村民委员会、村民小组、村民代表会议和村"两委"联席会议等，了解掌握情况。

第二，质询权。对村民反映强烈的村务、财务问题进行质询，并请有关方面向村民做出说明。

第三，审核权。对民主理财和村务公开等制度落实情况进行审核。

第四，建议权。向村"两委"提出村务管理建议，必要时可向乡镇党委和政府提出建议。不直接参与具体村务的决策和管理，不干预村"两委"日常工作。

第五，主持民主评议权。村民会议或村民代表会议对村民委员会成员以及由村民或村集体承担误工补贴的聘用人员履行职责情况进行民主评议，由村务监督委员会主持。

（三）监督内容

村务监督委员会针对村务决策是否按照规定程序进行和村务公开情况、村级财产管理情况、村工程项目建设情况、惠农政策措施落实情况、农村精神文明建设情况和其他应监督事项实施监督。

（四）工作方式

第一，收集意见。根据上级党委和政府部署的重点工作和村级决定的重大事项，通过接待来访、上门走访等形式广泛收集意见建议，确定监督事项。

第二，提出建议。围绕监督事项，及时向村党组织和村民委员会反映收集到的意见，提出工作建议。

第三，监督落实。对监督事项进行全程监督，及时发现并纠正存在的问题。对发现的涉嫌贪腐谋私、侵害群众利益等违纪违法问题，及时向村党组织、乡镇党委和政府及纪检监察机关报告。

第四，通报反馈。通过公开栏、召开会议、个别沟通等形式，及时通报反馈监督结果。

法律/政策导航

村务监督委员会一般应每季度召开一次例会，梳理总结、研究安排村务监督工作；每半年向村党组织汇报一次村务监督情况，村党组织要认真听取村务监督委员会的意见；每年向村民会议或村民代表会议报告一次工作，由村民会议或村民代表会议对村务监督委员会及其成员进行民主评议。

——中共中央办公厅、国务院办公厅《关于建立健全村务监督委员会的指导意见》

案例 4-3-2

村务监督月例会：让群众明白　给干部清白

为赢得群众理解和支持，湖南省永州市香零山村2017年9月首次召开村务监督月例会，把项目全过程、所有开支向村民展示，群众事让群众明白，也是给干部一个清白。自此，所有村务对村民公开的村务监督月例会坚持下来，2019年3月，"进化"成党务村务民主协商监督月例会，除了财务公开，还把村里的重大项目、公益事业及村民关心的热点难点问题共同协商、集体决定。

2021年7月进入"3.0版本"，探索出"云直播"模式，让村民不管是在哪里，都能对村里的大小事情进行监督、决议。探索出会前"三到位"、会中"七步走"、会后"三跟进"工作方法，即会前通知到位、走访沟通到位、直播调试到位，充分了解民意；会中传达精神、收集意见、通报情况、报告收支、表决签字、听取建议、党群互动，融合民智；会后跟进建立问题台账、跟进台账问题处置、跟进线上线下公示，确保取得实效。

四、强化村务监督委员会与基层纪检监察组织有效衔接

2023年1月召开的二十届中央纪委二次全会强调，推动完善基层监督体系，统筹用好县乡监督力量，促进基层纪检监察组织和村务监督委员会有效衔接，构建基层公权力大数据监督平台，畅通群众监督渠道，健全基层监督网络。

为加强村务监督委员会与镇级纪检监察组织的衔接，不少地方推行村务监督委员会主任担任村级纪检委员的做法。村务监督委员会要进一步完善与镇级纪检监察组织的沟通协作，主动报送村务监督工作开展情况，形成党政监督与村级民主监督的监督合力；要严格按照工作职责对村务监督事项进行全程监督，及时发现并督促纠正存在的问题；监督中发现涉嫌贪腐、侵害群众利益等违法违纪问题，要及时向村党组织、乡镇党委和政府及镇级纪检监察组织报告，规范做好问题线索移送工作。

案例 4-3-3

把监督"探头"延伸到群众身边

重庆市北碚区将村（居）监察监督员、村（居）纪检委员、村（居）务监督委员会成员等相关的监督职责、监督对象、监督事项进行整合，组建村（居）廉洁工作站，由廉洁工作站对所在村（居）的监督工作统一安排、统一组织，实现了基层监督人员整合、力量聚集。他们在村（社区）"两委"换届之际，将政治素质好的党员推荐为村党支部纪检委员人选，并由村纪检委员兼任村务监督委员会主任和廉情监督员。对村里的工程项目决策过程、公示公开、物资采购等实现了全过程监督，对于监督过程

中发现的疑难复杂事项还可以灵活进行人员调配，推动全面从严治党向村（居）延伸和基层小微权力规范行使。

阅读与思考

阳光是最好的防腐剂

阳光是最好的防腐剂。马克思、恩格斯说过：一切公职人员必须"在公众监督之下进行工作"，这样"能可靠地防止人们去追求升官发财"和"追求自己的特殊利益"。

从查处的腐败案件看，权力不论大小，只要不受制约和监督，都可能被滥用。

要强化制约，合理分解权力，科学配置权力，不同性质的权力由不同部门、单位、个人行使，形成科学的权力结构和运行机制。

要强化监督，着力改进对领导干部特别是一把手行使权力的监督，加强领导班子内部监督，加强行政监察、审计监督、巡视监督。

要强化公开，推行地方各级政府及其工作部门权力清单制度，依法公开权力运行流程，让权力在阳光下运行，让广大干部群众在公开中监督，保证权力正确行使。

思考：领导干部应怎样正确对待监督？

任务二　规范实施村务公开

一、什么是村务公开

《村民委员会组织法》规定，村民委员会实行村务公开制度。村务公开，就是村级组织把涉及村民切身利益、本村经济社会发展以及村民普遍关心的其他事项，按照规定的时间、形式、程序和标准予以公布，接受村民监督。

村务公开是民主监督的重要形式。各地大力推进村务公开"阳光工程"建设，切实保障村民的知情权、决策权、参与权和监督权，充分激发基层治理活力。

二、村务公开的事项范围

《村民委员会组织法》第三十条规定了村民委员会应当及时公布的事项范围。根据当前实际，一般可综合为三类：

第一，村级政务公开事项。主要是指由上级政府、职能部门下达的，由村民委员会协助办理、管理的涉及村民利益的各项事务。一般包括各级党委和政府支农惠农政策以及国家其他补贴农民、支持村集体的政策落实情况等。

第二，村级财务公开事项。这是村务公开的重点，主要包括征地补偿费的使用及分配、村集体经济所得收入及使用、村干部报酬、村集体资产和资源处置情况、村集体债权债务、村内"一事一议"筹资筹劳，以及社会各界支持农村建设项目、资金及其使用情况等。

第三，村民自治事务公开事项。主要是指涉及全体村民利益、要由村民议论决定、属于村民自治范围内的事务。

法律法规规定的其他应公开事项，以及1/10以上村民或者1/5以上村民代表联名要求公开的事项，应纳入公开内容。

各地对村务公开事项的分类略有不同，如《山东省村务公开指导目录》将其分为制度类、事务类、财务类三类，《江苏省村务公开目录》分为政务公示、村务公示、财务公示和服务公示四类。

三、村务公开的时间

根据《村民委员会组织法》，一般事项至少每季度公布一次；集体财务往来较多的，收支情况应当每月公布一次；涉及村民利益的重大事项应当随时公布、及时公开。有些事项如村"两委"年度工作目标等，可实行全年长期公示。

四、村务公开的程序

村务公开一般按照以下程序进行：

第一，由村民委员会依法提出村务公开的具体方案，涉及农村集体经济组织的，要征得农村集体经济组织同意。

第二，村务监督委员会对具体方案进行审查并提出意见。

第三，召开村"两委"联席会议，讨论确定公开方案。

第四，村民委员会对公开方案确定的内容按照规定形式和时间予以公布。

五、村务公开的形式

村务公开形式目前仍以公开栏公开为主。应在村民居住相对集中、便于观看的地方设置村务公开栏，采用醒目、简明、易懂、好记、便于群众了解和监督的形式进行公开。

有条件的地方可利用LED显示屏、广播、电视、发放"明白纸"等形式进行公开。

支持通过"互联网+"公开模式，充分利用微信群、阳光村务平台等多种形式，推进村务即时公开。

提倡采用村干部和农民群众直接沟通对话、村民点题公开等行之有效的形式，保障群众知情权。需要全体村民同知的重大村务事项，要在村民会议或者村民代表会议上公布。

村民委员会管辖多个自然村的，应当通过适当方式分别在各自然村（村民小组）

公开。

案例 4-3-4

村务公开从"背靠背"到"面对面"

山东省济宁市将每年 1 月 5 日和 7 月 5 日定为村务公开"民主日"。在这天，各村都召开村民代表会议，村民委员会主任向村民代表会议报告工作情况，村会计逐笔汇报财务收支，村务监督委员会就村财务收支情况和村务公开情况做评价和说明，群众有意见现场提、有疑问当场说，村"两委"成员现场答复。之后，村民代表就村"两委"提出的有关重大村务进行表决，村民代表对村"两委"成员工作情况进行民主测评。"面对面"双向互动交流的村务公开赢得群众信任。

湖南省麻阳苗族自治县杨柳坡村每半年由村"两委"组织召开院落会，村各类资金和项目现场逐笔公开，通过现场质询、现场答疑、民主评议等流程，让村民由被动"看"转变为主动"听、问、查、评"，以群众"看得懂、看得到、喜欢看"为目标，打破了传统的"公开栏"模式，通过"互联网+监督"平台、党员代表会议、院落会等形式，实现公开形式多样化，搭建起监督、投诉、沟通三大平台。

六、对村务公开不及时、不真实的处理

村民委员会应当保证所公布事项的真实性，并接受村民的查询。

村民委员会不及时公布应当公布的事项或者公布的事项不真实的，村民有权向乡镇政府或者县级政府及其有关主管部门反映。

有关人民政府或者主管部门应当负责调查核实，责令村民委员会依法公布。经查证确有违法行为的，有关人员应当依法承担责任。

七、村级档案管理

村级档案是指村党组织、村民委员会、村集体经济组织等在党组织建设、村民自治、生产经营等活动中形成的具有保存价值的文字、图表、音像等不同形式和载体的历史记录。这些历史记录，充分反映了农村经济社会文化发展的各个方面，对于维护农村社会稳定、保障农民知情权监督权等合法权益、保留和整理乡村历史文化等具有重要作用。

2018 年 1 月 1 日国家档案局、民政部、农业部联合公布实施的《村级档案管理办法》，对村级档案的收集、整理、保管、鉴定、利用等工作进行了规范。

（一）村级档案的收集和保管

村级档案一般包括文书、基建项目、设施设备、会计、音像、实物等类别。

《村民委员会组织法》规定，建立村务档案的责任主体是村民委员会和村务监督机构。村级组织应当指定专人负责档案的收集、管理和提供利用。档案管理人员应当具

有良好的政治素质，遵纪守法，忠于职守，具备相应的档案管理知识，并经过一定的业务培训，掌握档案管理基本知识和基本技能。

有条件的村应当设立专用档案柜和档案库房集中管理档案。档案库房应当采取防火、防盗、防水（潮）、防光、防尘、防磁、防高温、防有害生物等措施。无条件的村应设专柜保管，档案柜架应牢固耐用，具有防火、防盗、防尘、防虫鼠等功能。各类档案盒（卷皮）应当符合档案保护的要求。不具备档案安全保管条件的，应当将档案交由乡镇档案机构代为保管，村级组织可以保存档案目录、数字化成果等检索工具以方便利用。村档案室应积极推进信息化建设，配备必要的设施设备和档案管理软件，建立电子目录和全文数据库，逐步实现档案的信息网络共享。

案例 4-3-5

乡村档案事业的坚守人

山东省济宁邹城市田石滩村有一间专门的档案室，里面整齐地存放着 1976 年以来 2 000 多卷村务档案，有文字资料也有影音资料，记录着国家大事，也记录着村里的小事。它们都是村会计、档案管理员田友杰 40 多年不断记录、整理归档的结果。

1976 年，高中毕业的田友杰回村任会计。作为村里为数不多的文化人，他开始主动收集整理各种资料。从村庄生产和分配的原始记录，到 1990 年开始建立的村民档案，他坚持手记、油印、装订编辑入档。2011 年，村里设立了档案室，他自学电脑知识，将村务档案各类影像资料转变成了电子档案。

档案资料在解决村务和化解矛盾中发挥了重要作用，成为村两委的"高参"、村民的"判官"。两户村民因宅基地排水沟问题发生纠纷，田友杰搬出档案中记录的宅基地划分明细，双方定分止争达成和解；承包户对多年来面积变更和承包金的交纳持怀疑态度，经查找档案而心服口服。约 200 万字的各类档案内容丰富、管理规范、查找便利，田友杰被村民亲切地称为乡村"百度人"。

（二）村级档案的开发和利用

村里应建立档案查阅利用制度，为村各类组织及其成员、村民提供服务。查阅档案要遵守利用规定、履行查阅手续，不得有涂改、损毁、调换、抽取档案等行为。

档案管理人员应围绕村中心工作或村级组织和村民的利用需求，加强档案信息资源的开发利用，积极开展档案编研工作，如编写村史、村志、大事记等。

案例 4-3-6

用档案说话

2017 年 12 月 12 日，习近平总书记来到江苏省徐州市贾汪区马庄村，走进村里的村史馆，看图片、看资料、看实物，充分肯定了马庄村的发展。2017 年初，马庄在原有村级档案工作基础上，历时半年对村档案进行了规范化、制度化、科学化的整理，除了档案室存放的纸质卷宗、实物档案，还对部分文书、照片、声像档案进行了数字化处理，为展现马庄"文化兴村"发展历程保存了珍贵史料。马庄还投入 100 余万元对 500 平方米村史馆进行了改造提升，精选了 4 500 余件文书档案、资料、照片和实物等进行布展，从中提炼出马庄大事记、班子沿革等历史脉络，全方位展现村党建工作、文化活动、经济成果、对外交流，成为展示乡村文化、保留乡村记忆和宣传乡村建设成就的重要窗口。

法律/政策导航

销毁已达到保管期限的档案时，应当成立档案鉴定工作小组及时进行鉴定。

鉴定工作小组由村级档案管理人员和形成档案的村级组织的人员（或者村民代表）组成，鉴定后应当形成档案鉴定报告。对失去保存价值的档案，应当清点核对并编制档案销毁清册，经过必要的审批手续后按照规定销毁。

禁止擅自销毁档案。村级档案销毁清册应当永久保存。

——国家档案局、民政部、农业部《村级档案管理办法》

（三）村级档案的监督作用

完整、真实、规范的村级档案，使村里各项工作有了历史记录和真凭实据，增强了村务活动的透明度，对于解决村民纠纷、维护各方合法权益、强化民主监督、规范村干部行为起到重要作用。

《浙江省〈村级档案管理办法〉实施意见》规定：村党组织、村民委员会、村集体经济组织和村务监督委员会，应将档案的查阅利用列为村党务、村（社）务、财务公开的重要内容；村级组织换届时，应当履行档案交接手续。这种档案查阅和交接机制本身，就对村干部形成了一种良性的监督制约机制。

阅读与思考

跳出历史周期率的"两个答案"

1945 年 7 月，黄炎培与毛泽东在延安窑洞里进行了一场经典的对话。黄炎培说："我生 60 多年，耳闻的不说，所亲眼看到的，真所谓'其兴也淳焉'，'其亡也忽焉'，一人，一家，一团体，一地方，乃至一国，不少单位都没有能跳出这周期率的支配力。大凡初时聚精会神，没有一事不用心，没有一人不卖力，也许那时艰难困苦，只有从万死中觅取一生。既而环境渐渐好转了，精神也就渐渐放下了。……一部历史，'政怠宦成'的也有，'人亡政息'的也有，'求荣取辱'的也有。总之没有能跳出这周期率。中共诸君从过去到现在，我略略了解的，就是希望找到一条新路，来跳出这周期率的支配。"毛泽东回答："我们已经找到新路，我们能跳出这周期率。这条新路，就是民主。只有让人民来监督政府，政府才不敢松懈。只有人人起来负责，才不会人亡政息。"这是中国共产党对跳出历史周期率的第一次历史性回答。

2021年11月，在中共十九届六中全会第二次全体会议上，习近平总书记指出："我们党历史这么长、规模这么大、执政这么久，如何跳出治乱兴衰的历史周期率？毛泽东同志在延安的窑洞里给出了第一个答案，这就是'只有让人民来监督政府，政府才不敢松懈'。""经过百年奋斗特别是党的十八大以来新的实践，我们党又给出了第二个答案，这就是自我革命。"

思考：中国共产党跳出历史周期率的"两个答案"有什么内在联系？

模块五　推进法治乡村建设

学习目标

1. 了解乡村法治建设的主要内容；
2. 会开展乡村法治教育、培育乡村法治文化；
3. 熟悉村规民约制定要求，会起草和修改村规民约；
4. 了解"枫桥经验"的内涵和新时代"枫桥经验"的创新实践；
5. 会开展矛盾纠纷调处化解工作；
6. 了解平安乡村建设的主要内容。

任务描述

　　向阳村接到通知，全市今年继续深入开展"民主法治示范村（社区）"创建活动，择优推荐和打造省级、国家级民主法治示范村（社区）。村"两委"认真研读文件，对照《"全国民主法治示范村（社区）"建设指导标准》查找短板，制定整改和创建计划。其中，村规民约的制定和修改要程序完整、内容合法、符合实际、执行规范一条，感觉还需要完善。村里原有的村规民约挂在墙上，究竟如何制定的、有哪些内容条款，村"两委"成员也说不上来。如何制定一个务实又管用的村规民约呢？

项目一　推进乡村依法治理

任务一　加强宣传教育培育法治文化

　　加强法治乡村建设是实施乡村振兴战略、推进全面依法治国的基础性工作。

　　——2020年2月，习近平在中央全面依法治国委员会第三次会议上的讲话

一、法治乡村建设的目标意义

法治是提升乡村治理水平的重要支撑和保证。中共十八大以来，党和国家高度重视法治乡村建设在乡村治理中的重要地位和作用，《中共中央国务院关于实施乡村振兴战略的意见》《乡村振兴战略规划（2018—2022年）》和中共中央办公厅、国务院办公厅《关于加强和改进乡村治理的指导意见》提出法治乡村建设的目标和任务，2020年3月中央全面依法治国委员会印发了《关于加强法治乡村建设的意见》，《乡村振兴促进法》和近年中央一号文件都对推进法治乡村建设做出安排部署，要求加强党对法治乡村建设的领导，坚持以社会主义核心价值观为引领，着力推进乡村依法治理，教育引导农村干部群众办事依法、遇事找法、解决问题用法、化解矛盾靠法，促进法治与自治、德治相结合，走出中国特色社会主义法治乡村之路。

法律/政策导航

到2035年，乡村法治可信赖、权利有保障、义务必履行、道德得遵守，乡风文明达到新高度，乡村社会和谐稳定开创新局面，乡村治理体系和治理能力基本实现现代化，法治乡村基本建成。

——中央全面依法治国委员会《关于加强法治乡村建设的意见》

法治乡村建设是一项系统工程，包括完善涉农领域立法、规范涉农行政执法、强化乡村司法保障、加强乡村法治宣传教育、完善乡村公共法律服务、健全乡村矛盾纠纷化解和平安建设机制等内容，需要多部门统筹协作。同时，乡村法治与自治、德治相互交融、密不可分，法治乡村建设必须建立在村级组织健全完善、基层民主规范有序的基础上。本部分内容主要基于村级法治建设领域。

二、加强乡村法治宣传教育

乡村法治建设，要加大普法力度。要深入宣传习近平总书记全面依法治国新理念、新思想、新战略，大力宣传宪法法律和党内法规，广泛宣传土地承包、婚姻家庭、赡养继承、生态保护、道路交通安全、劳动保障、农产品质量安全、民间纠纷调解等与群众生产生活密切相关的法律法规，及时宣传解读新出台的重要法律法规和农业农村法律法规。

根据"谁执法谁普法"责任制，普法的主体可以是上级司法部门、农业部门等，也可以是村级组织。村"两委"成员和党员要带头学法守法，传播法治理念，引导基层干部和群众办事依法、遇事找法、解决问题用法、化解矛盾靠法，不断提升法治素养。

法律/政策导航

加大以案普法、以案释法力度，深入宣传与农民群众密切相关的法律法规，推动形成"办事依法、遇事找法"的行为自觉。充分利用"12·4"国家宪法日、宪法宣传周等时间节点和农贸会、庙会等，组织开展法治宣传教育活动，促进农民群众"学法、信法、用法"。推动法治文化与民俗文化、乡土文化的有机融合，创作具有乡土文化特色、群众喜闻乐见的法治文化作品，助力开展群众性法治文化活动，积极推进法治乡村建设。

——《最高人民法院关于为全面推进乡村振兴加快农业农村现代化提供司法服务和保障的意见》

三、建好法治宣传教育阵地

农村法治宣传教育基地是集中各类法治资源对基层干部和农民群众深入开展法治宣传教育的阵地。2023 年 9 月农业农村部办公厅印发《农村法治宣传教育基地建设指引》，要求以符合当地经济社会发展水平、方便农民群众就近学法为原则，因地制宜，充分利用现有新时代文明实践中心（所、站）、农村文化礼堂、法治文化广场、农家书屋、法治驿站等基层党建或公共文化设施，依托农业企业、农民专业合作社、家庭农场等新型农业经营主体，建设农村法治宣传教育基地。基地应具备橱窗、公告栏、电子显示屏等基本设施，有条件的可配备智能化服务设备，运用新技术、新媒体开展精准普法，满足多样化法律服务需求，为农民群众创造良好的学法条件。

四、培育乡村法治文化

要积极挖掘和传承中华优秀传统文化，推动乡村法治文化与优秀传统法律文化、乡土文化的有机融合，厚植法治乡村建设的历史文化根基。创编具有乡村文化特色、群众喜闻乐见的法治文化作品，开展以案释法、法治文艺演出、法治讲座以及书画、摄影等形式多样的法治宣传教育，提高普法针对性和有效性。

拓展学习

《农村法治宣传教育基地建设指引》中提出：开展法治宣传教育的内容载体，要能够充分运用典故、格言、警句、漫画、故事等多种形式，图文、视频、实物、模型、互动体验等多种手段，普及法律知识，传播法治观念，弘扬法治文化。能够通过以案普法、以案释法，发挥典型案例引领法治风尚的积极作用。能够在传承和谐共生乡土文化中挖掘优秀传统法律文化并促进其创造性转化、创新性发展。

开展群众性法治文化活动，要推动法治文化与农耕文化、民俗文化融合发展，深入挖掘村规民约、乡风民俗中蕴含的优秀法治观念，组织编写、创作具有乡土文化特色、农耕农趣农味、群众喜闻乐见的法治文化作品。围绕关系农民群众切身利益的重要法律问题，采用快板、相声、小品、戏剧等多种形式，讲述发生在农民群众身边的学法用法故事。因地制宜组织开展法治文艺巡演乡村行、以案释法和学法用法故事宣讲、法律知识竞赛、法治书画展览、播放法治微电影等群众性法治文化活动。

▪▪ 任务二　建设乡村法治人才队伍 ▪▪

一、高度重视乡村法治人才培养

法治乡村建设，关键在人。中共中央办公厅、国务院办公厅《关于加快推进乡村人才振兴的意见》把农村法律人才队伍建设纳入乡村治理人才队伍建设框架中，列举了五类农村法律人才的培养。村级组织必须把人才培养放在乡村法治建设的首要位置，与上级有关部门和社会力量加强协作，不断健全工作机制和激励机制，努力建设一支懂法律、爱农村的乡村法治人才队伍，提升法治人才服务乡村振兴的积极性。

法律/政策导航

加强农村法律人才队伍建设。加强农业综合行政执法人才队伍建设，加大执法人员培训力度，完善工资待遇和职业保障政策，培养通专结合、一专多能执法人才。推动公共法律服务力量下沉，通过招录、聘用、政府购买服务、发展志愿者队伍等方式，充实乡镇司法所公共法律服务人才队伍，加强乡村法律服务人才培训。以村干部、村妇联执委、人民调解员、网格员、村民小组长、退役军人等为重点，加快培育"法律明白人"。培育农村学法用法示范户，构建农业综合行政执法人员与农村学法用法示范户的密切联结机制。提高乡村人民调解员队伍专业化水平，有序推进在农村"五老"人员中选聘人民调解员。完善和落实"一村一法律顾问"制度。

　　——中共中央办公厅、国务院办公厅《关于加快推进乡村人才振兴的意见》

二、大力培养本土乡村法治人才

本土乡村法治人才，主要包括"法治带头人"和"法律明白人"、农村"学法守法示范户"、乡村人民调解员、法律顾问等。他们在宣传政策法规、引导法律服务、化解矛盾纠纷、参与社会治理中发挥了重要作用。

（一）培养"法治带头人"和"法律明白人"

2020年3月，中央全面依法治国委员会印发《关于加强法治乡村建设的意见》，明确提出重点培育一批以村"两委"班子成员、人民调解员、网格员、村民小组长等为重点的"法治带头人"。

2021年11月，中央宣传部、司法部、民政部、农业农村部、国家乡村振兴局、全国普法办公室联合印发《乡村"法律明白人"培养工作规范（试行）》，提出"法律明白人"是指具有较好法治素养和一定法律知识，积极参与法治实践，能发挥示范带头作用的村民；要求到 2025 年，每个行政村至少培养 3 名"法律明白人"。

拓展学习

2021 年 8 月 19 日山东省委全面依法治省委员会办公室、山东省司法厅印发《山东省乡村"法治带头人""法律明白人"培养工作指引》，明确规定了"法治带头人"和"法律明白人"的职责。

"法治带头人"要积极投身法治乡村建设，参与谋划制定并推动落实本村（社区）法治建设总体规划和年度计划，准确掌握、反映群众法律需求，深入开展以案释法、以案普法，积极组织参与"民主法治示范村（社区）"创建，等等。

"法律明白人"要学习宣传习近平新时代中国特色社会主义思想、习近平法治思想、以宪法为核心的中国特色社会主义法律体系，突出宣传民法典、与"三农"相关的法律法规知识，主动参与农村矛盾纠纷预防排查和疏导化解工作，学习宣传推广法律服务、法律援助知识等工作。

案例 5－1－1

法治乡村建设的"领跑员"

山东省曲阜市齐李村为发展集体经济，投资兴建大棚种植西瓜。因缺乏经验，购买的苗子质量较差，多次与卖苗子的商户联系，可对方始终推脱不来处理。村"法治带头人"牛中兴第一时间搜集证据，查找法律依据，积极与经销商沟通协商，最终经销商同意赔偿，减少了村集体和村民的经济损失。

滨州市双堠村的"法治带头人"赵福升每日 8 时准时坐在村民委员会广播室，用带着家乡味儿的普通话开播，通过乡村"大喇叭"开展普法宣传："咱双堠村的村民注意啦，今天咱们拉拉这个反电诈，你可别让手机上发的那些投资少、收入大的信息忽悠了，可别接他们电话，这是电信诈骗……"他用通俗易懂的语言，将枯燥的法律条文转换成"家长里短"，村里干织网手工活的群众边听开播边唠嗑，不知不觉中提高了法治意识。

（二）培育农村学法用法示范户

为解决农村法治基础、法治环境比较薄弱，群众学法积极性不高，运用法治思维和法治方法处理矛盾问题能力不强等问题，2021 年 7 月，农业农村部、司法部联合印发《培育农村学法用法示范户实施方案》，旨在培育一批有引领带动作用的示范户，带动广大群众学法用法，提升法治素养、增强依法治村能力。

法律/政策导航

农村学法用法示范户应当具备下列基本条件：

拥护党的领导，热爱祖国，维护宪法法律权威，自觉尊法学法守法用法，自觉践行社会主义核心价值观；

家庭主要成员了解公民的基本权利、义务，熟悉与农民生产生活密切相关的宪法、民法典等公共法律知识，以及乡村振兴促进法、农业法、农村土地承包法、农民专业合作社法、农产品质量安全法、种子法等主要农业农村法律法规；

能够自觉运用法治的方式参与社会经济活动，依法维护合法权益；

能够带动本村及周边农民群众提高法治意识，帮助指导解决法律问题；

积极协助并主动参与矛盾纠纷劝导、化解工作，防止矛盾激化、纠纷升级，维护基层社会和谐稳定。

——农业农村部、司法部《培育农村学法用法示范户实施方案》

培育农村学法用法示范户，主要采取四方面措施：一是开展农民学法用法培训；二是开展执法机构与示范户"结对子"活动；三是建设一批农村法治教育基地；四是加强典型引领带动。力争实现到 2025 年农村学法用法示范户覆盖每个行政村，2035 年每村学法用法示范户数量和效果都符合当地法治工作要求。

（三）建设乡村人民调解员队伍

人民调解是一项具有中国特色的社会主义法律制度，在推进基层治理现代化进程中具有重要基础性作用。《全国民主法治示范村（社区）建设指导标准》要求，所有村（社区）人民调解委员会至少配备一名专职人民调解员。2023 年 9 月最高人民法院、司法部联合印发《关于充分发挥人民调解基础性作用 推进诉源治理的意见》明确，加强基层矛盾纠纷化解，完善覆盖县乡村组的人民调解组织网络。

不少省市建立了专职村（居）人民调解员制度，并通过从农村"五老"（老干部、老战士、老专家、老教师、老模范）中选聘矛盾纠纷调解员，不断壮大乡村调解员队伍数量，发挥各类人员优势，有力促进了家庭、社会和谐稳定。

（四）发挥村（居）法律顾问帮带作用

为提升乡村法治建设水平，中央全面依法治国委员会《关于加强法治乡村建设的意见》提出健全乡村公共法律服务体系，落实一村一法律顾问制度；《中共中央国务院关于加强基层治理体系和治理能力现代化建设的意见》要求完善基层公共法律服务体系，加强和规范村（居）法律顾问工作；《乡村振兴促进法》鼓励乡镇人民政府根据需要设立法律顾问和公职律师，鼓励有条件的地方在村民委员会建立公共法律服务工作室；《全国民主法治示范村（社区）建设指导标准》要求全国民主法治示范村（社区）应建有功能完备、设施健全的公共法律服务工作室、人民调解室，配有至少一名村法律顾问、一名专职人民调解员。

2023 年 12 月，司法部、全国普法办部署在全国集中开展"1 名村（居）法律顾问＋N 名法律明白人"行动，旨在把村（居）法律顾问的专业优势和"法律明白人"的乡土优势结合起来，为农村基层组织和人民群众处理涉法事务提供专业优质、便捷精准的法律服务，形成推动基层依法治理整体合力。截至目前，除少数边远乡村外，村（居）法律顾问工作基本实现了全覆盖。

案例 5-1-2

结对共建提高素养

河北省承德市大龙庙村是个回迁村，大部分村民住在回迁楼小区，个别村民拒绝交纳物业费，村"两委"多次协调无果。村里的"法律明白人"王某第一时间联系村法律顾问孙某，两人一同登门向有异议的村民普及相关法律知识，说明可能承担的后果，村民主动交纳了物业费，全村物业费收缴工作难题迎刃而解。把村（居）法律顾问的专业优势与"法律明白人"人熟、地熟、事熟的乡土优势充分结合起来，形成合力，是有效解决基层问题的一个关键。

重庆组建村（居）顾问律师库，优选擅长赡养继承、婚姻家庭、民间借贷、征地拆迁等常见法律问题的专家律师入库，与"法律明白人"分类配对，提供业务指导。青海开展"律师送政策送法律进基层"巡回宣讲活动，向"法律明白人"普及常用法律法规和国家政策。通过村（居）法律顾问在实践中"传帮带"，不断提升"法律明白人"的专业素养和培养质量。

阅读与思考

习近平总书记指出，"我国是个人情社会，人们的社会联系广泛，上下级、亲戚朋友、老战友、老同事、老同学关系比较融洽，逢事喜欢讲个熟门熟道，但如果人情介入了法律和权力领域，就会带来问题，甚至带来严重问题"，要引导群众遇事找法、解决问题靠法，逐步改变社会上那种遇事不是找法而是找人的现象。

贵州省认真谋划"1 名村（居）法律顾问＋N 名法律明白人"行动，推动村（居）法律顾问和"法律明白人"合作机制有效建立，村（居）法律顾问和"法律明白人"发挥各自优势，主动参与矛盾纠纷排查化解，既能给村民讲清法律和道理，又能善用乡情、亲情、友情的资源，让矛盾纠纷调解不仅依法、理性，更添了不少人情味。

思考：结合乡村法治建设，说一说你对上述段落的理解。

项目二 制定与实施村规民约

要加强农村精神文明建设，加强法治教育，推进移风易俗，引导农民办事依法、遇事找法、解决问题用法、化解矛盾靠法，自觉遵守村规民约。

——2022年12月，习近平在中央农村工作会议上的讲话

任务一　做好村规民约制修订工作准备

一、什么是村规民约

2018年，民政部、中央组织部、中央政法委、中央文明办、司法部、农业农村部、全国妇联《关于做好村规民约和居民公约工作的指导意见》提出，"村规民约、居民公约是村（居）民进行自我管理、自我服务、自我教育、自我监督的行为规范，是引导基层群众践行社会主义核心价值观的有效途径，是健全和创新党组织领导下自治、法治、德治相结合的现代基层社会治理机制的重要形式。"

也就是说，村规民约本质上是一种行为规范。村规民约不是法，它是宪法和《村民委员会组织法》授权村级组织制定并实施的村级民主管理制度。它介于法律和道德之间，是法律的有效补充，比法律更接地气，主要是利用舆论和道德的力量，来规范村民行为、维护乡风文明、促进乡村善治。

二、回看历史上的村规民约

村规民约在我国历史上曾被称为"乡约"，意思是"乡里公约"，具有悠久的历史。乡约源于传统中国农耕社会的生产生活。人们的生存依赖于土地、束缚于土地，势必形成一种生产互助、合作互济的人际关系。在互助过程中，由民间自发产生形成了各自独特的行为规则和道德规范，在形式上既有刻诸碑石的乡约、家训，也有口口相传的民间习惯，其主要目的是维护乡村社会和宗族的日常秩序，成为古代乡治的重要依据。

社会学家、农村社会学开拓者之一杨开道研究认为，乡约最早出现于北宋熙宁九年（1076年），陕西蓝田的吕氏兄弟创制并推行的《吕氏乡约》是我国古代第一个成文乡约，至今已有近千年历史；"乡约真是中国文化的产物"，是"中国古代先贤建设乡村的一种理想，一种试验"，《吕氏乡约》是"中华民族破天荒的第一次民约"。蓝

田的吕大钧四兄弟深受儒家经世致用思想影响，以"躬行礼义""变化风俗"为己任，起草制定乡约，乡民可自愿自由加入，其内容包括"德业相劝、过失相规、礼俗相交、患难相恤"四款，涵盖道德、文化、经济、社会各方面的内容，还包括处罚方式、聚会、主事等相关制度，意图构建民风淳厚、关系和谐、秩序稳定的乡村社会。明代教育家冯从吾赞扬说：自从《吕氏乡约》在关中推行以后，"关中风俗为之一变"。

明清时期，统治者开始借助于国家力量推行乡约，明朝思想家王阳明颁行的《南赣乡约》就规定村民必须全部参加，吕坤施行的《乡甲约》把乡约与保甲合而为一，乡约的推行得到更强有力的保证。清代重视乡约制度，各地三番五次颁布乡约圣谕，严令各地奉行，乡约已成为官府自上而下宣讲教化和推行其统治的政治工具。

拓展学习

《吕氏乡约》之"患难相恤"条款

患难之事七，一曰水火。小则遣人救之，甚则亲往，多率人救且吊之。二曰盗贼。近者同力追捕，有力者为告之官司，其家贫则为之助出募赏。三曰疾病。小则遣人问之，甚则为访医药，贫则助其养疾之费。四曰死丧。阙人则助其干办，乏财赙赠借贷。五曰孤弱。孤遗无依者，若能自赡则为之处理。稽其出内，或闻于官司，或择近亲，与邻里可托者主之，无令人欺罔。可教者为择人教之，及为求婚姻。贫者叶力济之，无令失所。若有侵欺之者，众人力为之辨理。若稍长而放逸不检，亦防察约束之，无令陷于不义。六曰诬枉。有为人诬枉过恶，不能自伸者，势可以闻于官府，则为言之；有方略可以救解，则为解之；或其家因而失所者，众共以财济之。七曰贫乏。有安贫守分，而生计大不足者，众以财济之，或为之假贷置产，以岁月偿之。

参考译文：

患难之事分七类：一为水火之灾。小灾则派人施救，大灾则亲自前往，多率人员救急，并进行慰问。二为遭遇盗贼。居住近的要同心协力围捕，力量不足则告诉同约乡邻，以及报于官府，尽力提防抓捕。三为感染疾病。小病则派人慰问，严重则亲为访医求药。家贫没有资财，则助以养病花费。四为死亡丧葬。缺人干事，则前往相助；缺少资财，则送办丧事财礼，以及给予借贷和吊丧慰问。五为遗孤幼龄。幼失父母的无依孤儿，若其家中尚有钱财，可以生活自给，则为之安排处理。或告知官府，或择近亲邻里可托付的人，为其作主，不让人欺侮哄骗。可教诲的应择人教学，以及为其求婚结姻。若家无钱财，不能自给生存，则合力周济，不让其流离失所。若为他人所欺，应同众人协力，与其经办处理。若年龄稍长而生活放任，不够检点，亦应防范督察，予以约束，不能令其陷于不义。六为遭遇诬枉。有人被诬谤冤枉，过错恶行不能自己申诉，其情势可告于官府，则应为代言。有方法策略可以化解，则为其排解。若其家因此而失去安身之所,众人应以财物相济。七曰贫困乏财。有人安于贫困,且信守本分,而生计大有不足,众人应以财物相济。或可为其借贷置产,以后按年逐月偿还。

三、了解当代村规民约

古代的乡约制度,为中华人民共和国成立以后的乡村治理提供了宝贵的文化渊源和历史借鉴。1980 年,在中华人民共和国第一个村民委员会诞生地——广西宜山县合寨村,也产生了第一部由村民议定的村规民约。1980 年 7 月 14 日,合寨果作村 85 户农民签字按手印,通过了"村规民约"和"封山公约",内容包括严禁赌博、不准盗窃等。之后,当地治安得到明显好转,维护了正常的乡村社会生活秩序。

拓展学习

中华人民共和国第一个由村民议定的村规民约——
果作村村规民约（1980 年）

一、必须提高思想觉悟,认真体会安定团结的重要意义。

二、严禁赌博,不准在私宅、村里开设赌场,违者罚款 10 元。

三、为了保苗夺丰收,严禁放猪,违者罚款 5 角,并给予赔偿损失处理。

四、维护正常的娱乐活动,不准在村内、村附近对唱山歌,违者罚款每人 10 元。

五、不准在路边、田边、井边挖鸭虫,受损失的罚工修补。

六、不准盗窃,违者按件加倍赔偿并罚款 5 元,情节严重者,上报上级处理。

七、捡拾东西,拿回交给村委,归还原主。

八、不准在泉边、河边大便,不准在上游洗衣、洗头梳发,晾晒蚊帐、床单等污染东西。

九、讲卫生光荣,不讲卫生可耻,自觉做到码头经常冲洗,保护清洁。

1982 年村民自治被写进宪法,1988 年 6 月《中华人民共和国村民委员会组织法（试行）》开始施行。1990 年,合寨村民委员会在村规民约的基础上,围绕社会治安、村风民俗、财务管理等六个方面,制定了具有约束力、较规范的《合寨村村民自治章程》,此后全国各地村民委员会纷纷建立自治章程,并称之为村里的"小宪法"。随着村民自治的推进,村务公开制度、村民会议制度、村民代表会议制度、村级财务管理制度等也在一些乡村产生。1998 年 11 月,《村民委员会组织法》正式施行,首次对村规民约的制定做出法律规定。

法律/政策导航

《村民委员会组织法》第二十七条:村民会议可以制定和修改村民自治章程、村规民约，并报乡、民族乡、镇的人民政府备案。村民自治章程、村规民约以及村民会议或者村民代表会议的决定不得与宪法、法律、法规和国家的政策相抵触，不得有侵犯村民的人身权利、民主权利和合法财产权利的内容。村民自治章程、村规民约以及村民会议或者村民代表会议的决定违反前款规定的，由乡、民族乡、镇的人民政府责令改正。

中共十八大以来，以习近平同志为核心的党中央高度重视村规民约的作用。中共十九大确立乡村振兴战略后，村规民约迎来新的历史发展阶段。2018 年 12 月民政部、中央组织部、中央政法委、中央文明办、司法部、农业农村部、全国妇联《关于做好村规民约和居民公约工作的指导意见》要求全国所有村、社区普遍制定或修订形成务实管用的村规民约、居民公约。习近平总书记 2022 年 3 月 6 日看望参加全国政协十三届五次会议的农业界、社会福利和社会保障界委员时强调，"必须强化农村基层党组织建设，重视农民思想道德教育，重视法治建设，健全乡村治理体系，深化村民自治实践，有效发挥村规民约、家教家风作用，培育文明乡风、良好家风、淳朴民风"。

▌法律/政策导航▐

坚持疏堵结合、标本兼治，创新移风易俗抓手载体，发挥村民自治作用，强化村规民约激励约束功能，持续推进高额彩礼、大操大办、散埋乱葬等突出问题综合治理。

——《中共中央国务院关于学习运用"千村示范、万村整治"工程经验有力有效推进乡村全面振兴的意见》

随着经济社会的快速发展，有些村庄传统道德规范、公序良俗失效，不孝父母、不管子女、不守婚则、不睦邻里等现象增多，红白喜事盲目攀比、大操大办等陈规陋习依然存在。乡风文明成为乡村振兴的紧迫任务，重点是弘扬社会主义核心价值观，保护和传承农村优秀传统文化，加强农村公共文化建设，开展移风易俗，改善农民精神风貌，提高乡村社会文明程度。

"没有规矩不成方圆"，村规民约作为一个村庄最重要的"规矩"，立足于本村实际，以协商、教育、警示和约束等手段来推进村里的大事小情，既有利于实现对党委、政府要求的贯彻落实，也能够在协调乡村社会关系、约束村民社会行为、保障基层群众利益、弘扬文明乡风等方面发挥引领作用，已经成为一种有效的基层治理方式和推动乡村振兴的重要抓手。

▌拓展学习▐

分粥的故事

哲学家罗尔斯在《正义论》中讲了一个分粥的故事。

7个人住在一起，每天共食一锅粥，人多粥少，如何做到公平分配呢？他们对不同的方法进行了实验：

方法一：指定一个人分粥。很快大家就发现，这个人为自己分的粥最多，于是换了人，但结果总是主持分粥的人碗里的粥最多最好。

方法二：大家轮流主持分粥，每人一天。虽然看起来平等了，但是几乎每周下来，他们只有一天是饱的，就是自己分粥的那一天。

方法三：推选出一个人来分粥。开始这位品德尚属上乘的人还能公平分粥，但没多久他就开始为自己和溜须拍马的人多分。

方法四：选举一个分粥委员会和一个监督委员会，形成监督和制约。公平基本做到了，可是等两个委员会互相扯皮下来，粥早就凉了。

方法五：每人轮流值日分粥，分粥的人要等到其他人都挑完后取最后一碗。采用此办法后，7只碗里的粥每次都几乎一样多了。

启示：不同的制度，不同的结果。科学、民主、公正、高效的制度是管理的基础。

思考：第五种分粥方法蕴含了哪些管理内涵？

四、建立工作组织

根据《村民委员会组织法》，村民委员会是村规民约制定或修订工作的责任主体，在乡镇（街道）指导下开展工作。村党组织、村民委员会应共同商议，成立起草小组，由村民委员会负责人牵头，广泛吸纳村"两委"成员、村民代表、法律顾问、专家学者等多方面人才参与，讨论起草村规民约文本，并全程接受村务监督委员会监督。

思考：本村村规民约起草小组应该由哪些人组成？

任务二 制定村规民约

一、掌握基本原则

村规民约在制定过程中要坚持遵循以下原则：

第一，党的领导。村党组织要全程主持村规民约的制定或修订工作，加强领导和把关，确保正确方向。

第二，合法合规。村规民约的内容不得违背宪法和法律精神，不得侵犯国家、集体利益和群众合法权益。

▎法律/政策导航▏

《村民委员会组织法》第二十七条第二款：村民自治章程、村规民约以及村民会议或者村民代表会议的决定不得与宪法、法律、法规和国家的政策相抵触，不得有侵犯村民的人身权利、民主权利和合法财产权利的内容。

第三，发扬民主。村规民约制定和修订要广泛征求意见，按程序召开村民会议，集中群众意见，最大限度体现全体村民意愿。

第四，价值引领。村规民约要践行社会主义核心价值观，弘扬中华民族传统美德和时代新风。

第五，因地制宜。村规民约要充分考虑本地风俗习惯、历史文化、物质条件和村情民情等因素，从实际情况出发，做到与村庄生产生活相适应、通俗易懂、简便易行，体现村域特色。

案例5-2-1

下寨村的"土味"村规

云南省普洱市下寨村以养殖、种植为主，村民日常使用方言。该村村规民约用通俗方言写成，别具一格。原文如下：

第一条：没有共产党就没有新中国，我们要爱党，跟党走，爱家乡爱集体。第二条：公家叫做呢事赶紧做，有什么事情么先跟村干部跟领导说，不要来一来就一大窝呢闹，问题解决不了还违法。第三条：寨子是大家呢，每个月1号那天叫打扫卫生么，家家动着点，老实忙呢一家来一个就得啦，半亩三分田的寨子每个月扫扫就不会脏了，不来么开会被点名批评害羞呢，还得交50块么更是划不着。第四条：不管在家还是出克，火么不要乱烧，电么不要乱摸，嘞个水塘塘么不要得不得克跳，单个生命要认得爱惜。第五条：有病么要克医院瞧，装神弄鬼要不得，法轮功不要练，封建迷信活动不消信。第六条：红白喜事么节约点，铺张浪费么划不着。姑娘儿子到年纪再结婚，两口子么要好好过，小娃娃么不要来不来就砸，单个呢爹妈要好好领。第七条：小组开会么跑着点，单个呢利益要发言呢，有什么会上说，不要背后叽里咕噜嚼舌根影响团结嘞，不克开会么有什么好处都革人家拿克，单个还憨包撸粗呢瞧电视，第二天想想一个星期早点钱又不有了。第八条：不是单个呢东西不要克拿，看见瞧着呢东西不要眼红，不要克砸，不然抓着么害羞喃。第九条：一个寨子呢人么和和气气呢，啊个酒喝不得少喝些，喝喝一个瞧不着一个，整克整来又要干架；大家在一起就是缘分喃，哪家有事么克帮着点。第十条：集体捏东西不要克占用，公共设施、文化活动室大家要认得爱护。第十一条：水头林大家打伙保护好，不要乱砍乱伐乱建。第十二条：这个是大家一起讨论出来捏，以后就这种做了，一个监督一个点。这种我们寨子才会好过呐！

可简译为：1. 坚持党的领导；2. 积极参与村务；3. 勤打扫卫生；4. 预防火灾，不要玩水；5. 不封建迷信；6. 红白喜事不铺张，婚姻好好经营，孩子好好管教；7. 积极讨论村务；8. 不要偷东西；9. 少喝酒，邻里互相帮助；10. 爱护集体设施；11. 不乱砍滥伐；12. 总结呼吁。

二、遵循法定程序

村规民约的制定一般应经过以下几个步骤：

第一，征集民意。村"两委"可通过书面、墙报、微信平台、座谈会、实地走访等多种形式，广泛征求群众意见，提出需要规范的内容和解决的问题。

第二，拟定草案。村"两委"就提出的问题和事项，组织群众广泛协商，根据群众意见拟定草案，同时听取驻村干部、法律顾问等意见建议。

第三，提请审核。村"两委"将修改完善后形成的村规民约（送审稿）报乡镇（街道），由乡镇（街道）对其合法性进行审核把关。

拓展学习

浙江省《村规民约制修订工作规范》规定，对村规民约合法性审查时，重点审查以下内容：第一，是否符合国家法律法规和政策；第二，是否侵犯村民的人身权利、民主权利和合法财产权利等；第三，是否有罚款等超越村规民约权限范围的规定；第四，是否存在其他违法情形。

第四，审议表决。村"两委"根据乡镇（街道）审核意见，进一步修改完善村规民约，形成表决稿，提交村民会议表决通过。表决应遵循《村民委员会组织法》相关规定，有 2/3 户代表参加或过半数有选举权村民参加，过半数同意方可通过。未根据审核意见改正的村规民约不应提交村民会议审议表决。

第五，备案公布。村党组织、村民委员会应于村民会议表决通过后 10 日内，将村规民约报乡镇（街道）备案。备案时应附有相关表决及说明材料。经乡镇（街道）备案后，由村民委员会通过村公开栏等形式予以公布，让群众广泛知晓。

案例 5-2-2

制定村规民约的"中江经验"

四川省中江县制定村规民约的程序，一个经验是"三上三下"，即村规民约起草过程中反复三次征求意见、三次整理修改：村起草小组拟出初稿，交由村民进行讨论研究，经协调一致后形成草案，报乡镇审查，审查合格后由村民会议进行表决，表决通过后公布施行。另一经验是"六步工作法"，即村规民约的制定实施要经过"强化领导监督、广泛宣传动员、精心组织起草、反复征求意见、依法表决备案、认真组织实施"六个步骤。"中江经验"体现了充分尊重民意、发挥群众主体作用，形成了"我参与、我制订、我签字、我遵守"的良好氛围。

村规民约的修订工作参照制定程序，也要由村民会议审议通过。修订中要特别注意剔除原先有损其合法性的内容，并与时俱进更新内容。

案例 5－2－3

聚焦发展新需求修订村规民约

浙江省衢州市上洋村 1992 年至 2021 年，村规民约历经了 10 个版本。1992 年第一部村规民约一举化解了大田承包如何到户的矛盾。2002 年，第三版村规民约修改了土地征用实施方法，解决了货币化安置如何分配的问题，村规民约带领村庄走上可持续致富之路。2015 年修订的第七版村规民约中，纳入了村民福利的相关内容，村里不仅可以报销村民部分医疗费用，而且对符合条件的 60 岁以上老人发放生活费，重阳节、春节还发放慰问金和慰问品。通过不断修订完善村规民约，上洋村从干群关系紧张的上访村发展成为产业兴旺的幸福村。

三、选定务实内容

根据民政部等七部委《关于做好村规民约和居民公约工作的指导意见》，村规民约的内容一般应包括：

第一，规范日常行为。爱党爱国，践行社会主义核心价值观，正确行使权利，认真履行义务，积极参与公共事务，共同建设和谐美好村、社区等。

第二，维护公共秩序。维护生产秩序，诚实劳动合法经营，节约资源保护环境；维护生活秩序，注意公共卫生，搞好绿化美化；维护社会治安，遵纪守法，勇于同违法犯罪行为、歪风邪气作斗争等。

第三，保障群众权益。坚持男女平等基本国策，依法保障妇女儿童等群体正当合法权益等。

第四，调解群众纠纷。坚持自愿平等，遇事多商量、有事好商量，互谅互让，通过人民调解等方式友好解决争端等。

第五，引导民风民俗。弘扬向上向善、孝老爱亲、勤俭持家等优良传统，推进移风易俗，抵制封建迷信、陈规陋习，倡导健康文明绿色生活方式等。

案例 5－2－4

"酒席减负"写进村规民约　奢陋之风减少

浙江省湖州市高禹村将"酒席减负"写进村规民约，为农户酒席详细制定 10 条具体标准：除红白事外，不提倡摆宴；如果摆宴，酒席在 10 桌以内，菜品 16 个，每桌菜价不超过 400 元；不提倡消费高档烟酒和燃放烟花爆竹；内亲外的村民不相互随礼，不提倡使用高档回礼包等。这些规定，不仅让酒席"瘦身"，还让村民减少了相互随礼的经济烦恼。

法律/政策导航

村规民约、居民公约一般由名称、正文、审议主体、日期四部分组成。名称一般为《××村村规民约》《××社区居民公约》；正文可采取结构式、条款式、三字语、顺口溜、山歌民歌等各种表述形式，应简洁明了、贴近群众生产生活、易于掌握和遵守；审议主体为××村村民会议、××社区居民会议；日期为实施生效的具体时间。

——民政部、中央组织部、中央政法委、中央文明办、司法部、农业农村部、全国妇联《关于做好村规民约和居民公约工作的指导意见》

四、制定管用措施

所谓"管用"，指的是村规民约的效力。

有些村规民约只规定了应当如何、不得如何、禁止什么等，没有规定违反后怎么办，往往仅能起到道德上的宣示和倡议作用。

村规民约应坚持简洁易行、轻重适度的原则，针对违反情形，提出相应的惩戒措施，使村民一目了然，明确该干什么、不该干什么、不执行会受到怎样的处罚，既通过有效的制约措施达到约束、教育、警示等作用，又防止激化矛盾，真正达到规范和约束行为的目的，促进实现村民自我教育、自我服务、自我管理，切实解决本村存在的一些问题。

案例 5-2-5

村规民约有奖有罚

浙江省湖州市南北湖村过去的村规民约上就有"家禽家畜要圈养，不得随意放养破坏公共绿化及农作物"这条规定，但所起约束作用甚微。在新一轮的村规民约修订中，每条规定后增加了相应奖罚措施，如明确规定"本着谁家禽畜谁负责的原则，对于破坏后的绿化及农作物要无偿恢复或补种。对于拒不整改的，取消其本人及家人可在村内享受的补助及福利"。新规一出，鸡鸭满村跑的现象没有了。该村一名党员因在村公益事业建设时态度不积极并找人替工，被认为"未起到'党员带头'的先锋示范作用"，根据村规民约，其被予以全村通报批评并取消年度优秀党员评选资格。

有"严罚"，也有"多奖"。该村所在的天子湖镇共挖掘出老年公寓居住权、大学生入学奖励、党员互助金申领等奖惩措施300余条，对揭发违法犯罪行为、做好人好事等都会给予一定奖励，奖罚结果及时向全村公布，真正把村规民约固化为"村民守则"。

任务三　实施村规民约

一、了解制度"执行难"

村规民约是村里最重要的制度。《辞海》对"制度"的基本释义是"要求成员共同遵守的、按一定程序办事的规程",也就是说,制定制度的目的就在于执行。然而,"天下之事,不难于立法,而难于法之必行",制定法令制度不难,难的是严格贯彻执行。

制度"执行难",首先可能是制度本身存在漏洞或不合理之处,或缺乏可操作性,比如有些村规民约对违约行为缺乏必要的惩戒措施,使其难以落实。其次,旧的行为习惯改变起来不容易。社会心理学家罗斯和安德森的研究表明,一旦人们为错误的信息建立了理论基础,那么就很难再让他们否定这条错误的信息,这被称为"信念固着"。比如以前习惯了随意丢垃圾,突然改成垃圾每天定时清运甚至实行垃圾分类,人们会感到不方便、不习惯。再次,思想上重视不够,重制定、轻落实;实施中缺乏监督,执行中怕得罪人,讲人情、搞变通、打折扣等,都会导致村规民约不能真正发挥作用,甚至还会导致村民对法律和制度的"冷漠"。

正如习近平总书记所说:"我们的制度不少,可以说基本形成,但不要让它们形同虚设,成为'稻草人',形成'破窗效应'。很多情况没有监督,违反了也没有任何处理。这样搞,谁会把制度当回事呢? ……制定制度很重要,更重要的是抓落实,九分气力要花在这上面。"

拓展学习

破窗效应

"破窗效应"源于美国斯坦福大学心理学家菲利普·津巴多于1969年进行的一项实验。他找来两辆一模一样的汽车,把其中一辆停在治安很好的A区,另一辆停在相对杂乱的B区,并把B区车的车牌取下、顶棚打开,结果没过一会这辆车就被偷走了。而放在A区的那辆车一个星期都安然无恙。后来,他把A区这辆车的车玻璃打了一个大洞,结果这辆车几个小时内就被偷走了。在此基础上,政治学家威尔逊和犯罪学家凯琳提出了"破窗效应"理论:如果有人打破了建筑物的窗户玻璃,而窗户没有得到及时修理,其他人可能会效仿,打破更多的窗户。即不良现象如果被放任自流,就会诱使人们效仿甚至变本加厉。

思考:怎样严防制度执行中的"破窗效应"?

二、推动村规民约落实

"徒法不足以自行。"要使村规民约发挥效力，应从以下几方面着力，努力营造有利于村规民约执行的良好氛围。

第一，要制定一个好村规。村规民约必须面对村庄发展的新情况、新要求，从村民最关心、最直接、最现实的问题出发，切实解决实际问题，才能够得到群众的认同、尊重和认真遵守执行。这是增强村规民约执行力的基础。

案例 5-2-6

村规民约引领乡风民风

四川省富顺县凤凰村的村规民约主要包括社会治安、消防安全、村风民俗、邻里关系、婚姻家庭等五大方面24条。其中最受村民们关注和热议的，是对留守老人和邻里互助的关注："村'两委'要掌握全村留守老人的情况，各组组长对他们的生活、生病等实际困难进行帮扶，在村里形成团结友爱的和谐氛围。同时，各组组长要掌握外出务工人员信息，凡是本组村民的红白喜事，组长要合理安排调配劳动力帮忙……"同时，规定红白喜事"双报告"制度、酒席标准和礼金标准等。对违反规定但尚未触犯国家法律法规的，轻者批评教育，重者在全村通报批评，对积极遵守、做出表率的给予通报表扬和经济奖励。

第二，要坚持民主程序。村规民约应当按照法定程序，倾听民意、集中民智、广泛发动群众参与。实践证明，村民参与制定村规民约的过程，同时也是一个自我教育、自我约束、自身素质提高的过程，有利于促进群众对内容的理解认可，转变态度，提高落实村规民约的自觉性，增强关心公共事务的责任意识。

第三，发挥村干部示范带头作用。村规民约既是对村民的约束，也是对村干部行为的监督和制约。正人先正己，村干部带头遵守、身体力行，才能服众，带动其他村民自觉遵守执行。同时，村"两委"要有抓好落实的魄力，有执行的决心，对违反村规民约的行为零容忍，防止"破窗效应"，增强村规民约的权威性、公信力和约束力。

案例 5-2-7

乡约传千年

福建省宁德市浦源村，其祖先是南宋时为躲避战乱从河南开封迁来的。建村之初，小溪水有些浑浊，郑家人就在溪里放养了一些鲤鱼，结果鲤鱼在溪水里生长得很好，表明水可以饮用，并且鲤鱼清洁了溪流，此后鲤鱼就成了村民们的守护神。郑氏八世祖晋十公召集村人订立了"人在鱼在、誓死护鱼、不捕不食、世代相传"的乡约，禁止垂钓捕捞，违者严惩。为了严明乡约规矩，晋十公还特意策划了一出苦肉计：故意叫他的孙子去抓鱼。结果别人发现了来报告他，他就把孙子五花大绑送到祠堂里去，然后请村民们到祠堂里开会，当众把孙子打得遍体鳞伤，并且按照乡约，请全村人到祠堂里面吃饭，还请来戏班子演三天三夜的戏。他带头以身作则，带动了乡约的严格执行。此后，历代村人尊鱼、爱鱼、护鱼且决不食用溪中鲤鱼，护鱼习俗被列为福建省非物质文化遗产，这里成为有名的鲤鱼溪景区。

第四，建立有效的外部监督机制。充分发挥村务监督委员会的监督作用，发挥村民议事会、人民调解委员会、道德评议会、红白理事会、禁毒禁赌会等群众组织的作用，发挥党员带头作用，发挥德高望重、办事公道的群众代表的引导作用，调动各方面积极因素共同参与村规民约的宣传、落实，形成互相监督、共同遵守的良好氛围，增强村规民约的执行合力。

案例 5-2-8

老年人宣传监督 促村规"生根发芽"

浙江省湖州市高禹村为减轻村民人情负担，恢复勤俭民风，推出酒席减负、宴请瘦身行动，以村民委员会起草，老党员、老干部等参与的方式制定了《高禹村农户酒席要求和标准》，聘请了村里5至7名德高望重的老党员、老干部等作为"酒席减负"的义务宣传员，分片负责全村1 400多户的"酒席减负"倡导，逐户宣传。最初常常和村民一解释就是半天，还为摆酒的村民安排"酒席总管"，帮助村民按新规办席，同时对酒席的执行情况进行监督、评议。对于违反村规民约的，规定了取消有关村级优惠政策，包括夕阳安康工程补助、老年公寓入住资格、困难互助组帮扶政策及低保评定、公墓政策优惠等，并与五好家庭、文明户评比挂钩。村规民约在村民中牢牢生了根、发了芽。

第五，要完善奖惩机制。对村规民约中比较抽象的条款内容，要尽量细化量化，明确行为规范和要求、奖惩标准和条件，增强可操作性。对违反村规民约的情形，要规定合理的惩戒办法，通过批评教育、公示通报和其他措施，以及在评优评先等方面予以约束等，使违反者受到教育、改正错误，增强村规民约权威性。同时，不得滥用强制处罚，避免简单以罚代教；对可能构成违法犯罪的事件，应及时提请司法机关认定处理。鼓励结合村情，开展模范村民、文明家庭等创建评比活动，用正向激励为村规民约执行工作注入生机和活力。

▌法律/政策导航

在村党组织统一领导下，引导和鼓励村民委员会依据村规民约出台具体约束性措施，对红白喜事大操大办、不赡养老人等进行治理。通过教育、规劝、奖惩等措施，引导村民遵守相关规定。

——中央农办等 11 部门《关于进一步推进移风易俗 建设文明乡风的指导意见》

案例 5-2-9

村规民约的惩戒措施

斗门村村规民约规定，村民在助人为乐、舍己救人、拾金不昧等方面做出突出事迹的，将给予通报表扬并给予 200—2 000 元奖励；对敢于揭露和举报霸占或破坏公物、破坏生态环境、破坏公共安全、损害公共利益等问题的村民，将给予 200—2 000 元的奖励。

该村还规定，村民委员会有权给予违反村规民约者下列处分：1. 责令停止违规行为；2. 批评教育；3. 责令赔礼道歉；4. 责令恢复现状；5. 赔偿损失。对触犯法律法规的，报送相关部门处理。严格执行"门前三包"……占用公共地方搭建违章建筑、堆放杂物的，责令物主自行清理；责令期内未清理完毕的，村民委员会将自行或请第三方清理，因此产生的费用由物主个人支付，如物主拒绝承担，可在其个人集体福利分配中扣除。

第六，加强宣传教育。毛泽东指出："在一定的物质基础上，思想掌握一切，思想改变一切。"村民思想上认识到村规民约的重要性、必要性，才会有执行的自觉意识。要充分利用新时代文明实践中心、村务公开栏、大喇叭、文化墙等多种渠道开展宣传，确保村规民约的内容家喻户晓。要借助各种群众性文化活动，讲好村规民约故事，找到村民信服的契合点，用身边事教育身边人，使村规民约道德观念和精神内化于心、外化于行。

案例 5-2-10

村规民约"培育"出美丽乡村

浙江省龙游县贺田村从贫穷落后村到富裕美丽村、全国文明村，村规民约发挥了重要作用。1993 年，劳光荣初任贺田村支书时，村风混乱，偷伐严重，村里 5 000 多亩竹山几乎成了荒山。首条村规"凡盗伐山林者，罚放映 12 场电影、给 1 200 名村民每人分一斤馒头"出台后，偷盗风被止住了，山上重新披上绿衣。

贺田村的 29 条村规是集合全体村民意见，针对现实中存在的具体问题而设置的。通过召开座谈会、放置意见箱、挨家走访等方式广泛征求村民意见，乡风民俗、公共道德、家庭美德、美丽乡村等大家最关心的问题都写进村规民约，并进行了多次动态修订，通过制作小手册、公开栏张贴宣传海报、晚会表演等形式大力宣传，提高了群众知晓率，村规深入人心，村庄向法治化、规范化、物质富裕和精神富有不断迈进。

三、健全村级规章制度

村级规章制度，是由村党组织和村民委员会，根据党的政策和国家法律、法规，在自己的职权范围内，通过民主程序制定的共同遵守的村级管理规范。村规民约是乡村治理的重要制度依据。村级工作中还应建立健全一系列制度，包括：工作制度，如村党支部工作制度、村民委员会工作制度、村务监督委员会工作制度、村民小组制度等；会议制度，如村民会议制度、村民代表会议制度、村"两委"联席会议制度等；民主管理、民主决策和民主监督制度，如民主议事制度、村级集体重大事项决策制度、村级财务管理制度、村集体资产管理制度、村务公开制度、民主评议村干部制度、村务档案管理制度等。

邓小平说："制度好可以使坏人无法任意横行，制度不好可以使好人无法充分做好事，甚至会走向反面。"村级组织要遵循一定的原则，按照民主公开程序，建立健全符合本村实际的规章制度，尤其是村级党建、村民自治、经济管理、社会事务管理和民主议事方面的制度。各项制度一旦建立，应当及时公开，村"两委"应带头严格遵守和执行，做到有规可依、依章办事，通过制度建设不断增强规矩意识和法治观念，为村级事务管理规范化和乡村治理现代化提供保障。

案例 5 - 2 - 11

北京市怀柔区北沟村通过召开村民大会，修订旧版村规民约，形成了新的村规民约，共 22 项 260 小项条款，涉及村里的方方面面，每月通过村里的喇叭定期宣传。村里先后出台了《公章管理使用制度》《财务公开制度》等 20 多项管理制度，逐步建立起了村级事务管理的长效机制，坚持依靠制度管事、管钱、管人。

浙江省衢州市日月村的村规民约是三字经"简约版"的，镌刻在村民广场显要位置的墙上，同时用小册子形式编印《养狗公约》《殡葬公约》《绿化管理公约》，形成了一套互相补充的村级制度体系，还有 7 人组成的执行委员会来处理违约情况，实现全村参与、全村共治。

山东省临沂市解家官庄村通过网络征集、走访调研、专家评议、村民投票等多个环节，凝练出涵盖家庭美德、文明习惯、诚信守法、环境保护等 9 大类 20 条内容，每项量化加减分内容，形成《谢家官庄村规民约》《解家官庄村规民约实施细则》和《村规民约积分管理制度》，用积分管理制激发村民自觉意识和荣誉感，让村规民约从墙上"走"了下来。

村规民约在乡村治理中发挥着规范、引导、评价等积极作用，与法律既有区别又有密切关系，其质量高低、执行好坏，直接关系到农村法治建设和乡村治理水平。村干部应当以身作则，成为遵守和执行村规民约的楷模，带动全体村民增强主人翁意识，养成守法守约的精神，法治社会才能真正建成。

阅读与思考

社会学家杨开道在《中国乡约制度》中概括了《吕氏乡约》的四个特色，其中写道：

"吕氏乡约的第四个特色，是成文法则。农村社会本来是一种亲密社会，一种习俗社会，一切成训习俗，都是世代相续，口头相传，从没有见之于文字，见之于契约。尤其是中国的农村，只讲礼而不解法，只讲情而不讲理，成文法则的发展尤其迟缓。二十世纪的中国农民，还不知法则为何物，只依照他们的父祖遗传社会习俗去生活。不过口头的传授，一来并不清楚，二来易于遗误，所以十里不同俗，百年以后也许面目全非，甚至违反原来的意向。……由人民自动主持，人民起草法则，在中国历史上，吕氏乡约实在是破天荒第一遭。当然《吕氏乡约》并不是全体人民的手笔，全体人民也不能起草共同的契约，吕氏兄弟只算是乡约的发起人、起草员，而全约人民才算是乡约的主人翁、实行者。"

思考：《吕氏乡约》作为中国第一部文字形式的乡约，如何体现了德治与法治精神的融合？

项目三　建设平安乡村

任务一　健全乡村矛盾纠纷调处化解机制

要坚持和发展新时代"枫桥经验"，坚持以党建引领基层治理，提高基层党组织领导基层治理能力，提升农村公共服务水平，巩固农村和谐稳定、群众安居乐业的良好局面。

——2024 年 5 月，习近平在山东省考察时的讲话

一、"枫桥经验"的内涵

中共二十大报告提出，"在社会基层坚持和发展新时代'枫桥经验'，完善正确处理新形势下人民内部矛盾机制""及时把矛盾纠纷化解在基层、化解在萌芽状态"。

枫桥经验，是指 20 世纪 60 年代初，浙江省诸暨县（现诸暨市）枫桥镇干部群众创造的"发动和依靠群众，坚持矛盾不上交，就地解决，实现捕人少，治安好"的基层社会治理经验，是在党的领导下发动和依靠人民群众就地化解矛盾的方法。1963 年，毛泽东批示"要各地仿效，经过试点，推广去做"。

习近平总书记一贯高度重视"枫桥经验"的重要作用。2003 年，时任浙江省委书记的习近平就明确提出，要充分珍惜"枫桥经验"，大力推广"枫桥经验"，不断创新"枫桥经验"，切实维护社会稳定。

中共十八大以来，习近平总书记多次对坚持和发展"枫桥经验"做出重要指示，强调"各级党委和政府要充分认识'枫桥经验'的重大意义，发扬优良作风，适应时代要求，创新群众工作方法，善于运用法治思维和法治方式解决涉及群众切身利益的矛盾和问题，把'枫桥经验'坚持好、发展好，把党的群众路线坚持好、贯彻好"。

中共十九大以来，新时代"枫桥经验"先后被写入《中国共产党农村基层组织工作条例》和中共十九届四中全会决定、中共二十大报告等重要文件，成为中国共产党百年奋斗中形成的宝贵经验和新时代治国理政的重要法宝。

新时代"枫桥经验"的内涵是，坚持和贯彻党的群众路线，在党的领导下，充分发动群众、组织群众、依靠群众解决群众自己的事情，做到小事不出村、大事不出镇、

矛盾不上交。

二、新时代"枫桥经验"在乡村的创新实践

60多年来，"枫桥经验"始终贯穿坚持党的领导、坚守以人民为中心、坚持综合施策的核心要义。在全面推进乡村振兴、实现农业农村现代化、建设农业强国，以中国式现代化全面推进中华民族伟大复兴的新征程中，新时代"枫桥经验"在实践中守正创新，不断丰富发展，推动了乡村治理法治化和自治、法治、德治的有机统一。

第一，坚持以党建引领为核心。村党组织是乡村治理的"领头雁""主心骨"，新时代"枫桥经验"始终发挥党建引领的政治优势，村级组织积极参与乡村矛盾纠纷调解化解工作，提高管理乡村事务能力。

案例 5-3-1

花园村的调解机制

浙江省金华市花园村人口多、企业多、事务多，村常住人口超过6.5万人，其中外来人口5万多，2023年全村实现营业收入725亿元，村民人均年收入达17.6万元。这个超级大村还实现了40余年"大事小事不出村，矛盾纠纷不上交，村民零上访"。

事实上，村里并不是没有矛盾纠纷，而是通过"小事当天解决、大事三天解决"的治理机制，把矛盾纠纷都及时解决了。村社会矛盾纠纷调解处理中心设立"邵钦祥工作室"，邵钦祥每天一早都会接访村民，处理各种事务。同时，花园村还有村治专门事务机构，设立纪委、政法办、保卫部、法律事务部、调解委员会、治安联防总队和救援队，定期开展协商共治和社会组织的专业化服务，积极探索"最多跑一次"改革向村级延伸，通过村便民服务中心可办理人社、公安、民政等600多项业务。花园村有个劳动争议调解委员，是以"老娘舅"、网格员为基础，村（社区）"两委"为主的调解队伍，在宣传劳动保障法律法规、化解劳动关系矛盾纠纷等协调劳动关系工作方面业绩突出，获评全市金牌劳动关系协调组织。多元化调解方式，确保让矛盾纠纷在村里得到解决。

第二，坚持依靠群众。"枫桥经验"精髓是坚持人民群众主体性，在群众能够管好的领域放手让群众自己去管。在乡村治理中，要贯穿群众路线，紧密依靠群众，不断创新群众工作方法，丰富工作载体，提升矛盾纠纷调处能力。

案例 5-3-2

寻乌依靠群众化解矛盾纠纷

江西省赣州市寻乌县在60个较大的村庄设立农村"五老"人员联系站，邀请"五老"人员调解矛盾纠纷，在各村组建村民理事会、红白理事会、禁毒禁赌会等组织，

发动群众自治。村里还将闲置的客家祠堂打造为集法治宣传教育、矛盾纠纷化解、村民说事议事、道德讲堂等功能为一体的基层善治阵地，让"小阵地"发挥"大作用"。结合客家风俗，推行客家矛盾"讲法调""祠堂调""长者调""家训调""食茶调"，积极引导群众"能进祠堂不上公堂、能在村组不到县乡"，把矛盾化解在村组。柑橘是寻乌县支柱产业，县司法系统工作人员主动编写果品销售样式合同，常年开展"法治宣传进果园、纠纷调处进果园、法官服务进果园"的"三进"活动，养成"请吃茶""讲土话"的工作习惯，贴近群众生活，温暖群众。寻乌县已建立调解队伍208支，共有调解员1 016名，其中社会团体和其他调解组织29个，专职调解员15名，覆盖了城乡各个角落。

第三，健全完善多元化矛盾纠纷调处化解机制。在党的领导下，全面统筹行政力量、司法力量、专业社会组织力量、民间调解力量以及社会公众力量，集中整合平台资源，构建矛盾纠纷多元化解新格局，最大限度把矛盾风险防范化解在基层。

案例 5 - 3 - 3

诸暨市的三级社会治理中心

浙江省诸暨市建起了市镇村三级社会治理中心，群众有了矛盾纠纷，"只进一扇门、最多跑一地"，就能得到调解。

村民阮某和陈某的自留地挨着，以前阮某的自留地一直交给别人耕种，今年准备自己来种，发现原来4米宽的自留地只剩下2米宽，认为陈某侵占了她的自留地。双方争执不下，村干部请他们到村社会治理服务中心的共享法庭去调解。在村共享法庭，调解员拿出了村里的自留地划分底册，证明了陈某的确多占了阮某2米宽的自留地。为了让村民心服口服，调解员通过网络现场联系法官，通过法官的普法教育，陈某接受了调解，归还多占的自留地并道歉。

诸暨市每个村都建有共享法庭，遇到疑难矛盾纠纷，通过网络就可以视频联系法官。共享法庭实行"1 + 5 + N"工作机制，除了庭务主任、联系法官，还配备了联系民警、人民调解员、联系律师和妇女干部。

在枫桥镇社会治理中心，综合受理前台实行矛盾纠纷和问题一站式受理。这里整合了多个专业调解组织、公检法专门力量、律师、乡贤和社会组织等调解力量，还有一支24小时值班的非警务民情110队伍，可以随时出动，到现场处置矛盾纠纷。超过90%的基层矛盾纠纷都在村和镇社会治理中心得到化解。少数"疑难杂症"或者跨部门、跨区域的疑难纠纷，需要分流到诸暨市社会治理中心，在这个"矛盾纠纷综合医院"进行对症化解。

第四，将人民调解与践行新时代"枫桥经验"深度融合。我国国情决定了大量社会矛盾、纠纷不能"一诉了之"。2021 年 2 月最高人民法院、司法部《关于加强诉源治理推动矛盾纠纷源头化解的意见》提出，要坚持和发展新时代"枫桥经验"，进一步加强人民调解工作，健全完善诉调对接工作机制、就地实质化解纠纷。

法律/政策导航

人民调解，是指人民调解委员会通过说服、疏导等方法，促使当事人在平等协商基础上自愿达成调解协议，解决民间纠纷的活动。

人民调解委员会是依法设立的调解民间纠纷的群众性组织。

村民委员会、居民委员会设立人民调解委员会。

——《中华人民共和国人民调解法》

加强基层矛盾纠纷化解。加强乡镇（街道）、村（社区）人民调解组织规范化建设，做到依法普遍设立、人员充实、制度健全、工作规范、保障有力。完善覆盖县乡村组的人民调解组织网络，推进形式多样的个人、特色调解工作室建设，探索创设更多契合需要的新型人民调解组织。

——最高人民法院、司法部《关于充分发挥人民调解基础性作用 推进诉源治理的意见》

案例 5-3-4

孔孟之乡的特色人民调解

山东省济宁市发挥地处儒家文化发源地的独特优势，将儒家文化"和为贵"思想与人民调解相结合，依托街道党群服务中心、综治中心等，在市县乡村四级成立"和为贵"社会治理服务中心，建成集信访、调解、仲裁、行政裁决、行政复议、诉讼于一体的一站式体系，将分散的调处化解力量集中整合，实现人民调解、行政调解、司法调解"三调对接"，努力把矛盾纠纷化解在访前、诉前。

某小区由于开发商经营问题，楼盘几经转手，最终彻底停工，业主们急得团团转，问题反映到了区"和为贵"社会治理服务中心。由于居民住宅涉及多部门，"和为贵"服务中心将情况上报区委区政府，随后协调区住建、自然资源、行政审批、综合执法、司法、法院、税务等部门组建解决"半拉子"工程专班，难题最终得到化解。

第五，利用数字技术创建矛盾纠纷化解的智慧平台。积极借助现代智能元素，畅通群众利益诉求表达通道，积极推动数据融合、共享，充分发挥数据在矛盾纠纷化解中的预判作用，促进矛盾纠纷化解高效、透明、安全。

案例 5-3-5

象山"村民说事"1.0 到3.0

浙江省宁波市象山县创新乡村治理模式，打造形成"说、议、办、评"四个环节标准化流程的象山"村民说事"模式，成功实现了村民有事敞开说、遇事多商议、有事马上办、办事好坏大家评，2019 年入选全国首批乡村治理典型案例，"村民说事"被写入中央一号文件，入选浙江省新时代"枫桥经验"实践案例。

2022 年，象山县实施"村民说事"迭代升级版，推行以"村民说事"引领的"村嫂说情""村舅说理""村官说法"为主的乡村善治"说系列"体系，形成乡村振兴"三治融合治理有效"2.0 版。

随着数字技术发展，象山又打造了"村民说事"3.0 版"村社E决策"。在某农家客栈招租过程中，通过"村民说事"平台，村民代表会议线上线下结合，决策过程公开透明，自动生成记录、视频，并备案至小微权力平台；村民可随时查看交易进度，并在线进行满意度测评。线上线下说事会双轨并行、有效互补，实现了"村民说事"一键智达、村务决策一体联动、村级事务一网通办、村社管理一屏掌控、监督监管一览无余、评价反馈一触即可。村民动动手指就可表达意见诉求，通过"线上＋现场"会议模式，远在千里之外也可参与决策；网办系统可实时查看事项办理进度，保障了知情权和监督权。2022 年线上"村民说事"入选第四批全国乡村治理典型案例。

阅读与思考

材料一：春秋时的孔子也憧憬建立一个"必也，使无讼乎"的理想社会，在处理具体纠纷特别是家庭内部争议时，力主调诉息讼。《荀子·宥坐》记载，孔子在任鲁国司寇时，有一件父告子的案子，孔子把儿子拘押起来，放之三月而不决，当父亲请求撤销诉讼时，孔子马上就把儿子释放了。孔子的儒家思想自董仲舒"罢黜百家，独尊儒术"后，在两千多年的封建社会里一直为主流思想。"礼之用，和为贵，先王之道斯为美"的思想，影响着历代统治者的治国策略和整个中华民族的价值理念、生活态度和处世方式。在这种思想的影响和支配下，调解便成为民间解决矛盾纠纷的基本方法之一。

材料二：社会学家费孝通在1948 年出版的《乡土中国》中这样写道：在乡村里所谓调解，其实是一种教育过程。我曾在乡下参加过这类调解的集会。我之被邀，在乡民看来是极自然的，因为我是在学校里教书的，读书知礼，是权威。其他负有调解责任的是一乡的长老。最有意思的是保长从不发言，因为他在乡里并没有社会地位，他只是个干事。调解是个新名词，旧名词是评理。差不多每次都由一位很会说话的乡绅开口。他的公式总是把那被调解的双方都骂一顿。"这简直是丢我们村子里脸的事！你们还不认了错，回家去。"接着教训了一番。有时竟拍起桌子来发一阵脾气。他依着他认为"应当"的告诉他们。这一阵却极有效，双方时常就"和解"了，有时还得罚他们请一次客。我那时常觉得像是在球场旁看裁判官吹哨子，罚球。

思考：你认为乡村调解有哪些价值？

■: 任务二　提升村级应急管理能力 :■

要提高风险化解能力，透过复杂现象把握本质，抓住要害、找准原因，果断决策，善于引导群众、组织群众，善于整合各方力量、科学排兵布阵，有效予以处理。

——2019年1月，习近平在省部级主要领导干部坚持底线思维着力防范化解重大风险专题研讨班开班式上的讲话

一、健全农村社会治安防控体系

为维护农村社会和谐稳定，地方各级人民政府应健全农村社会治安防控体系，健全农村公共安全体系。2024年中央一号文件提出，建设平安乡村，健全农村扫黑除恶常态化机制，持续防范和整治"村霸"，依法打击农村宗族黑恶势力及其"保护伞"；持续开展打击整治农村赌博违法犯罪专项行动，加强电信网络诈骗宣传防范。

扫黑除恶专项行动始于2018年1月中共中央、国务院发出《关于开展扫黑除恶专项斗争的通知》，三年专项行动取得全面胜利后，"推动扫黑除恶常态化"写入"十四五"规划和2035年远景目标纲要，连续写入中央一号文件，为巩固党的执政根基、实现长治久安和人民安居乐业发挥了重要作用。

最高人民法院《关于为全面推进乡村振兴加快农业农村现代化提供司法服务和保障的意见》提出，持续推进农村地区扫黑除恶斗争常态化，依法严惩宗族恶势力和"村霸""市霸""行霸""路霸"等农村黑恶势力，不断增强人民群众安全感。《关于加强法治乡村建设的意见》提出，惩治破坏农村经济秩序犯罪，严厉打击农村黑恶势力及其"保护伞"、邪教组织，坚决把受过刑事处罚、存在村霸和涉黑涉恶涉邪教等问题的人清理出村干部队伍。

〖 法律/政策导航 〗

依法严厉打击农村黑恶势力、宗族恶势力、宗教极端势力、"村霸"，严防其侵蚀基层干部和基层政权。坚决惩治黑恶势力"保护伞"。

——《中国共产党农村基层组织工作条例》

为遏制农村赌博违法犯罪，公安部部署了"清风2023""清风2024"专项行动，

依法从严打击农村赌博违法犯罪，全面整治农村地下赌场乱象，有效净化了农村社会风气。

近年来电信网络诈骗犯罪迅猛增加，农村地区是电信网络诈骗的重点地区之一。2022 年 4 月中共中央办公厅、国务院办公厅印发了《关于加强打击治理电信网络诈骗违法犯罪工作的意见》，要求广泛动员、群防群治，发动群众力量，汇聚群众智慧，坚决遏制电信网络诈骗违法犯罪多发高发态势。

二、提升突发事件依法处置能力

（一）什么是突发事件

突发事件，即突发公共事件，是指突然发生，造成或者可能造成严重社会危害，需要采取应急处置措施予以应对的自然灾害、事故灾难、公共卫生事件和社会安全事件。涉农突发事件主要包括农村突发公共卫生事件、农村重大自然灾害事件等。

2006 年 1 月 8 日，《国家突发公共事件总体应急预案》公布实施；2007 年 11 月 1 日，《中华人民共和国突发事件应对法》（以下简称《突发事件应对法》）施行。2021 年 12 月国务院印发《"十四五"国家应急体系规划》，2024 年 1 月国务院办公厅印发《国家自然灾害救助应急预案》，关于应对突发事件的法律法规越来越健全完善。

依照法律，我国对可以预警的自然灾害、事故灾难和公共卫生突发事件，按照发生的紧急程度、发展势态和可能造成的危害程度，分为特别重大（一级）、重大（二级）、较大（三级）和一般（四级），分别用红色、橙色、黄色和蓝色标示，一级为最高级别。

在突发事件事前、事发、事中、事后，政府、企业以及其他公共组织为了保护公众生命财产安全，维护公共安全、环境安全和社会秩序，所进行的预防、响应、处置、恢复等活动统称为应急管理。应急管理是国家治理体系和治理能力的重要组成部分，增强基层应急管理能力对于夯实党长期执政和国家长治久安的基层基础具有重要意义。农村是灾害多发易发领域，也是防灾、减灾、救灾的薄弱环节，2021 年 4 月农业农村部《关于全面推进农业农村法治建设的意见》提出，提升涉农突发事件依法处置能力。

（二）突发事件应对的基本原则

根据《突发事件应对法》和《"十四五"国家应急体系规划》，突发事件应对和应急工作开展的基本原则可概括如下：

第一，坚持党的领导。做好村级应急管理工作，必须充分发挥党组织战斗堡垒作用和党员先锋模范作用，运用网格制等方式，把基层党组织的政治优势、组织优势转化为治理效能。

第二，以人为本。即把保障公民健康和生命财产安全作为首要任务，最大限度地减少事件造成的人员伤亡和危害，实现公众利益最大化。

第三，预防为主。即要尽可能减少重大突发事件的发生，最大限度地减轻重大突发事件的影响。

第四，社会共治。即必须建立统一的应急管理体制，在各级党委领导下，实行行政领导责任制，明确领导部门，整合各方力量，形成共建、共治、共享的应急管理格局。

法律/政策导航

县级人民政府对本行政区域内突发事件的应对工作负责；涉及两个以上行政区域的，由有关行政区域共同的上一级人民政府负责，或者由各有关行政区域的上一级人民政府共同负责。

法律、行政法规规定由国务院有关部门对突发事件的应对工作负责的，从其规定；地方人民政府应当积极配合并提供必要的支持。

——《突发事件应对法》

第五，快速反应。即在事件发生后第一时间就能做出反应。村民委员会应设有专职或兼职信息报告员。获悉突发事件的信息的报告员、村民委员会成员或其他村民应立即向乡镇政府或有关主管部门报告信息，做到及时、客观、真实，不得迟报、谎报、瞒报、漏报。

法律/政策导航

突发事件发生后，发生地县级人民政府应当立即采取措施控制事态发展，组织开展应急救援和处置工作，并立即向上一级人民政府报告，必要时可以越级上报。

——《突发事件应对法》

在应急状态下，由村（社区）"两委"统筹调配本区域各类资源和力量，组织开展应急工作。

——《中共中央国务院关于加强基层治理体系和治理能力现代化建设的意见》

第六，依法规范。即要依法、按规定程序开展突发事件应对工作，采取的应对措施应尽可能有利于维护公众合法权益。农业农村部《关于全面推进农业农村法治建设的意见》提出健全完善各类涉农突发事件预防和应急处理制度，强化监测预警、信息报告、应急响应、恢复重建、调查评估等机制建设，对于涉农突发事件应对的规范程序提出了要求。

第七，精准科学。即要运用科技化、信息化手段，提高灾害监测、预警和救援实战能力；请相关专家和专业人员加强指导，科学应急、智慧应急，避免因处置不当而引发新的危机。加强宣传和培训教育，提高公众应对危机的综合素质。

案例 5-3-6

应急管理的"千里眼""顺风耳"

贵州省铜仁市实现所有村（社区）"智慧应急"终端全覆盖，市、县、乡、村四级应急指挥机制上下贯通"一键调度"。

"智慧应急"终端接入了国家救援资源平台、国家森林草原防灭火平台、天眼系统平台、防汛抗旱态势分析系统等相关预警信息和数据资源，并融合了全省安全生产风险监测预警系统、自然灾害风险预警系统和应急指挥平台，做到自然灾害信息实时监测和预警发布。这个终端系统还具备应急指挥、资源调配、信息共享等功能，通过它可以联通市、县、乡各级应急指挥平台，做到即时联通、随调随看，实现对突发事件的快速响应和科学处置。

（三）提升村级应急能力

《国家突发公共事件总体应急预案》要求，"坚持预防与应急相结合，常态与非常态相结合"，把危机管理、风险管理、风险监测等纳入日常的村务管理工作里面。结合"十四五"国家综合防灾减灾规划有关要求，村级组织应从以下方面加强应急能力建设：

第一，加强应急队伍建设。乡镇（街道）应急、消防组织体系应当健全，实现有机构、有场所、有人员、有基本的装备和物资配备；村级组织应争取相关部门和社会各方力量的支持，建立与上级联动的村级应急工作体系和应急工作队伍，广泛动员群众力量，充分发挥民兵、预备役人员、基层警务人员、志愿者等有救援专业知识和经验的人员作用，紧紧依靠本村干部群众，筑牢防灾、减灾、救灾的人民防线。

案例 5-3-7

民兵队伍和村级救援队伍联动互促

河南省探索建立行政村（社区）民兵连和村级应急救援队伍联动机制，依托民兵连在村（社区）广泛推行"一站两员"应急管理模式。即设立村（社区）安全劝导站和安全劝导员、灾害信息员，由村党组织书记、村民委员会主任和民兵连指导员负责安全劝导站工作，安全劝导员和灾害信息员原则上从民兵骨干中优先选拔。重点区域的行政村（社区），依托民兵连组建10至20人的村级应急救援队伍，所需队员从长期在位民兵中优先选拔。民兵连党支部负责安全劝导站和村级应急救援队伍日常教育管理，各级应急管理部门负责抢险救灾业务培训，定期组织业务轮训，提升抢险救灾专业技能。

福龙村的应急小站

福龙村位于四川省雅安市石棉县，这里的地质特点决定了地震、山火、滑坡、泥石流等灾害易发多发。

2023 年 12 月，中国乡村发展基金会在石棉推动应急小站项目，福龙村应急小站是其中之一。小站配备了通用器具、照明设备、通信器材、个人防护、防火灭火、防汛抗旱等应急物资和防护用品 30 多种，一旦遭遇灾害，村一级就可进行先期处置，迅速开展自救互救。在 2024 年福龙村"3·22"山火扑救过程中，应急小站实实在在发挥了作用。

应急小站还帮助村里组建了由党员、村组干部、民兵、村民中的积极分子共 20 人组成的"第一响应人"队伍，分搜救、安置、信息、医疗 4 个小组，在灾害发生时第一时间展开应对工作。他们熟悉村里的每一个灾害风险点，能熟练绘制风险地图；接收到灾害预警信息时，队员们会迅速敲响铜锣，入户到每家每户，有条不紊将村民转移到村里的常备安置点，提升村级应急能力。

第二，以网格化管理为载体提升灾害防范应对能力。大力推广灾害风险网格化管理。推进基层社区应急能力标准化建设，实现每个社区"六个一"目标，即一个预案、一支队伍、一张风险隐患图、一张紧急疏散路线图、一个储备点、每年至少一次演练，不断夯实群防群治基础。

拓展学习

应急预案是根据过去发生的突发事件的特点和发展趋势，事先编制的应对今后可能出现事件的工作方案。村级应急预案的编写，应按照 2024 年 1 月国务院办公厅印发的《突发事件应急预案管理办法》要求，针对本地容易发生的自然灾害等事件，制定具备科学性、针对性、可操作性的预案，做到事发后快速反应、从容面对、先期处置。

法律/政策导航

乡镇（街道）应急预案重点规范乡镇（街道）层面应对行动，侧重明确突发事件的预警信息传播、任务分工、处置措施、信息收集报告、现场管理、人员疏散与安置等内容。

村（社区）应急预案侧重明确风险点位、应急响应责任人、预警信息传播与响应、人员转移避险、应急处置措施、应急资源调用等内容。

乡镇（街道）、村（社区）应急预案的形式、要素和内容等，可结合实际灵活确定，力求简明实用，突出人员转移避险，体现先期处置特点。

——国务院办公厅《突发事件应急预案管理办法》

案例 5-3-8

农村安全风险排查整治

某省部署开展农村安全风险点专项排查整治行动，排查重点包括：易造成有毒有害气体中毒的沼气池、发酵池、集污池、畜禽场、地窖，易造成溺亡、坠亡的河塘、围堰、水库、机井、矿坑，易造成触电的变压器、电控箱、裸露电线，易造成倒塌的危房、危墙等场所、设施。

排查按照"一村居一清单"原则摸清底数、建立台账，并逐一设立醒目的警示标识或隔离设施，做到不留死角、不留盲区。排查中发现的隐患要逐个制定整改措施，明确整改期限，该停用的停用、该关闭的关闭、该取缔的取缔，确保及时将隐患消除在萌芽状态。

第三，提升村民防灾减灾意识和能力。在灾害面前，政府和社会应急机制的作用固然重要，但是如果没有民众对防灾避险的正确认识和理性配合，救灾的效果将会大打折扣。村级组织要引导村民消除麻痹思想，加强对相关法律法规的宣传，加强对防灾、减灾、避险等常识的教育，积极组织开展应急演练，增强群众的安全意识和自救互助能力，在服务群众的实践中锤炼干部队伍的防风险、迎挑战、抗打压能力。

案例 5-3-9

先"风"而行防台风

为切实做好防台风准备工作，某村"两委"干部、网格员提前打好防御台风"主动战"，解决灾害预警"最后一公里"问题。

紧盯"风"情，抢抓防风"黄金期"。在台风来临前的关键窗口期，对村内隐患点进行全面排查，重点针对在建自建房、老旧民房、低洼地带、易堵易涝点等，发现情况及时上报并立地消除。

先"风"而行，宣传劝导筑防线。收到防风预警后，采用手机发布预警短信、大喇叭播报乃至鸣锣吹哨、逐户检查等办法，劝导户外村民及时回家避风。对居住有安全隐患房屋的老人和孤寡老人等特殊群体"点对点"上门宣传，叮嘱风雨天气不要外出，需要安全转移的进行转移，对于不愿转移的困难群众则耐心劝导，帮助其撤离到安全场所。

（四）村级组织可采取的应急处置措施

在突发事件面前，村级组织要遵循早、快、稳、诚、公等应对要诀，在自然灾害等突发事件发生后，可采取以下一项或者多项应急处置措施：

第一，救人第一。要积极组织营救和救治受害人员，疏散、撤离并妥善安置受到威胁的人员以及采取其他救助措施。

第二，迅速隔离险境，控制危机蔓延态势。要采取各种果断措施，迅速控制危险源，标明危险区域，封锁危险场所，划定警戒区，实行交通管制以及其他控制措施，控制危机范围的扩大。

第三，在力所能及的范围内，抢修被损坏的公共设施，向受到危害的人员提供避难场所和生活必需品，实施医疗救护和卫生防疫以及其他保障措施。

第四，禁止或者限制使用有关设备、设施，关闭或者限制使用有关场所，中止人员密集的活动或者可能导致危害扩大的生产经营活动以及采取其他保护措施。

第五，组织村民参加应急救援和处置工作，维护社会治安秩序；采取防止发生次生、衍生事件的必要措施。

阅读与思考

习近平总书记指出："我们必须始终保持高度警惕，既要高度警惕'黑天鹅'事件，也要防范'灰犀牛'事件；既要有防范风险的先手，也要有应对和化解风险挑战的高招；既要打好防范和抵御风险的有准备之战，也要打好化险为夷、转危为机的战略主动战。"

"黑天鹅"事件指的是罕见的，出人意料的风险；而"灰犀牛"事件指的是太过于常见，以至于人们习以为常的风险。这两种风险发酵乃至最终造成严重危害，都源于忽视或轻视其表征的不确定性、多变性，缺乏忧患意识和防范准备。因此坚持底线思维，像习近平总书记所强调的那样，"凡事从坏处准备，努力争取最好的结果，做到有备无患、遇事不慌、牢牢把握主动权"，正是防范"黑天鹅""灰犀牛"的重要思想屏障。

必须清醒地认识到风险的常态性，善于从"意外""偶然"中发现"意料""必然"，从"静"中发现"动"的变化，从看似遥远的风险中寻找潜伏着的引爆点，将各类风险置于"图之于未萌，虑之于未有"的必控过程。

思考：本村发生过哪些"黑天鹅"事件、存在哪些"灰犀牛"事件？二者之间存在什么关系？如何加强防范？

模块六　提升乡村德治水平

学习目标

1. 理解乡村德治的重要意义和作用；
2. 了解开展乡村思想道德建设的路径；
3. 熟悉乡村道德评议机制的内涵，会运用积分制管理；
4. 掌握推进移风易俗工作的方法；
5. 认识乡村文化的价值，会组织开展乡村文化活动。

任务描述

　　向阳村所在县的农业农村局下发了关于和美乡村建设的实施方案，要求 2024 年继续推进人居环境整治，并建立健全农民参与和长效管护机制。向阳村的人居环境整治取得了明显成效，但是村民参与乡村建设的机制尚未完善，自觉维护环境卫生的文明习惯尚未养成。如何充分调动村民的积极性、主动性、创造性，引导农民投工投劳、积极参与日常管理维护？

　　晓明带领村"两委"成员认真学习了 2023 年国家乡村振兴局等七部门联合下发的《农民参与乡村建设指南（试行）》，了解农民参与乡村建设的方式，在划分党员责任区、建立街巷长制等基础上，决定用好积分制，发动群众共同维护人居环境整治成果。请帮助向阳村起草一个和美乡村建设积分制方案。

项目一　培育践行社会主义核心价值观

　　加强农村思想道德建设，弘扬和践行社会主义核心价值观，普及科学知识，推进农村移风易俗，推动形成文明乡风、良好家风、淳朴民风。

　　——2020 年 12 月，习近平在中央农村工作会议上的讲话

任务一　加强思想道德建设

一、德治的渊源

法律是准绳，道德是基石。国家治理需要法律和道德协同发力，德治和法治作为最根本的两种治理手段，二者不可分离、不可偏废，相互促进、相得益彰，共同推进国家治理体系和治理能力现代化。

德治，即"以德治理"，指在社会治理中充分发挥道德教化作用，引导群众向上向善，并结合时代要求对基层社会的道德规范进行创新。中国古代有着丰富厚重的德治思想，并形成了独特的德治传统。两千多年前，周公就提出"敬天保民""明德慎罚"。《尚书》上记载了"德惟善政，政在养民""刑期于无刑，民协于中""惟德动天，无远弗届"等观点。孔子提出"为政以德"，强调"道之以政，齐之以刑，民免而无耻；道之以德，齐之以礼，有耻且格"，即用政令来引导百姓，用刑罚来整饬民众，百姓只会让自己免于刑罚，却没有羞耻之心；用道德去引导百姓，用礼义来教化民众，百姓不但有羞耻之心，而且能够匡正自己的错误。

【拓展学习】

《孔子家语》记载，孔子担任鲁国中都宰后，并没有强制颁布各项法令，而是重新规范了传统周礼中养生送死的仪节，规定尊敬长者、帮扶弱者、严守礼教、路不拾遗等具体要求。他依靠德治礼法，施行道德教化，以使人主动心悦诚服。一年后，中都成为鲁国的礼乐昌明之地，四方诸侯纷纷效仿。

将道德教化与刑罚措施相结合，"德主刑辅"的观念和德法合治的做法，构成古代中国治国理政的基本理念和方式。

二、乡村德治的作用

习近平总书记指出，我国农耕文明源远流长、博大精深，是中华优秀传统文化的根，要在实行自治和法治的同时，注重发挥好德治的作用，推动礼仪之邦、优秀传统文化和法治社会建设相辅相成。

【拓展学习】

马克思主义认为，道德是一种社会意识形态，是广泛存在于日常生活之中的价值观念和行为规范，具有支撑秩序、治心化性的功能优势。一个社会，如果没有是与非、善与恶、美与丑、公正与偏私等伦理道德，人与人之间、个人与社会之间、群体与群体之间，就没有了最低限度的行为尺度。与法律强制性约束相比，道德主要通过舆论评价和内心自律来获得实现，在这个意义上，道德是一种内心的法律。正如习近平总书记所说，"法律是成文的道德，道德是内心的法律，法律和道德都具有规范社会行为、调节社会关系、维护社会秩序的作用"。

我国乡村社会在历史发展中形成了一些根深蒂固的社会文化、道德规范、风俗习惯等，这些构成了乡村自身的文化特色和德治基础。在新时代乡村治理现代化进程中，随着法治的日益完善，德治不可替代的价值和作用更加凸显。中共十九届四中全会提出"健全党组织领导的自治、法治、德治相结合的城乡基层治理体系"，明确了德治在国家治理体系中的地位。在乡村治理中，自治是基础，法治是保障，德治是先导，在矛盾尚未出现或萌芽的时候，德治能够发挥预防、调节作用，同时在自治与法治之间起到润滑作用。德治缺失，会导致治理成本大幅提高，因此德治也为自治和法治提供了重要支撑。充分发挥道德在乡村社会的约束、教化、凝聚等功能，发挥道德规范和乡村文化的引领作用，有助于提振乡村精气神，促进农村社会风气转变，推动乡村和谐发展，实现高质量的乡村振兴。

三、乡村思想道德建设

（一）加强思想道德教育

德治需要全面提高干部群众思想道德素质，思想道德素质的提高首先靠教育，通过教育，培育和践行社会主义核心价值观，推动习近平新时代中国特色社会主义思想进社区、进农村、进家庭。

社会主义核心价值观是当代中国精神的集中体现，凝结着全体人民共同的价值追求，既是个人的德，也是国家的德、社会的德。开展社会主义核心价值观教育，要注意针对不同群体、不同年龄人群，采取不同的形式和手段。要推动社会主义核心价值观落细、落小、落实，使之融入农村发展和农民生活，融入村规民约、家风家训，转化为人们的情感认同和行为习惯。要把思想道德教育与惠民利民活动相融合，坚持用身边人说身边事，实现农民群众自我服务、自我教育、自我提升，扩大道德教育的覆盖面，提高教育效果。

案例 6-1-1

"好人好样"引领村风

浙江省仙居县把"德治教化"作为激发培育乡村基层治理内生动力的基本途径，开展"好人好样"村风行动，打造村域道德品牌，用德治凝聚乡风文明精神力量。他们结合村史村情，以"讲白搭""莲花落""三句半"等原生态文艺形式大力宣传村级"好人好事"；积极打造"好人好样"文化墙展示身边好人。组织全县 260 余名"好人好样"奖获得者成立"村风行动宣讲队",就近开展"好人说·说好人"主题宣讲活动,以身边好人好事引领身边人,营造见贤思齐的浓厚氛围。

(二)夯实乡村德治阵地

新时代文明实践中心(所、站)是目前各地最重要的乡村德治阵地。2018 年 8 月中共中央办公厅下发《关于建设新时代文明实践中心试点工作的指导意见》,2021 年 11 月又发布了《关于拓展新时代文明实践中心建设的意见》,明确规定新时代文明实践中心的工作范围、建设目标、工作机制等。在此基础上,各地先后出台建设标准,在县、乡镇和村三级构建起新时代文明实践中心体系,旨在用中国特色社会主义文化、社会主义思想道德牢牢占领农村思想文化阵地,凝聚群众、引导群众,以文化人、成风化俗,推动农村学雷锋志愿服务制度化、常态化。

除此之外,各地还结合实际创新建设了不同形式的乡村德治阵地,保障群众在长期参与道德实践中不断提升素养。

案例 6-1-2

浙江村村建农村文化礼堂

2013 年以来,浙江省创新推进农村文化礼堂建设,截至 2022 年底,累计建成 20 511 家农村文化礼堂,实现 500 人以上行政村全覆盖。

一是明确标准建,制定出台农村文化礼堂建设标准,确保在建设过程中有据可依;二是提高标杆建,明确有场所、有展示、有活动、有队伍、有机制"五有"和学教型、礼仪型、娱乐型"三型"的建设要求,推动文化礼堂新建与改扩建并举;三是突出特色建,鼓励各地结合实际,突出"一堂一色",因地制宜建设书香、红色、墨香等多种特色的文化礼堂。同时,财政部门持续加大资金投入和政策支持力度,累计投入资金 23.31 亿元。

文化礼堂坚持大门常开、活动常办,以群众精神文化需求为抓手,积极打造品牌活动;文化礼堂赋能产业发展,以文兴业推动文旅产业发展,打造网红打卡点、人气聚集地,建设村播培训基地,组建非遗表演队伍,实现社会效益与经济效益双丰收;文化礼堂融合文明实践、文化服务,让群众在家门口即可享受丰富文化大餐、感受浓厚文化氛围。目前,文化礼堂已成为传播文明风尚、丰富文化生活、弘扬中华优秀传统文化、培育和践行社会主义核心价值观的重要阵地。

案例 6-1-3

武家村的乡村记忆馆和家风家训展室

位于孔子故里山东省济宁曲阜市的武家村以"仁"为核心,倡导做新时代好人的理念，培树形成家风正、民风纯的良好村风民风。通过整合村闲置农资超市等，重点打造了乡村记忆馆、家风家训展室等文化场所，定期开展文化活动。乡村记忆馆通过"追历史印记""访古村旧韵""赏石雕文化""走强村之路"四大轴线，让村民"记得住乡愁"；家风集训展室梳理总结了村里17个姓氏家族的家风家训，以文字和图片的形式在展室"晒"出来，保留乡村道德记忆，传承优良乡村道德文化。

村里还将四德工程、好人榜等上墙，用会说话的"文化墙"展示社会主义核心价值观和文明新风尚，补齐群众"精神短板"。不断修订完善村规民约，充分利用儒学大讲堂开展道德宣讲，形成人人讲文明、人人守诚信的淳朴乡风民风。

阅读与思考

习近平总书记强调的"为政以德"

"为政以德，譬如北辰，居其所而众星拱之"出自《论语》，意思是说当政者以德行来治理国家就像北极星一样安居其所，其他星辰井然有序地环绕着它。"为政以德"蕴含了中国传统政治文明中深沉的精神追求，体现了道德在政治生活中的主导价值作用，彰显了政德的感召力、凝聚力和向心力。

2014年5月习近平总书记在河南考察时强调，中华民族是重视道德、崇尚修德的民族，历来强调"道德当身，故不以物惑"，"道之以德，齐之以礼，有耻且格"。2014年10月习近平总书记在中央政治局第十八次集体学习时强调，我国古代主张民惟邦本、政得其民、礼法合治、德主刑辅，为政之要莫先于得人、治国先治吏，为政以德、正己修身，等等，这些都能给人们以重要启示。

2016年1月习近平总书记在十八届中央纪律检查委员会第六次全会上强调，中华民族历来都有珍惜名节、注重操守、干净为官的传统，历来都讲"为政以德""守土有责"，领导干部要秉公用权、廉洁用权，做遵纪守法的模范。

2022年10月习近平总书记在中共二十大报告中强调，中华优秀传统文化源远流长、博大精深，是中华文明的智慧结晶，其中蕴含的天下为公、民为邦本、为政以德、革故鼎新、任人唯贤、天人合一、自强不息、厚德载物、讲信修睦、亲仁善邻等，是中国人民在长期生产生活中积累的宇宙观、天下观、社会观、道德观的重要体现，同科学社会主义价值观主张具有高度契合性。

2023年6月习近平总书记在文化传承发展座谈会上强调，民为邦本、为政以德，是中华优秀传统文化重要元素之一，也是新时代推进国家治理现代化的珍贵思想资源。

思考："为政以德"思想对于乡村治理有什么启示？

任务二　健全道德评议机制

一、道德评议机制的作用

道德评议机制是一种社会监督机制，通过对个体或组织的道德行为进行评价并进行相应的奖励或惩罚，激励人们积极向善、遵守道德规范，维护社会公平正义，推动社会良好道德风尚的形成和传播。

德治的运行机制不同于法治，不能用公共权力的强制力推行道德要求。乡村道德评议机制以村民为主体，以"让有德者有所得"为导向，建立崇德向善的激励约束机制，明确奖惩规则，合理嵌入积分制，促进正面激励与监督约束相结合，增强村民道德荣誉感，引导村民及时审视和调整自身行为，塑造积极正向的价值观念，为乡村治理提供更加有力的机制保障。

法律/政策导航

健全村（社区）道德评议机制，开展道德模范评选表彰活动，注重发挥家庭家教家风在基层治理中的重要作用。组织开展科学常识、卫生防疫知识、应急知识普及和诚信宣传教育，深入开展爱国卫生运动，遏制各类陈规陋习，抵制封建迷信活动。

——《中共中央国务院关于加强基层治理体系和治理能力现代化建设的意见》

二、成立道德评议组织

村级道德评议组织是在村党支部领导下，组织和发动村民进行道德评议的群众组织。近年来，各地纷纷成立道德评议会、道德评判团、乡风评议团等道德评议组织，名称虽有不同，但性质、任务基本一致。其成员由村民推荐，一般以为人正直、办事公道、威信较高、说理能力强等作为要求，积极吸纳村里老党员、老干部、村民组长、道德模范和其他群众代表等担任，针对与村民生产生活密切相关的内容进行评理、评价、劝说等。

案例 6-1-4

越丰村首创"道德评判团"

浙江省桐乡市越丰村2013年初启动自治、法治、德治融合的基层社会治理创新试点，尤其注重德治的先导和教化作用，构建了"一约两会三团"为重点的三治融合创新载体。

"一约"即村规民约，"两会"即百姓议事会、乡贤参事会，"三团"即百事服务团、法律服务团、道德评判团。越丰村成立了当时第一个村级道德评判团，村里很多事情都需要村民一起来评一评、议一议、判一判才能出结果。一些老党员、老干部等成为"红娘舅"，通过拉家常、讲事理、说法理，以评立德、以评解纷。如村里曾打算挖掘闲置空间改造成公共停车位，解决停车难问题，但推行起来却很难得到全部村民认可。为了把好事办好，道德评判团主动上门，耐心答疑，解开村民心里的"疙瘩"，助推工程顺利完成，惠及 100 多个农户。

村民参与村庄治理、评判事情好坏，形成了"大事一起干、好坏大家判、事事有人管"的乡村治理新格局，村民道德素质不断提高，村庄发展日新月异。

三、探索运用积分制

乡村治理中运用积分制，是在农村基层党组织领导下，通过民主程序，将乡村治理各项事务转化为数量化指标，对农民日常行为进行评价形成积分，并给予相应精神鼓励或物质奖励，形成一套有效的激励约束机制。

2018 年积分制作为一种扶贫举措写入《中共中央国务院关于打赢脱贫攻坚战三年行动的指导意见》。2020 年 7 月，中央农村工作领导小组办公室、农业农村部印发《关于在乡村治理中推广运用积分制有关工作的通知》，要求进一步创新乡村治理方式，在乡村治理中推广运用积分制。2021 年至 2024 年，中央一号文件连续四年提出推广积分制。

实践证明，积分制可以有针对性地解决乡村治理中的重点难点问题。通过对乡村治理各项事务进行量化积分，并给予相应物质或精神激励，把纷繁复杂的村级事务标准化、具象化，农村基层治理由"任务命令"转为"激励引导"，提高了农民参与乡村治理的积极性，提升了乡村治理的精细化、科学化、规范化水平。

案例 6-1-5

积分制把"村里事"变成"家里事"

湖南省新化县油溪桥村是典型的石灰岩干旱村，为摆脱缺水困境，2007 年村内首创"村级事务积分制管理"模式，全村党员干部和村民义务出工，仅花费 60 余万元就完成了原本预计 300 万元的水源工程。在人人挣积分、亮积分、比积分、兑积分的过程中，一个深度贫困村成为如今的"全国十大乡村振兴示范村"。

油溪桥村的积分制分为基础分和管理建设分，前者确保村民参与并享受集体福利，后者则根据村民在村庄建设中的贡献进行量化加分，将村民的"山、土、力"、遵守村规民约和参与村里建设等逐项赋分，全面量化出工出力、责任义务、产业经营、诚实守信、家庭美德等各类表现，设立奖励量化指标 35 项、处罚量化指标 41 项，实现了村民利益与集体利益的紧密结合。

开发"村级事务管理平台"小程序，包含积分细则、评议细则、积分公示、积分看板等栏目，村民自主记分并上传凭证，村干部线上核实审批，实现了积分制度线上化、透明化、高效化。积分制还与股份制进行挂钩，积分变股份、股份变分红，从根本上激发了乡村治理的内生动力。

在推广运用积分制过程中，要注意把握好几方面问题：一是坚持党的领导；二是合理设置积分内容；三是确保农民群众广泛参与；四要加强积分结果的运用；五要规范程序和内容。

法律/政策导航

确保农民群众广泛参与。要依托村民自治组织和各类群众性协商活动，将积分的主要内容、评分标准、运行程序等环节交由群众商定，广泛征求农民群众意见和建议，让农民群众全程参与积分制的制度设计，确保积分制符合农民群众意愿，维护农民群众民主权利。

加强积分结果运用。要树立正确导向，坚持精神鼓励为主、物质奖励为辅，正向激励为主、奖罚结合的原则，结合经济水平和群众需求创新奖励方式，充分发挥积分制的激励约束作用。

——中央农村工作领导小组办公室 农业农村部《关于在乡村治理中推广运用积分制有关工作的通知》

四、发挥道德模范引领作用

实施德治，要通过道德力量来感召群众。道德力量首先来自道德模范。要广泛开展农村道德模范评选表彰活动，开展农村文明家庭、星级文明户、五好家庭等创建活动，开展最美邻里、身边好人、好公婆、好媳妇、好儿女等选树活动，设立四德榜、慈孝榜、光荣榜、好人榜等荣誉榜单。充分利用乡村社会涌现出来的好人好事，通过老百姓喜闻乐见的形式进行宣传，发挥身边榜样的感染和示范效应，形成良好乡风。

案例6-1-6

教女有方人称赞 百里迢迢送金匾

河南省巩义市竹林镇把"十好"标兵评选作为乡村治理的重要举措，每年年底开展好党员、好团员、好干部、好职工、好居民、好商户、好少年、好夫妻、好媳妇、好家庭评选表彰，至今已坚持40余年。

"好媳妇"标兵是"十好"评选中的重要一项，每届镇党委都把"评选好儿媳"和"为好儿媳娘家挂匾"活动作为大事来抓，认真评比好媳妇标兵，隆重表彰。表彰大会之后，对评出的"好媳妇"，由镇领导带队，扎起彩车、敲锣打鼓，将"教女有方"的喜匾和喜报送到"好媳妇"标兵的娘家报喜致谢。有时送一块匾要驱车几百里。通过隆重、热闹的送匾活动，真正做到了表彰一个、教育一方，在竹林镇，争做好儿媳已蔚然成风。

五、发挥家庭家教家风的重要作用

家庭是基层社会治理的重要基础，培育和践行社会主义核心价值观，要坚持从家庭做起。中共十九届四中全会提出"注重发挥家庭家教家风在基层社会治理中的重要作用"，中共二十大报告提出"加强家庭家教家风建设"。传统家教家风中以和为贵、与人为善、自强不息、诚实守信等价值理念，与社会主义核心价值观高度契合。在乡村治理中，可以把家庭家教家风作为重要抓手，深入发掘其中的道德元素，并对其进行时代化创新，充分发挥其涵养道德、厚植文化、润泽心灵的德治作用，成为引导乡村良好风尚的内在驱动力。

案例6-1-7

高李村的家风牌

山东省邹城市高李村虽然地处偏僻，却是远近闻名的"状元村"，曾获得全国妇联、教育部、中央文明办命名的"全国家庭教育示范社区"。40多年来，这里走出了1名院士、13名博士、60余名硕士、700多名学士及大中专院校毕业生。

高李村"崇文重教"的优良民风由来已久，底蕴深厚。如今许多农户家的门上，醒目地贴着家风牌："做事要勤，做人要忠""诚实守信、博学笃志""忠厚传家远，诗书继世长"……家风牌上内容各不相同。谁家有这样一个家风牌，意味着这家有个大学生，小小家风牌成为一份特殊的"光荣牌"。

家风正，则民风淳。高李村有着浓厚的文化氛围，一个人影响一家，一家影响两家，一代人影响几代人，榜样的力量润物无声，带给乡村的是与外界更多的信息和联系，更是一种发展的底气和力量。

阅读与思考

"道德银行"让有德者有得

多年前，湖南省长沙市岳麓区望月湖社区创建了全国首家"道德银行"。许多乡村在脱贫攻坚中把"道德银行"活学活用，把一些生活物资的免费领取改为凭积分领取，把不劳而获改为多劳多得、多善多得，有效改变了一些贫困户"等靠要"思想。事实上，这个"道德银行"适用于整个乡风文明的治理，当然也需要因时、因地、因人进行精准设计，并不断进行多元创新。在一些乡村，村民在"道德银行"的积分已经成为重要的"信用指标",可以兑换的远不止生活用品,还可以兑换志愿者的服务,可以享受银行贷款优惠,得到隆重的表彰和宣扬。

道德是一种修养,不可能绝对量化,但道德也是一种行为习惯,可以引导培育。从全国各地试验的"积孝""积善""积信""积勤""积俭"等道德积分来看,只要评判相对科学公平,就有利于形成向上、向好、向善的氛围。英国哲学家培根曾说过:"集体的习惯,其力量更大于个人的习惯。因此如果有一个有良好道德风气的社会环境,是最有利于培训好的社会公民的。"

思考:乡村德治实现常态长效,要让有德者有"得"。在推行积分制过程中,如何做到相对科学公平,让有德者有更多获得感,引导形成崇德向善的良好风尚?

项目二　加强农村精神文明建设引领乡村文明新风尚

农村精神文明建设要同传承优秀农耕文化结合起来，同农民群众日用而不觉的共同价值理念结合起来，弘扬敦亲睦邻、守望相助、诚信重礼的乡风民风。

——2022 年 12 月，习近平在中央农村工作会议上的讲话

任务一　大力推进移风易俗

一、推进农村移风易俗的背景

推进移风易俗，树立文明乡风，是培育和践行社会主义核心价值观、建设农村精神文明的重要内容。近年来，各地在革除农村陋习、树立文明新风方面取得了明显成效。但是，一些地区高价彩礼、婚丧大操大办、厚葬薄养等陈规陋习依然大量存在，广大农民群众反映强，也扭曲了社会价值观。

为了有效遏制农村陈规陋习，树文明新风，近年来，中央有关部门先后印发《关于进一步推进移风易俗 建设文明乡风的指导意见》《开展高价彩礼、大操大办等农村移风易俗重点领域突出问题专项治理工作方案》等，对农村地区移风易俗等工作进行专门部署安排。2021 年以来，"中央一号文件"连续四年对治理高额彩礼、移风易俗提出工作要求。

中共十八大以来，习近平总书记在不同时间、不同场合，多次就遏制农村陋习、推动移风易俗、树立文明乡风做出重要指示批示，要求"要旗帜鲜明反对天价彩礼，旗帜鲜明把反对铺张浪费、反对婚丧大操大办、抵制封建迷信作为基层精神文明建设的重要内容，推动移风易俗，树立文明乡风"；"农村移风易俗重在常抓不懈，找准实际推动的具体办法，创新用好村规民约等手段，倡导性和约束性措施并举，绵绵用力，成风化俗，坚持下去，一定能见到好的效果"。

▌法律/政策导航▐

持续推进农村移风易俗。坚持疏堵结合、标本兼治，创新移风易俗抓手载体，发挥村民自治作用，强化村规民约激励约束功能，持续推进高额彩礼、大操大办、散埋

乱葬等突出问题综合治理。鼓励各地利用乡村综合性服务场所，为农民婚丧嫁娶等提供普惠性社会服务，降低农村人情负担。完善婚事新办、丧事简办、孝老爱亲等约束性规范和倡导性标准。推动党员干部带头承诺践诺，发挥示范带动作用。强化正向引导激励，加强家庭家教家风建设，推广清单制、积分制等有效办法。

——《中共中央国务院关于学习运用"千村示范、万村整治"工程经验有力有效推进乡村全面振兴的意见》

二、推进农村移风易俗的具体做法

（一）在适当范围开展专项整治

从各地实践看，以县为单位开展为宜，范围太小难以形成氛围，范围太大则情况差异明显，会减弱政策效应。各级党委和政府要将其作为推进乡村振兴的一个专项整治工作，加强党的领导，统一谋划部署。相关法律法规修订中要增加有关内容，县、乡镇应出台红白事节俭操办的指导标准，出台相应的优惠政策和制约措施。

法律/政策导航

禁止包办、买卖婚姻和其他干涉婚姻自由的行为。禁止借婚姻索取财物。

——《民法典》

成年子女不履行赡养义务的，缺乏劳动能力或者生活困难的父母，有要求成年子女给付赡养费的权利。

——《民法典》

禁止借婚姻索取财物。一方以彩礼为名借婚姻索取财物，另一方要求返还的，人民法院应予支持。

——《最高人民法院关于审理涉彩礼纠纷案件适用法律若干问题的规定》

（二）发挥村民自治作用

发挥村民自治在移风易俗中的作用，强化村规民约的激励约束功能，提倡把喜事新办、丧事简办、弘扬孝道、尊老爱幼、扶残助残、和谐敦睦等内容纳入村规民约，组织村民参照指导标准，结合本村实际，完善婚事新办、丧事简办、孝老爱亲等约束性规范和倡导性标准，具体规定礼金数量、席面规模等，并针对突出问题制定相应的正面激励和约束性措施。坚持疏堵结合、标本兼治，创新移风易俗抓手载体，组建村民议事会、红白理事会、道德评议会、禁毒禁赌会等，遏制大操大办、厚葬薄养、人情攀比等陈规陋习。

案例 6-2-1

疏堵结合奖惩并重推动移风易俗

河北省肥乡区将红事标准纳入村规民约，规范村内理事会、老年人协会、村民议事会、道德评议会等章程和制度，出台《移风易俗节俭操办红白事参照标准》，各镇、村制定适合实际的《红事操办标准》，制定约束性规定，对操办红事的席面规模、用车数量、办理天数、待客范围、仪式程序等做出具体规定。各村成立村民事务理事会，由村党支部书记任理事长，乡贤能人、婚事操办人等任理事，协助操办本村红事。

移风易俗好家庭可享受多项政策，包括女方父母在乡镇卫生院每年免费体检；孕前孕期免费健康指导，新生儿专家体检费免收、床位费等四项费用减收；子女就读公立幼儿园，每年免收一个月保育费；创业贷款提高额度等。

建立常态巡查制度，由多部门组成移风易俗巡查组进行即时巡查、随机抽查。对红白事不报告或违反村规民约的村民，取消星级文明户评选资格，责令当事人在村民代表大会上做检查。对拒不承认错误、不做检查的，在媒体公开曝光。

（三）发挥党员干部带头作用

农村党员干部在移风易俗中应以身作则，率先垂范，带头公开承诺并严格执行，带动群众全面参与。加强纪律约束，鼓励地方对农村党员干部等行使公权力的人员，建立婚丧事宜报备制度，将操办婚丧事宜列入干部廉洁档案，组织相关部门开展常态化巡查，运用党纪党规对违规行为问责。同时发挥好组织监督和群众监督的作用，对违反相关规定的党员干部要进行相应的处理。

（四）加强宣传教育和公益服务

广泛开展内容丰富、形式多样的宣传教育，以社会主义核心价值观为引领，强化价值认同，注重寓教于乐，开展丰富多彩的文化活动，把中华传统美德和现代文明观念转化为农民群众的行为习惯和准则。发挥典型的示范引领作用，开展"零彩礼"典型、"移风易俗好家庭"等评选活动，形成强大舆论氛围。提供公益性服务，利用乡村综合性服务场所为农民婚丧嫁娶、养老等提供普惠性社会服务，充分发挥共青团、妇联等群团组织作用举办集体婚礼、搭建免费婚介平台、组织义务红娘队等婚恋公益服务，引导他们自觉抵制高额彩礼、大操大办等。

案例 6-2-2

邻里互助居家养老新路径

四川省眉山市高台镇诸葛村聚焦农村老人特别是特殊困难老人"做饭难、吃饭难"问题，整合资源筹资 50 万元建设了"长者食堂"。"长者食堂"采用"政府搭台+乡厨运营"模式，低偿服务普惠老人，日均接待 60 余人次。同时，充分发挥村党员志愿服务队、老年人协会成员的作用，成立了低龄老人服务高龄老人的志愿服务队伍，开展送餐、巡访帮扶及政策宣传服务。

为保障长效运营、持续发展，诸葛村实施"公建民营"模式，将"长者食堂"及其附属设施出租给业主，同时提高了村集体经济收入。同时，食堂承接村民红白喜事宴席、农忙时节合作社盒饭定制以及日常用餐等各项服务，以弥补低偿助餐运营所产生的成本。"长者食堂"还作为文化阵地，举办丰富多彩的文化活动，成为村民心中的暖心站。"党建引领、政社合作、以老养老"的农村居家养老服务体系，构建了人口老龄化村的治理新格局。

在大力推进移风易俗的过程中，还要坚持因地制宜。"十里不同风，百里不同俗"，要与当地经济社会发展水平和文化传统相适应，充分尊重当地习俗，充分考虑群众习惯和接受程度，不搞强迫命令，不搞"一刀切"。

【阅读与思考】

三次考察调研，习近平总书记为何都提到"移风易俗"

2024年以来，在湖南、重庆、山东考察时，习近平总书记都提到了一个词：移风易俗。

3月21日，在湖南考察，习近平总书记强调，切实加强乡村精神文明建设，大力推动移风易俗。

4月23日，在重庆主持召开新时代推动西部大开发座谈会，习近平总书记再次强调，加强农村精神文明建设，推进移风易俗，积极培育时代新风新貌。

5月24日，习近平总书记在山东考察时强调，要广泛践行社会主义核心价值观，持续深化城乡精神文明建设，抓好农村移风易俗，让现代文明理念在乡村深深扎根。

中共十八大以来，习近平总书记高度重视农村精神文明建设，把"乡风文明"作为推进乡村全面振兴的紧迫任务，多次强调要持续推进农村移风易俗。在习近平总书记看来，"农村精神文明建设是滋润人心、德化人心、凝聚人心的工作，要绵绵用力，下足功夫。"

思考：本村如何开展移风易俗工作？为何要"绵绵用力，下足功夫"？

▪ 任务二　繁荣发展乡村文化 ▪

一、认同乡村文化的时代价值

乡村是传统文化的根基所在，乡村文化振兴是乡村振兴的重要内容和有力支撑。繁荣发展乡村文化，能够为乡村全面振兴提供持久的精神力量。

中共二十大报告强调，中华优秀传统文化源远流长、博大精深，是中华文明的智慧结晶。农耕文化是中华优秀传统文化的重要组成部分，是加快建设农业强国的底气所在和自信之源。乡村文化既包括家族宗祠、农业遗迹、乡村景观等物质的部分，也包括农耕文化、民间曲艺、手工技艺、乡村节日与风俗文化等非物质部分，是传统农耕文明的表现，蕴藏着深刻的历史人文价值与经济价值。

乡村文化认同是广大农民对乡土文化的确认与接受，是对乡村生活方式、文化行为、思维模式的认可与遵守。代代相传的家风家教、敬天法祖的朴素情感、丰富多彩的民间文化，维系着中华民族最深层的集体记忆，也是新时代新征程乡村文化自信最深厚的土壤。要充分运用多种手段深入挖掘、传承、发展乡村文化资源，引导全社会真正理解、尊重、热爱乡村文化，认同乡村文化所蕴含的时代价值，找到传统文化和现代生活的连接点，推动乡村文化振兴。

二、传承优秀农耕文化

习近平总书记指出，"中国式现代化是赓续古老文明的现代化，而不是消灭古老文明的现代化""我国很多村庄有几百年甚至上千年的历史，至今保持完整。很多风俗习惯、村规民约等具有深厚的优秀传统文化基因，至今仍然发挥着重要作用"。中华文明根植于农耕文明，农耕文明是中华优秀传统文化的根，"耕读传家久，诗书继世长"的优秀传统和乡土文化伦理深深浸入民族血液中。农村精神文明建设要同传承优秀农耕文化结合起来，深入挖掘优秀传统农耕文化蕴含的思想观念、人文精神、道德规范，推动农耕文明和现代文明要素有机结合，因地制宜挖掘、保护、开发、利用好各地的农耕文化资源和优势，在赓续农耕文明中，不断涵育新时代乡村新风貌。

拓展学习

西北农林科技大学教授樊志民认为：中华农耕文明一个非常有特色的理念就是"三才观"，"三才者，天地人"，我们从不认为农业单纯是人的事，不把人放在凌驾于自然之上的位置，而是强调"为之者人也，生之者地也，养之者天也"，"顺天时，量地利，则用力少而成功多"。在古人的观念里，因地制宜、人与自然的和谐统一比人的经营、劳动更为重要。在这种人与自然和谐相处的思想指导下，中国古人有一种强大的、始终如一的生存理性，这让我们在几千年的发展中一直没有犯颠覆性的错误，从而奠定了中华文明历史连续性的根基。

三、加强乡村优秀传统文化保护传承和创新发展

2024年中央一号文件提出，"强化农业文化遗产、农村非物质文化遗产挖掘整理和保护利用，实施乡村文物保护工程"。习近平总书记强调，保护农业文化遗产是人类共同的责任。

农业文化遗产是传统农耕文化的精华，具有多方面重要价值。各级人民政府和村级组织应当坚持在发掘中保护、在利用中传承的原则，加强对历史文化名镇名村、传统村落和乡村风貌、少数民族特色村寨的保护，有计划地建设特色鲜明、优势突出的

农业文化展示区、文化产业特色村落、传统村落集中连片保护利用示范；采取措施保护农业文化遗产和非物质文化遗产；挖掘优秀农业文化深厚内涵，弘扬红色文化，传承和发展优秀传统文化；合理利用乡村历史文化资源，依托传统村落、农业遗产等举办文化体育特色活动。

拓展学习

重要农业文化遗产

全球重要农业文化遗产由联合国粮农组织发起并负责认定，被定义为"农村与其所处环境长期协同进化和动态适应下所形成的独特的土地利用系统和农业景观。这些系统和景观具有丰富的生物多样性，可以满足当地经济社会与文化发展的需要，有利于促进区域可持续发展"。截至2023年底，我国共有"浙江青田稻鱼共生系统"等22项全球重要农业文化遗产，数量居世界首位。

中国重要农业文化遗产由农业农村部认定，被定义为，"人类与其所处环境长期协同发展中，创造并传承至今的独特的农业生产系统"。截至2023年底已有"河北宣化传统葡萄园"等189项农业文化遗产获得国家认定。

四、丰富农民文化体育生活

文化体育活动对于激发乡村发展活力、促进农民健康和全面发展、丰富乡村文化、推动乡风文明建设具有重要作用。《乡村振兴促进法》规定，"各级人民政府应当采取措施丰富农民文化体育生活，倡导科学健康的生产生活方式""健全完善乡村公共文化体育设施网络和服务运行机制，鼓励开展形式多样的农民群众性文化体育、节日民俗等活动"。2024年中央一号文件指出，坚持农民唱主角，促进"村BA"、村超、村晚等群众性文体活动健康发展。

乡村有丰富的可依托的水域、山地、空域、森林、草原等自然资源，开展群体性文体活动，既有助于增强乡村内部凝聚力，也有助于地方文化更好地传播，同时带动经济发展，赋能乡村振兴。村级组织应加强场地、基础设施、文化管理人员等方面的建设和保障。

法律/政策导航

鼓励引导具备条件的乡村在农闲期间开展村民自编自导、自演自赏的"村晚"，生动呈现乡村振兴的丰硕成果，促进文旅融合，推进移风易俗，树立文明乡风，激发新时代乡村振兴的文化活力。

——文化和旅游部办公厅《关于开展"四季村晚"活动的通知》

依托乡村绿水青山的自然生态优势，以"美丽乡村"为主题，打造"体育赛事＋

乡村旅游＋传统文化＋全民健身"多元融合发展的品牌体育赛事活动。

——国家体育总局等 12 部门《关于推进体育助力乡村振兴工作的指导意见》

农耕农趣农味文化体育活动。坚持农民唱主角，支持各地自主举办庙会、社火、灯会等传统节庆和"村 BA"、村跑、"村 VA"、村超、村乒、村歌、村钓、村厨、龙舟赛、广场舞、太极拳、舞龙舞狮、传统民间体育等群众性文体活动。

——农业农村部办公厅、中国文联办公厅《"大地流彩——全国乡村文化振兴在行动"工作方案》

阅读与思考

村晚、村超、"村 BA"　农民是主角

速度，汗水，伴随着激动人心的喊叫，这是一个令人难忘的夏天，也是榕江县足球场上最火热的时刻。继举办了"村 BA"后，贵州省榕江县接着举办了一场现象级的乡村足球联赛，这是基于榕江县近八十年的足球运动发展而产生的赛事，20 支当地群众组成的球队参加这场比赛，著名足球评论员韩乔生在现场解说。村超，就是这次乡村足球超级联赛的简称。

村晚则是由"乡村春晚"一词简化而来，先是指代为庆祝春节村庄举办的文娱活动，以类似"春节联欢晚会"的形式而得名，而后渐渐扩大范围，泛指在村庄发生的群体性文娱活动，不受限于庆祝某一节日。

榕江县选择了足球，而月山村的选择是办春晚。月山村是浙江省庆元县里的一个传统村落，具有超过一千年的历史，人文底蕴深厚。1981 年便有关于月山村举办乡村春晚的报道，月山村也是目前被认为是全国最早举办乡村春晚的地方。月山春晚发展于早期村民对于自身文化娱乐的需要。最开始，村民就是表演地方乡土节目，时间控制在一两个小时，在这段时间里，全村人享受节日的氛围，互相祝福。在乡村逐渐"被看见"的过程中，春晚演变成了"村晚"，举办时间不受限，文化内容更加丰富。在村晚的观众里，村民看到的是乡愁，外人看到的是新鲜。

思考：村晚、村超为何火爆？群体性文体活动能为村庄发展带来哪些益处？

模块七　探索乡村智治新模式

学习目标

1. 理解乡村智治的背景与作用；
2. 了解乡村智治模式的主要内容；
3. 掌握村级党务村务管理数字化的要求；
4. 学会运用数字化手段提升服务村民能力；
5. 提高对乡村安全治理数字化的认识。

任务描述

　　晓明在工作中深深体会到，数字技术发展迅猛，传统的线下治理模式已经无法满足新时代的要求，必须与时俱进，将党务村务管理工作从线下拓展到线上。这时，他看到关于申报"数字乡村示范村"的通知，立刻着手积极申报。在乡村治理方面，数字化、智能化的乡村治理究竟包括哪些方面，要实现怎样的治理图景，晓明感觉头脑中还比较模糊。他认真学习国家关于数字乡村建设的政策文件，到先行先试的示范村实地考察，结合本村实际渐渐形成了关于乡村智治的整体思路框架。

项目一　了解乡村智治的内涵

　　当今世界，信息技术创新日新月异，数字化、网络化、智能化深入发展，在推动经济社会发展、促进国家治理体系和治理能力现代化、满足人民日益增长的美好生活需要方面发挥着越来越重要的作用。

——2018 年 4 月 22 日，习近平给首届数字中国建设峰会的贺信

一、乡村智治的背景

近年来，随着经济社会快速发展、城镇化和城乡一体化建设步伐加快，农村社会结构发生了深刻变化，乡村治理面临人口流动日益增加、农民利益诉求日益多元化、新型社区大量出现、治理要求日趋提高等一系列挑战。

同时，我国进入数字社会快速发展阶段。截至 2023 年 6 月，我国网民规模达 10.79 亿，互联网普及率达 76.4%，现有行政村全面实现"村村通宽带"，农村地区互联网普及率达 60.5%。互联网、大数据、人工智能等新技术渗透到农业生产和农村生活各领域，改变了人们的思维、交往方式和生活习惯。

适应数字化变革新趋势和农村治理环境深刻变化，用数字技术赋能乡村治理，推动管理和服务的精细化、智能化和高效化，已经成为推动乡村治理现代化的重要手段。

中共十八大以来，出台了一系列政策文件，对数字乡村发展进行部署。2019 年，中共中央办公厅、国务院办公厅印发《数字乡村发展战略纲要》，对数字乡村建设的指导思想、基本原则、战略目标、重点任务做出部署；2020 年，中央网信办等七部门联合印发《关于开展国家数字乡村试点工作的通知》；2021 年，国家"十四五"规划提出"加快推进数字乡村建设"，《"十四五"国家信息化规划》将"数字乡村发展行动"列为十大优先行动之一，中央网信办等七部门印发《数字乡村建设指南 1.0》；2022 年，中央网信办等十部门印发《数字乡村发展行动计划（2022—2025 年)》部署数字基础设施升级、智慧农业创新发展、数字治理能力提升等八方面重点行动，中央网信办等四部门发布《数字乡村标准体系建设指南》，中共二十大报告提出"完善网格化管理、精细化服务、信息化支撑的基层治理平台"；2023 年，中共中央、国务院印发《数字中国建设整体布局规划》提出深入实施数字乡村发展行动，以数字化赋能乡村产业发展、乡村建设和乡村治理；2023 年、2024 年中央一号文件均提出"实施数字乡村发展行动"。

法律/政策导航

着力发挥信息化在推进乡村治理体系和治理能力现代化中的基础支撑作用，繁荣发展乡村网络文化，构建乡村数字治理新体系。

——中共中央办公厅、国务院办公厅《数字乡村发展战略纲要》

二、乡村智治的含义

乡村智治是数字乡村建设的一个重要部分，是现代信息技术和乡村治理深度融合的产物，是伴随乡村自治、法治、德治建设出现的乡村治理新形态，通过数字技术的嵌入及治理思维的转变，有效提升乡村治理效能，推进乡村治理现代化。

根据《数字乡村发展行动计划（2022—2025 年)》《数字乡村标准体系建设指南》

等文件，乡村智治涵盖智慧党建、数字监督、综合治理信息化、"互联网＋政务"服务等诸多场景内容，可概括为以下几方面的数字化：

第一，村庄管理的数字化。加强农村党务、村务信息化建设，推广"网格化＋数字化"，提高村庄管理效能。实行"积分制＋数字化"，提高村民参与乡村治理积极性。通过微信群、公众号等平台，扩大村民参与村庄事务的渠道。推动村务、财务网上公开，加强对村级重要事项的监督。

第二，村民服务的数字化。推动"互联网＋政务服务"向农村延伸，建立乡村数字化便民服务平台，方便群众就近办事，实现服务"网上办""掌上办""快捷办"。推进远程教育、线上诊疗及各种基本公共服务资源惠及群众。

第三，安全治理的数字化。深入推进农村"雪亮工程"建设，提高农村社会综合治理数字化能力，实现智能化防控全覆盖。加强农村智慧应急管理体系建设，健全对各种突发事件和灾害的及时反馈、快速响应机制。

三、乡村智治的作用

数字技术在乡村治理中的应用，有利于解决当前存在的信息不对称、村民参与不足等问题，全面提升治理效能和群众满意度。

第一，解决信息沟通不畅的问题，促进乡村治理精准化。微信群、公众号等信息化平台，能够及时传达政策信息、表达和回应利益诉求，在村民和村干部之间架起交流沟通的"数字"桥梁，有助于打破乡村治理中的信息壁垒，提高治理的精准化和精细化水平。

第二，解决村民参与不便的问题，构建共建、共治、共享的乡村治理格局。移动互联网技术打破了空间距离的限制，使得村民无论身处何处，都能便捷地参与乡村事务，为村级事务民主协商、民主决策的实施提供了更加有利的条件。

第三，解决基层办事跑腿多的问题，给村民带来实惠和便捷。有了数字化服务平台，"最多跑一次""不见面审批"等模式在许多乡村推广，提高了群众办事的便捷程度。农村"雪亮工程""互联网＋公共法律服务"等项目实施，促进了平安乡村、法治乡村建设，群众获得感、幸福感、安全感大幅提升。

第四，解决监督难的问题，为乡村发展营造风清气正的环境。通过数字化手段，党务、政务、村务信息更加公开透明，村民的知情权、参与权得到维护；打造村级数字化监督平台，有利于人人参与监督、时时处处监督，促进农村基层权力规范运行。

阅读与思考

华中师范大学中国农村研究院"百村观察"课题组，对全国21省份121村1 815户农民进行了问卷调查和深度访谈，分析了当前数字乡村建设的整体状况和面临的突出难题，并对如何有效推动数字乡村建设提出对策建议。调研发现，数字化正在潜移默化地改变着乡村的治理模式和农民的生产生活方式。

　　进展：数字基础设施越来越完善，网络宽带的农户普及率已达到较高水准；数字平台种类越来越丰富，越来越多的地方都在积极开发各类便利服务的数字平台，并持续推动平台在乡村落地；数字办事效率越来越便捷。受访村民说，"只要你会用，线上办事要比线下快得多"。

　　局限：村务电子化办理普及率不高；数字平台使用频率总体较低，村干部和村民还是习惯线下的办事方式；线上业务办理范围较为有限，很多事还是需要线下办，无法真正满足村民差异化的诉求。

　　思考：结合本地实际，你认为怎样才能让数字化真正赋能乡村发展？

项目二　提升村庄管理数字化水平

要用好现代信息技术，创新乡村治理方式，提高乡村善治水平。

——习近平

任务一　推进农村基层党建数字化

一、数字党建的含义

所谓数字党建，与"互联网＋党建"、智慧党建等在内涵上是相融相通的，是指在互联网、大数据等现代技术支持下，推动党建工作数字化、智能化，提升党建工作效能。这既是信息化时代发展的客观要求，也是党建工作改革创新的必然要求。

在农村，基层党组织依托数字技术，整合信息载体、管理服务和党务功能于一体，将党组织信息收集与发布、组织生活、党员教育与管理等内容搬上"云端"，推动基层党建传统优势与信息技术深度融合，提高党组织的组织能力和服务水平，以新技术、新形式夯实基层党组织战斗堡垒作用，全面推进乡村振兴。

法律/政策导航

完善农村智慧党建体系。推进全国党员干部现代远程教育系统优化升级，扩大网络党课在农村党员教育中的应用。丰富党建信息化综合平台功能，加快基层党组织"上云"。综合运用重点新闻网站、政务网站、"两微一端"等平台，积极稳妥、依法依规推动党务、村务、财务等信息网上公开，拓宽党群沟通渠道，畅通社情民意。

——中央网信办、农业农村部等十部门《数字乡村发展行动计划（2022—2025年）》

二、数字党建的表现形式

第一，线上渠道。利用电视、手机、计算机等载体，依托数字平台、微信公众号、移动客户端等，推动乡村党建管理信息化，建设党组织管理、党建活动管理、党建宣传、党员先锋等功能模块，向广大党员干部传播文字、图片、视频等信息，实现信息共享和工作交互等功能，赋予基层党建新活力。

第二，线下渠道。利用互联网和数字技术，打造沉浸式、体验式智慧党建展厅或实训基地，通过VR仿真体验、虚拟互动等，让参观者全方位、多角度地接受党史教育，提高教育效果。

三、数字党建的主要内容

第一，建好用好基层党建数字化平台。数字技术赋能党建的基本呈现形式是平台化。通过构建农村智慧党建体系、开发使用数字党建系统等，让农村党建工作平台上"网"，让基层党组织上"云"，让全体党员上"线"，从而推动农村党建突破时空限制，破解农村基层党组织散、党员流动性大的难题，凝聚起乡村振兴的强大力量。

数字化基层党建平台建设需要加强顶层设计，打破部门数据壁垒，实现资源共享、信息互通。目前，在国家和省级党建平台建设方面有许多成功探索，如山东省 2017 年开通的"灯塔－党建在线"平台，围绕党建宣传、党建管理、党建数据、党员教育、党群服务五项功能，以服务党员群众、各级党组织和组织部门为目标任务，开发建设 1 个门户网站、3 个网络学院、32 个应用系统、1 个大数据中心，开设"灯塔微信""灯塔微视""灯塔有声""灯塔抖音"，开通"灯塔－党建在线"电视，开展"发现榜样""我来讲党课""我和我的支部"等党员教育活动，成为全省党员干部的线上家园。在村一级，主要是用好党建平台，条件具备的情况下在数字乡村建设中可因地制宜开发具有本村特色的党建平台。

案例 7 - 2 - 1

三水区搭建"红色 e 站"智慧党建平台

广东省佛山市三水区建立了融党员管理、服务群众、基层治理等于一体的"红色 e 站"智慧党建平台，运用网络信息技术创新党建工作载体、提升服务水平。"红色 e 站"涵盖了党务公开、在线学习、党员教育、个人中心、统计分析等 10 余个党建模块，通过公众号定期推送党的建设和组织工作的重要部署、中共二十大精神等重要文件解读等，组织党员开展线上学习。设置了"微心愿"发布栏，由各基层党组织收集辖区党员群众的"微心愿"，并定期发布到平台上，鼓励有条件的党员主动认领"微心愿"，有效解决了帮扶信息不"实"、有条件的党员不能"帮"等问题。

案例 7 - 2 - 2

微信平台上的党建云

四川省甘孜州沙江村党支部根据流动党员多的特点，在微信小程序—数字沙江智慧平台上开设了"智慧党建"栏目，采用线上线下结合、远程学习等形式，进行党组织信息、党员风采、党支部活动等信息常态化展示。平台定期更新发布党务公开相关信息，提供支部介绍、党务公开、党史学习、主题教育、支部共建、党员风采等内容，打破了传统党建工作在时间、空间上的限制，整合各类资源，为农村党员提供了交流、学习、互动的数字化平台。

第二,创新网上党组织活动和党员教育形式。数字新技术具有交互性、共享性等优势,有利于扩展党建空间,创新党组织活动形式,党员学习教育形式更加灵活多样,满足集中学、在线学、课后学等多元化学习需求,提高党组织建设质量。

法律/政策导航

主动适应信息时代新形势和党员队伍新变化,积极运用互联网、大数据等新兴技术,创新党组织活动内容方式,推进"智慧党建",使党内政治生活始终充满活力,坚决防止和克服党内政治生活不讲创新、不讲活力、照搬照套的倾向。

——《中共中央关于加强党的政治建设的意见》

第三,推进党务管理信息化。建立健全党员信息数据库;在网上做好发展党员、联系党员、教育党员等工作;搭建可视化操作平台,制定党员承诺践诺、"我为群众办实事"等模块,加强对农村党员干部的监督、管理和考核;探索推进线上党务公开,开设网络群众测评板块,促进群众监督基层党组织;建立积分管理系统,惩戒约束机制和激励机制相结合,有效调动农村党员干部的工作积极性。

第四,建立健全网上服务型党组织。建立网上党群公共服务平台、党员微信群等,探索"线上+线下"党员联系群众、服务群众新方式。村民有困难可通过平台给党组织留言、求助,打通服务群众"最后一公里"。

案例 7-2-3

"数字党建-村干部画像"助力村干部管理考核

山东省济宁市兖州区漕河镇推进"数字党建-村干部画像"系统建设,利用互联网和数字技术,推进组织工作数字化转型,提升基层治理精细化水平。该系统主要包含村党支部书记管理、村级工作考核两个模块,具备村党组织评星定级、村级千分考核、村干部画像等功能。系统中具有各村党支部书记考核内容,乡镇对村干部的考核等可在线上进行,数据可一键汇总、便捷查询,工作效率大大提高;村干部可及时上报加分项,能直观地看到本村在全镇的排名,起到很大激励作用。村干部管理信息化和村级考核日常化,促进了村级党建规范化。

任务二　探索数字化村务管理

一、数字化村务管理的主要内容

数字化村务管理，是指依托互联网平台开展村务管理、村务财务公开、村民档案信息管理等工作，让乡村治理接受群众监督。具体来说，包括建设村务管理数字化平台、村民网上协商议事、村务财务网上公开、通过网络实施监督以及其他村务事项。

▌法律/政策导航▌

亟需进一步发掘信息化在乡村振兴中的巨大潜力，促进农业全面升级、农村全面进步、农民全面发展。

——中共中央办公厅、国务院办公厅《数字乡村发展战略纲要》

二、建设高质量数字化平台

浙江省湖州市德清县制定的地方标准《乡村数字化治理指南》，把乡村治理数字化平台定义为：以发现问题智能化、处理过程自动化、事件管理全流程为核心，面向政府部门、乡村基层组织、市场主体和村民等服务对象，提供数据资源整合汇聚、辅助决策的信息化平台。平台具有连通性、计算性和交互性，能够把更多人纳入数字系统中，将各类治理行为、治理要素数据化，在线上实现人人参与、即时互动，为村民搭建起"线上乡村"，能够有效推动城乡治理一体化进程。

▌拓展学习▌

为解决未来乡村建设中数字化场景应用水平低、重复建设的问题，浙江省温州市编制了《温州市未来乡村数字化应用场景建设样板》。样板按照"一舱十场景"架构编写，"一舱"即乡村治理端，汇聚乡村治理中的业务数据，为乡村治理、指挥、调度等提供数字化支撑。"十场景"即围绕邻里、教育、健康、文化、低碳、生产、建筑、交通、智慧、治理等十大场景的数字化应用，基本实现"小事不出村、大事不出区"的数字化便民服务。同时创新未来乡村管理服务应用机制，以积分制为手段，对村民、游客、商户、干部等群体参与未来乡村的管理服务活动进行数字化评价，并通过村民信用贷款等应用，促进村民参与自治，由此形成相对闭环的可持续治理体系。

"鄂参与"村级事务管理平台

湖北省的"鄂参与"村级事务管理平台开通了"村规民约""村民说事""通知""大喇叭""三务公开"等数字村务模块。"村规民约"模块根据中央农办、农业农村部关于积分制的要求,将公益事业、移风易俗、家庭和睦、垃圾分类处理等村规民约事项量化积分,实现积分申请、审批、公示和兑换线上处理,村民可随时查阅积分情况,村干部通过手机审批、统计积分,村民积分排行一目了然。"村民说事"模块辅助构建"云端党群服务中心",村民可以就村级事务建言献策,可以向村级组织反映问题和诉求,村干部及时回应,通过村民说、大家议、干部办、群众评,推进乡村建设。"通知""大喇叭"等模块及时发布村里的会议、活动通知和应急事项,发布农资供应和农产品销售等信息,推介农业新品种、新技术、新模式,提醒农事注意事项,分享生产生活经验和收获感受,报告有关村级事务推进动态。"三务公开"模块则根据国家有关部委关于清单制的要求,编制村级小微权力清单、村级事务清单、公共服务事项清单等,实行党务、政务、村务、财务公开,让村民随时随地了解政策和情况,参与监督。

三、网上议事协商拓展参与渠道

数字平台的应用,为村民的民主参与开辟了新的渠道,通过微信群、"移动议事厅"等平台,能够把包括在外务工群体在内的村民组织起来,让更多村民参与村里重大事项的讨论,实现"在线议事""随时说事",克服村级会议"找人难"的问题。同时,借助数字平台可以实现在线投票、自动计票等,推动决策过程公开透明,提高了村级决策的民主性和科学性,进一步丰富了村民自治形式。

"人工智能+屋场恳谈"协商

湖南省衡南县的屋场恳谈会制度探索了基层治理新模式。大广村由于村里外出务工人员多,召开屋场恳谈会时往往难以凑齐各家各户的代表,常常需要在逢年过节时或采取委托他人参会的方式进行。为解决这一问题,他们推行了"人工智能+屋场恳谈"新模式,整合云计算、互联网、人工智能等技术手段,实现了对屋场恳谈会全过程的数字化支撑。外出务工的村民可通过视频直播等形式远程恳谈,实时参与村级事务、发表意见、为家乡发展贡献智慧;协商议事的具体情况、达成的共识以及实施措施,都会同步至手机 App 上,便于村民随时查看议题进展、监督议事成果,并对协商过程和结果进行评价。该应用系统还能根据村情和村民建议,自动筛选出合适的方案并分析方案可行性，提升了治理的专业化、科学化水平。村民的参与感和获得感增强，协商议事的效率和质量大大提高。

"码"上议事

江苏省淮安市开发了"有事好商量——'码'上议"平台。他们在建立线下协商议事阵地的基础上，按照"一室一码"原则，构建起市县镇村一体式、全闭环的"码"上议平台体系，群众可随时随地扫码加入、反映诉求并实时跟踪处理进展。该平台打破时间、空间限制，软件操作简单、使用方便、随时"发声"，能保障群众更为便捷地参与协商治理全过程。形成的协商共识能及时转化成协商纪要反馈给党委、政府，群众也能及时了解反馈落实情况。

借助"码"上议平台，搭建起掌上红白理事会、道德评议会等群众自治组织，可线上召开村民知情会、移动议事厅，引导群众线上议事。通过"码"上议平台，实现了线上线下、场内场外、上级下级、码上码下力量聚合，为乡村治理赋能增效。

四、线上村务公开提升监督水平

通过建立"村民微信群"、推广村级事务公开监管平台，能够推进村级事务和重大事项及时公开，村级工程建设项目管理、办事结果等及时公示，提高了村庄治理信息的透明度，保障了农民群众的知情权，促进了村务监督常态化；推进了村级基础台账电子化，加快了农村集体资产监督管理平台建设，促进建成便民快捷、管理高效、上下联动、部门共享的农村集体资产大数据库。运用数字技术反映农村基层社情民意，对群众反映强烈的领域及时加以整改，能够有效提高村民参与村庄治理的积极性。

▌法律/政策导航▐

打造未来治理场景。坚持和发展新时代"枫桥经验"，顺应基层治理体系变革，全面实施阳光治理工程，深入开展平安乡村建设和省级善治示范村创建，规范提升全科网格建设，推动自治、法治、德治、智治融合。广泛实行群众自我管理、自我服务、自我教育、自我监督，发挥好各类社会组织作用，强化农村集体"三资"（资金、资产、资源）云监管、"三务"（党务、村务、财务）云公开。

——浙江省人民政府办公厅《关于开展未来乡村建设的指导意见》

案例 7-2-6

"为村"平台全面服务乡村治理

广西桂林市平口村干部借助"为村"村级事务管理平台，实时发布"我在干什么""准备干什么""希望村民怎样参与""参与后会有什么样的回报"，让村民对村里的各项事务看在眼里、心里有底、行动有章。

村庄垃圾清理、活动通知、售卖农产品等信息，一个平台即可掌握和解决；村民可以通过"村民说事"窗口建言献策，向村级组织反映问题和诉求，很快就能收到回复；平台提供的"积分制"功能，村民参与村庄共治、共管活动可以得到积分并兑换物品。"三务公开"栏目则能让村民足不出户就可以及时了解相关政策和情况，提升了村民关注、参与村庄事务的积极性和主动性，让村务在阳光下运行，权责更加明晰，群众更加信任，打开数字化乡村治理新局面。

案例7-2-7

村级监察"智治"提升监督效力

浙江省推广应用村级小微权力"监督一点通"平台，探索村级监察"智治"模式。在平台被公开监督的小微权力事项，开通"一村一码"，广泛张贴告知监督二维码，实现村级事务"码上知"、权力运行"码上督"。一位村民向村监察工作联络站反映近期频发盗采砂石事件，建议村里加大巡查力度，防止村集体矿产资源流失、降低汛期安全隐患。村监察工作联络站立即"接单"、全程督办。两天后，庙下村组建了动态巡查队，分组分片对重点河段开展动态巡查；并对村内3个重点河段安装了监控，24小时实时监管。由于在平台上提建议智能、便捷，不但有结果反馈，而且整个过程都清晰可见，群众建言献策的动力更足了。

拓展学习

基层小微权力"监督一点通"平台

基层小微权力"监督一点通"平台，是由中央纪委国家监委统一建设的为解决群众诉求、引导群众参与监督的服务平台，专门负责监督基层小微权力运行，督促解决群众身边的操心事、烦心事、揪心事。群众可以上网查询基层的党务村务工作、集体"三资"管理、工程项目建设、惠民资金发放等情况，也可以在线反映部门、干部办事作风问题。

五、推进村庄管理数字化应注意的问题

第一，加强顶层设计，打造更加便捷实用的数字平台。高质量的数字化党建资源和数字管理平台，需要有关部门统筹规划设计。要树立开放性、系统性、整体性的思维理念，增强政府内部的协同联动，实现各级组织之间的数据资源互通共享，提升乡村治理科学化、精准化、标准化水平。要立足当地乡村实际，紧贴党员和群众需求，以简单方便、有效管用为原则，提升数字平台内容的实用性和针对性。

第二，注重人才培训，提升数字素养。村干部要学网、懂网、用网，通过培训、交流、自主学习等，加快提升数字素养，提高运用网络收集村情民意、回应群众关切的能力,成为有互联网思维和应用能力的新时代村干部。要加强对农民的数字技能培训,尤其要关注农村老年群体的特殊需求,帮助他们提升对数字乡村的认知和使用智能手机的能力,积极融入数字时代。

第三,强化信息安全,保护国家利益。建设数字化党务村务管理平台,要特别注意信息安全问题。要在信息安全方面加强指导、强化责任,加强对信息传输、发布和档案管理等各流程的管理监控。要利用专业技术手段,完善网络安全等级保护,切实保障数据信息安全。

第四,线上线下结合,增强村级组织凝聚力。借助互联网把一些传统的党务村务工作和交流互动转移到虚拟空间,虽然有利于打破时空限制,但也可能导致人际关系疏离和组织关系离散化,因此要继续大力加强线下平台建设,保留必要的线下办事服务渠道,扎实有效开展日常的党组织建设和村务管理工作,推进线上线下深度融合、优势互补,全面增强村级组织凝聚力和服务群众能力。

阅读与思考

数字素养与技能是数字社会公民学习工作生活应具备的数字获取、制作、使用、评价、交互、分享、创新、安全保障、伦理道德等一系列素质与能力的集合。提升全民数字素养与技能,是顺应数字时代要求,提升国民素质、促进人的全面发展的战略任务,是实现从网络大国迈向网络强国的必由之路,也是弥合数字鸿沟、促进共同富裕的关键举措。2021 年,中央网络安全和信息化委员会印发《提升全民数字素养与技能行动纲要》,对提升全民数字素养与技能做出安排部署。

纲要指出,要开展数字助老助残行动,充分考虑老年人和残疾人群体特殊性,加强数字设备、数字服务信息交流无障碍建设,依托老年大学、开放大学、养老服务机构、残疾人服务机构、社区教育机构等,丰富体验学习、尝试应用、经验交流、互助帮扶等老年人、残疾人数字技能培训形式和内容。要提升农民数字技能,提高农民对数字化"新农具"的使用能力。

2019 年,国际电信联盟(ITU)将"数字包容"定义为"旨在确保所有人拥有平等的机会和适当的技能,能够从广泛数字技术和系统中受益的一种策略"。

思考:对于老年人和部分困难群体,如何体现"数字包容"价值关怀,使他们融入数字生活,保障他们参与乡村智治的权利?

项目三 # 提升乡村服务和安全治理

让互联网成为我们同群众交流沟通的新平台，成为了解群众、贴近群众、为群众排忧解难的新途径，成为发扬人民民主、接受人民监督的新渠道。

——2016 年 4 月 19 日，习近平在网络安全和信息化工作座谈会上的讲话

任务一　数字技术打通服务群众"最后一公里"

一、推动"互联网 + 政务服务"向乡村延伸

（一）什么是"互联网 + 政务服务"

"互联网 + 政务服务"是 2016 年政府工作报告中首次提出的，要求"大力推行'互联网 + 政务服务'，实现部门间数据共享，让居民和企业少跑腿、好办事、不添堵"。主要目的是促进部门间信息共享，深化简政放权、放管结合、优化服务改革。

2016 年 4 月国务院办公厅印发了关于转发国家发改委等十部门《推进"互联网 + 政务服务"开展信息惠民试点实施方案的通知》，提出要简化群众办事环节、提升政府行政效能、畅通政务服务渠道，推动实现三个转变：变"群众跑腿"为"信息跑路"、变"群众来回跑"为"部门协同办"、变被动服务为主动服务。

2016 年 9 月印发《国务院关于加快推进"互联网 + 政务服务"工作的指导意见》；2017 年 1 月印发《国务院办公厅关于印发"互联网 + 政务服务"技术体系建设指南的通知》，推动构建统一、规范、多级联动的"互联网 + 政务服务"技术和服务体系。

2018 年 4 月，习近平总书记在全国网络安全和信息化工作会议上强调，要运用信息化手段推进政务公开、党务公开，加快推进电子政务，构建全流程一体化在线服务平台，更好解决企业和群众反映强烈的办事难、办事慢、办事繁的问题。

"互联网 + 政务服务"在实践中不断提档升级，切实打通服务群众的"最后一公里"，为经济社会高质量发展打造一流的软环境。

（二）乡村"互联网 + 政务服务"的发展

乡村"互联网 + 政务服务"，主要包括明确涉农服务事项目录、推进乡村政务服务"一网通办"、政务服务线上线下一体化、建设乡村政务服务信息终端等内容。要依托在线政务服务平台和乡村便民服务中心，推进与农民生产生活密切相关的行政审批、

便民服务、民生保障等事项搬到网上，线上线下一体化提高农民办事便捷程度。

我国现有行政村已实现"村村通宽带"，数字基础设施日益完善，数字政务服务平台更加丰富。目前，各省都开发了统一的政务平台及相应的手机 App 便民终端，如重庆市的"渝快办"、广东"粤省事"、湖北的"鄂汇办"、海南"码上办事"等，在乡村中的应用已十分普遍。越来越多的市、县乃至乡镇也在开发各类政务平台，"互联网+政务服务"正在向乡镇、村延伸覆盖，为农民群众提供了更多便利，促进了城乡基本公共服务均等化。

案例 7-3-1

"智慧龟山"优化云服务

湖北省麻城市龟山镇开发了"智慧龟山"App，主要包括民政、医保、教育、医疗等 8 大类近 30 项便民服务常办事项。群众可以通过手机客户端留言的方式提交诉求和问题（"点单"），镇数据中心获取信息后采取平台"派单"、部门"接单"、党员"跑单"的方式回应群众需求。在诉求处理过程中，群众还可在线对部门的服务行为进行监督和评价，提升群众办事的满意度。遇上年纪大的老人没有智能手机的情况，该镇通过党员联户，由湾组党员中心户定期收集意见，对群众合理的诉求及时上报，镇级汇总后分门别类交给各办公室及村限时办理，办理完结后统一由群众进行评价。通过"线上+线下"双线服务体系，群众办事效率和便民程度提高了，办事周期和办事成本降低了。

二、提升乡村公共服务效能

《数字乡村发展行动计划（2022—2025 年）》提出了公共服务效能提升行动，以教育、医疗、社保服务等民生保障领域为重点，充分发挥数字技术赋能作用，将城市公共服务资源通过信息化技术延伸到农村社区，实现互联网+教育、医疗、养老、农技推广、金融等公共服务治理数字化，让村民足不出户就可即时办、移动办、自助办。

案例 7-3-2

"百姓码"管好乡村百家事

浙江省温州市湖屿村有一个"云上慢村·数字湖屿"应用平台。这是一个乡村整体智治系统平台，打通省域空间治理平台、基层四平台、雪亮工程、消防秒响应等 13 个涉村平台数据，归集消防烟感、智能广播、卡口监控等 108 个乡村物联网感知设备。平台整合了村情、民情、社情、资源、资产等数据字段 182 个，实现村域精细化管理、精准化决策、智慧化分析。

对于村民来说，家门口的便利的"百姓码"，是他们对数字化最直观的体验。通过扫家门口的二维码，可进入个人专属服务门户，可联系网格员、查看村情动态，可办理社保公积金、交通缴费、预约挂号等事项，还能体验借还书、退休"一件事"、志愿服务等本地特色服务。"一户一码、一码多用"的"百姓码"就是一个老百姓自主发布、党员干部主动认领的高效对接的平台，是"家门口的掌上集成式服务"。通过扫家门口的二维码，村民服务需求应答时间从大半天到秒响应，实现了村域精细化管理、精准化服务。

深化"互联网＋教育"。通过完善互联互通、开放灵活、多级分布、涵盖全国、共治共享、协同服务的国家数字教育资源公共服务体系，面向农村学生输送优质教育资源。通过深入开展农村教师信息技术应用能力培训，提升农村教师的教学水平。面向农村重点群体开发涉农教学资源，促进农村劳动者就业创业。

推进"互联网＋医疗健康"。加强乡村卫生医疗机构的信息化建设，探索构建乡村远程医疗服务体系，提升乡村医疗服务的普惠性，推动实现医保政务服务"全程网办""一网通办"，强化农民群众健康医疗保障。

完善农村社保与就业服务。稳步推进乡镇、村基层社保公共服务平台建设，推广电子社保卡普及应用，建立健全全国统一的农民工综合信息系统，为农村居民提供及时、有效、便捷的就业信息服务。

提升面向农村特殊人群的信息服务水平。加快推广应用全国社会救助信息系统，加强农村留守老年人信息管理，发展"互联网＋助残"，推动残疾人基本公共服务项目纳入农村政务服务"一网通办"平台，增强乡村脆弱群体公共服务的可及性。

聚焦深化农村普惠金融服务。引导涉农金融机构提升农户建档评级和授信覆盖面，引导银行业金融机构在依法合规、风险可控前提下，基于大数据和特定场景进行自动化审批，提高信贷服务效率。

案例 7-3-3

数字赋能"智慧养老"

浙江省黄岩区后庄村基于村内老年人口较多问题，建成居家养老服务中心，为老人提供文体娱乐、书报阅览、心理咨询等服务；设立老人餐厅，分类为老人提供免费或低价的营养三餐。同时，积极推行数字化养老。村里开发了"善治后庄"智慧平台，有"智慧党建""智慧养老"和"出租房管理"等板块，有效解决了村庄事务多、老年人口多及外来人口多三大管理难题。

通过"适老化智慧养老平台"，为老人提供健康数据监测、一键急救报警、刷脸用餐等多项服务。80岁以上的老人都会免费得到一个智慧手环，手环上有紧急求助按钮，老人可以实时向"智慧养老"平台反馈所在位置。手环还能记录老人心率、体温等数据，并将异常报警信息上传至"智慧养老"平台。接到紧急报警后，村里会第一时间联系老人子女并派人根据定位赶往现场，及时帮助老人。为老弱孤寡等重点人群建立无感知、有温度的帮扶体系，统一上门安装智能烟感、智能电表、对讲机、智能水表等感知设备，打通了全村物联网感知终端，建成以物联感知为基础的实时分析、智能研判、风险预警机制。后庄老人的安全感和幸福感大幅提升。

任务二　数字技术织密乡村安全"一张网"

一、推动农村社会综合治理精细化

根据《数字乡村发展行动计划（2022—2025 年)》，数字技术赋能农村社会综合治理，要做好以下几方面工作：

第一，逐步完善"互联网＋网格治理"服务管理模式，打造基层治理"一张网"，推广"一张图"式乡村数字化治理模式。

案例 7 - 3 - 4

五四村的"数字乡村一张图"

浙江省德清县五四村率先探索"一图全面感知"乡村数字化治理平台，全村生产、生活、生态动态详情，通过一张数字三维地图就可以呈现出来。

在五四村村民委员会里，一张叠加各部门 17 个图层 232 类数据的"数字乡村一张图"，如同村庄里的"智慧大脑"，成为触达乡村各角落的物联感知网。电线杆上有悬挂物，道路上有抛洒物，路灯不亮了……每天，这些信息都能在平台上实时显现并得到处理。村民准备建房，村干部在"数字乡村一张图"上就能迅速调取相关数据，精准告知其是否符合建房条件以及具体建房位置。就连地下管网的实时水位，都能精准看到，在防台防汛中发挥了重要作用。

依托这张图，五四村还加快打造阳光政务"村级样板"，实时向村民展示"三资"管理动态，公开党务、村务、财务，促进全域监督、全员监督提质增效。这张图助力乡村旅游和集体经济发展不断提档升级，村集体经济收入超过 500 万元，农民人均纯收入超 5 万元。

第二，深入推进公共法律服务网络平台、实体平台、热线平台三大平台融合发展，整合法律服务网与司法行政 App、小程序功能。

第三，推广运用智能移动调解系统，拓展利用移动端开展法律服务，为农民群众提供在线法律咨询、法律援助、维权指引、视频调解等线上服务。

案例 7 -3 -5

"智慧法治"把问题村变成和谐村

广东省兴宁市陂蓬村曾是一个有名的"问题村",村民法律意识淡薄,矛盾纠纷频发,给社会带来不良影响,也严重阻碍了村庄自身发展。在村庄转型过程中,陂蓬村村干部深刻认识到,要从根本上解决问题,必须重视法治建设。

陂蓬村 2019 年引进的智慧村居法律服务公共平台,被称为"法律机器人"。因为"机器人"不偏不倚,能提供便捷的法律咨询和调解服务,不少村民遇到矛盾或者法律难题时,都主动寻求它的帮助。遇到解决不了的情况,平台可以连线专业律师进行远程办案,大部分调解结果都能让大家信服,村里的矛盾纠纷大大减少。

同时,陂蓬村还积极培育"法律明白人",选拔了一批具备高中以上学历、善于操作智能手机、积极参与村内事务的村民。他们带头学法、守法、用法,积极普法、说法、传法,法治思维和法治方式日益深入人心。

村民素质提高了,思想也通了,团结一心搞好经济发展。陂蓬村与互联网的链接之路越来越宽广,通过"互联网+党建""互联网+农产品出村进城""互联网+农村政务""互联网+医疗健康",陂蓬村从"问题村"逐步变成了"和谐村",在村容村貌、经济发展等方面实现了"蝶变"。

第四,高质量建成涵盖所有县、乡、村的公共安全视频图像应用体系,进一步加大农村地区公共安全视频图像应用系统建设。

第五,引导各级各类社会化视频图像接入公共安全视频图像信息共享交换平台,积极推动视频图像资源与网格中社会治理基础数据有效融合、开放共享。

二、加强农村智慧应急管理体系建设

当前我国乡村治理面临应对突发事件的能力、水平和资源严重不足等问题,《"十四五"国家应急体系规划》要求"深入推进应急管理体系和能力现代化,坚决遏制重特大事故"。根据《数字乡村发展行动计划(2022—2025 年)》,要通过物联网、云计算、大数据、AI 等新一代信息技术,利用智慧广播、智慧监控、网格管理,对突发事件进行管理和处置,保障农民群众人身财产安全。

第一,依托天空地一体化监测体系,加强自然灾害综合监测预警,对乡村地质灾害、洪涝灾害、林牧区森林草原火灾等灾害及生产生活安全进行监测预警。

第二,依托应急资源管理平台,合理调度防灾救灾物资,做好乡村受灾人群应急救援和保障服务。

案例 7 - 3 - 6

智慧防灾与科学救援一张网

接到气象台发布的大风预警，以往村干部只能凭经验作出预判，奔赴现场逐一排查村域内河道水位和危旧房、老年房等重点点位情况。

现在，浙江省萧山区益农镇东村村干部利用镇里开发的"智慧应急大脑"，第一时间打开镇综合防灾指挥大屏，查看气象数据、雨情水情监测情况，分析研判风险形势。这套系统综合运用传感器、移动应用、交互式指挥大屏等数字化手段，涵盖气象数据、应急预案、联络小组、水文监测点、在建工地等10余个数据，可实现险情"事前、事发、事中、事后"全面感知、动态监测、智能预警；还可把全镇各个避灾场所、应急物资储备点、救援力量等情况通过大屏直观显示出来，系统会根据救援任务紧急程度自动调度周边救援力量，生成可用资源图，优化救援路径，构建"10分钟保障圈"，让被动"救灾"向智慧"防灾"、科学救援转变。

第三，完善覆盖全面、实时监测、全局掌控的乡村数字化公共卫生安全防控体系，建立突发事件风险监测与预警信息共享平台，引导村民开展自我卫生管理和卫生安全防控。

第四，完善农村气象灾害智能预报系统，构建广覆盖、立体化的预警信息发布体系，建立精细到乡镇的气象预报和灾害性天气短时临近预警业务，推动预警信息到村到户到人。

第五，加快应急广播体系建设，推进基层应急广播主动发布终端覆盖，建立应急广播快速传达通道。

拓展学习

农村应急广播

2021年国家广播电视总局应急管理部印发《应急广播管理暂行办法》指出，应急广播是指利用广播电视、网络视听等信息传送方式，向公众或特定区域、特定人群发布应急信息的传送播出系统。应急广播有效发挥着"最后一公里"的传播优势，是国家政策宣传、应急管理、社会治理和精神文明建设的重要基础设施。

2022年中央一号文件提出，"统筹推进农村应急管理与治理资源整合，加快推进农村应急广播主动发布终端建设，指导做好人员紧急转移避险工作"。2024年中央一号文件要求"加强气象灾害短期预警和中长期趋势研判，健全农业防灾减灾救灾长效机制""加强农村防灾减灾工程、应急管理信息化和公共消防设施建设，提升防灾避险和自救互救能力"。

案例 7-3-7

乡村智慧应急广播：平时惠民　急时应急

　　某村突发大棚卷帘机脱落事件，村党支部书记接到村民求助后，第一时间用手机通过乡村智慧应急广播系统"实时喊话"村民。接到信息后，几十名村民迅速赶到现场帮助，为在天黑前大棚铺设卷帘争取了宝贵时间。

　　新建立的乡村智慧应急广播系统，不同于以往村里的大喇叭，具有不少新功能。比如，在手机应用端就可以进行村广播实时喊话，喇叭（音柱）实时播放讲话内容；可通过电脑（手机）录制音频文件，再选择播放；可通过电脑（手机）输入一段文字，自动转成语音播放；可通过电脑（手机）播放云服务器中的音频文件；可对辖区内多个村、社区进行群广播，层级高的用户可远程停掉正在播放的广播；可设置重要通知循环播放、定时播放，可以收听广播录音；等等。

　　用上这个数字化的乡村"云广播"，村干部在田间地头就可随时随地用手机为忙碌着的村民传递最新农事信息、宣讲惠农政策、宣传安全生产，有事情不用再跑村广播站了。紧急情况下发布应急信息、平时宣传思想文化，乡村应急广播"平战结合"，真正用出了成效。

阅读与思考

村干部成了"新闻官"　短视频发挥"大作用"

　　广东省英德市积极创新基层治理，发挥乡村新闻官的重要作用，将各类与村民生活息息相关的内容以生动活泼的形式传播到各村（居）民小组及乡情联系群，展现了短视频在基层工作中的巨大潜力。

　　乡村新闻官均由村干部担任。他们组成小视频团队，担任策划文案、主持人、拍摄制作等角色，将短视频作为与村民沟通的重要工具，以本地景、本土话为媒介，将党的方针政策、乡村文明新风等多元内容传递给广大村民。这种短小精悍、随时观看的形式，既贴近群众，又易于接受，使得政策解读更为通俗易懂，乡村治理理念更加深入人心。

　　除了传递信息，一些乡村新闻官还发展成了农产品带货能手，积极参与到乡村振兴的实践中。他们结合本地实际，开展电商项目，帮助村民销售农产品，实现增收致富。同时，他们还通过短视频平台宣传乡村文化、旅游资源等，为乡村发展注入了新的活力。

　　为了确保乡村新闻官能够充分发挥作用，英德市还注重加强他们的业务能力和素质培养。通过定期举办培训班、分享会等活动，乡村新闻官们不断提升自己的视频制作技巧和播报水平，使得短视频内容更加丰富多彩，形式更加灵活多样。

　　思考：英德市设立乡村新闻官的做法，对于开展乡村智治有什么启示，有哪些可借鉴的地方？

图书在版编目（CIP）数据

乡村治理工作实务 / 罗玲，刘瑞凌主编 . —— 济南：
济南出版社，2024.10. ——（乡村振兴）. —— ISBN 978
-7-5488-6567-4

Ⅰ . D638

中国国家版本馆 CIP 数据核字第 2024U0E425 号

乡村治理工作实务

罗　玲　刘瑞凌　主编

出 版 人　谢金岭

图书策划　朱　磊

出版统筹　穆舰云

特约编辑　张韶明

责任编辑　刘秋娜

封面设计　王　焱

出版发行　济南出版社

地　　址　山东省济南市二环南路 1 号（250002）

编 辑 部　0531-82774073

发行电话　0531-67817923　86018273　86131701　86922073

印　　刷　济南鲁艺彩印有限公司

版　　次　2024 年 10 月第 1 版

印　　次　2024 年 10 月第 1 次印刷

成品尺寸　185mm×260mm　16 开

印　　张　13.25

字　　数　275 千

书　　号　978-7-5488-6567-4

定　　价　36.00 元

如有印装质量问题　请与出版社出版部联系调换

电话：0531-86131736